城市交通经典文丛
可持续城市化多方捐助者信托基金
北京市城市规划设计研究院　资助出版

公共交通引导城市发展（TOD）战略推动城市空间改变：3V 框架方法

［法］谢尔盖·萨拉特（Serge Salat）
［法］杰拉尔德·奥利维尔（Gerald Ollivier）　编著

北京市城市规划设计研究院　组译

李慧轩　魏　贺　许丹丹　梁　弘
吴丹婷　涂　强　崔旭川　张晓东　译

机械工业出版社

本书介绍了在城市层面使用明确的目标政策对经济、交通和土地使用综合规划的促进作用。书中的 3V 框架为政策和决策者提供了量化指标，使负责交通、土地使用和经济规划的机构能够识别偏差，并选择措施来解决这些问题，以便更好地理解城市的经济愿景、土地使用和公共交通网络，以及公共交通站点周围的城市质量和市场活力之间的相互作用。

本书希望能帮助读者制定一个连贯的愿景、政策和战略，以利用通过加强连通性和可达性所创造的价值，使城市成为更适合居住、工作、娱乐和经商的场所。

图书在版编目（CIP）数据

公共交通引导城市发展（TOD）战略推动城市空间改变：3V 框架方法 /（法）谢尔盖·萨拉特（Serge Salat），（法）杰拉尔德·奥利维尔（Gerald Ollivier）编著；北京市城市规划设计研究院组译 .— 北京：机械工业出版社，2023.2

（城市交通经典文丛）

书名原文：Transforming the Urban Space through Transit-Oriented Development: The 3V Approach

ISBN 978-7-111-72693-7

Ⅰ.①公… Ⅱ.①谢… ②杰… ③北… Ⅲ.①公共交通系统 – 作用 – 城市发展战略 – 研究 Ⅳ.①F291.1 ②U491.1

中国国家版本馆CIP数据核字（2023）第034051号

机械工业出版社（北京市百万庄大街22号 邮政编码100037）

策划编辑：李 军　　责任编辑：李 军 丁 锋

责任校对：肖 琳 王 延　　责任印制：单爱军

北京虎彩文化传播有限公司印刷

2024年1月第1版第1次印刷

169mm × 239mm · 16.25印张 · 2插页 · 260千字

标准书号：ISBN 978-7-111-72693-7

定价：199.00元

电话服务　　网络服务

客服电话：010-88361066　　机 工 官 网：www.cmpbook.com

010-88379833　　机 工 官 博：weibo.com/cmp1952

010-68326294　　金 书 网：www.golden-book.com

封底无防伪标均为盗版　　机工教育服务网：www.cmpedu.com

致谢

本书由 Serge Salat（巴黎城市形态学和复杂系统研究所）和 Gerald Ollivier（世界银行）组织编写。Francoise Labbé（建筑师、城市规划师）在城市设计策略方面提供了重要的意见，并与 Barbara Karni 一起参与了本书的编写。

本书是基于“交通转型与创新知识平台”（TransFORM）实施的公共交通引导城市发展（TOD）系列行动项目，该项目由中国政府和世界银行召集，旨在帮助中国的综合交通发展变得更安全、更清洁、更经济，同时与其他国家分享中国的经验。

本书的编写得益于与北京、南昌、庆阳、上海、天津和郑州的中国政府工作人员，中国铁路总公司的代表，以及印度与南非政府工作人员的交流；还得益于 Ellen Hamilton 领导的可持续城市化多方捐助者信托基金（MDTF）和中国世界银行集团伙伴关系基金的慷慨资助。

作者要感谢 Arturo Ardila Gomez、Cuong Duc Dang、Hiroaki Suzuki 和 Valerie-Joy Santos（世界银行），以及 Robin King（世界资源研究所）的同行评审意见；感谢 Abhas Jha 和 Michel Kerf 在编写本书时提供的持续管理支持；感谢 Paul Kriss 和 Binyam Reja 的指导；感谢 Paul Procee 就中国 TOD 进行的多次讨论。

关于哈德逊广场的案例研究，作者要感谢纽约市城市规划局的 Purnima Kapur 和她的团队，感谢她们的详细评论和贡献，感谢她们在纽约与世界银行团队会面，介绍其正在进行的城市规划和更新工作。

国王十字街案例研究得益于 Peter Bishop（伦敦市城市规划局前首席规划师）和 David Partridge（阿根特律师事务所）的宝贵评论和意见。Crossrail

（Elisabeth Line）的案例研究得益于 Rana Alakus（Crossrail 的高级市场营销专员）的审查和评论。

作者还要感谢以下组织和研究人员，他们慷慨地授权转载他们的成果来说明本书提出的概念：Argent Property Development Services LLP（阿根特房地产开发服务有限公司）、巴特利特高级空间分析中心、世邦魏理仕（CBRE）、马尔默市、斯德哥尔摩市、Crossrail 有限公司、哈德逊广场公司、ITDP、伦敦 JLL 公司、伦敦政治经济学院城市中心（LSE Cities）、纽约市规划局、瑞联 - 牛津公司、欧洲城市土地学会（ULI）、伦敦交通局（TfL）、伦敦大学学院（UCL），以及 Lada Adamic、Alain Bertaud、Luca Bertolini、Paul Chorus、Luc de Nadal、Eric Fischer、Camille Roth、Duncan Alexander Smith 和 Kristof van Assche。

关于作者

谢尔盖·萨拉特（Serge Salat），巴黎城市形态学和复杂系统研究所所长

谢尔盖·萨拉特是一位建筑师、城市规划师和设计师以及城市经济学家，他为城市和国际机构（包括亚洲开发银行、法国储蓄银行、政府间气候变化专门委员会、联合国人居署、联合国环境规划署和世界银行）提供关于城市规划、TOD、城市政策和城市经济增长的咨询。他撰写了 60 篇研究论文和 5 种图书，是世界顶尖的城市形态学专家之一，也是联合国国家间资源小组的成员。他拥有巴黎多芬大学的经济学博士学位、巴黎拉维莱特建筑学院的建筑学博士学位，以及社会科学高等研究院（EHESS）的文明史博士学位。

杰拉尔德·奥利维尔（Gerald Ollivier），世界银行首席交通运输专家

杰拉尔德·奥利维尔是一位土木工程师和金融分析师。他是世界银行新加坡中心的交通小组组长，也是世界银行 TOD 实践社区的负责人。在来到新加坡之前，他在中国工作了五年，在那里他领导了交通转型与创新知识平台（Trans Form），并支持大容量公共交通和高速铁路的发展，重点是基于 TOD 的交通和土地使用综合规划。他拥有法国国立公共工程学院的土木工程（项目管理）硕士学位和特许金融分析师（CFA）协会颁发的特许金融分析师执照。

推荐序

Transit-Oriented Development（TOD），我更倾向于称之为公共交通导向型城市发展。

TOD既不是建筑设计理念，也不是轨道单系统资金平衡手段，更不是地产项目的宣传口号。而是一项城市战略，是一套系统工程，是一种城市精明增长的模式。中国的城市化进程已经走过了建设与经营城市的初级阶段，进入到中高级发展阶段，需要在观念、理念方面进行实质上的更新，其中对人的关怀是实现高质量发展的基本要义，也是当前城市工作的最终价值导向。

TOD在技术层面能够用于解决人的活动的问题，它强调多元利益的协同与利益还原反哺，支持各项规划在空间层面协调多元利益主体的交互作用；这里的多元利益主体有市长、市场、市民。基础设施的建设与使用可以在物质层面保障人们的生存权利与生活品质，也是提升城市竞争力的物质保障。

TOD能够用于解决高质量发展的问题，它强调整体价值统筹及整体效率最优，是实现资源优化配置及共同富裕目标的重要手段。通过TOD战略可以优化并稳定城市空间结构，使城市保持可持续的高质量发展状态，其一以贯之的有效实施是政府服务能力的体现。

20世纪80年代以来，北京历次城市总体规划均提出公共交通优先发展的战略，但是受制于当时经济社会的发展水平和人们的观念理念，交通与城市发展的协调性并未有效融合，对城镇化空间布局优化、空间格局调整等方面的适应性并未有机协同，导致人口集聚、交通拥堵、环境污染等“大城市病”问题日益凸显。

2017年，党中央国务院批复的《北京城市总体规划（2016年—2035年）》进一步明确提出促进交通与城市协调发展的战略举措。北京作为首个减量发展的城市，适逢国土空间规划体系自上而下的系统性改革和自下而上的渐进性尝试，TOD 规划建设体系将成为优化城市空间结构的重要抓手。

2020 年，北京市作为世界银行全球环境基金（GEF）资助的中国可持续城市发展综合示范项目 7 个试点城市之一，以可持续发展为目标导向，开展 TOD 方面的研究工作，十分契合新时期首都规划转型发展与新版城市总体规划实施的战略部署。

我院作为“城市层面以公共交通引导城市发展（TOD）战略的制定与实施”项目承担单位，项目团队主动开展了国际城市发展经验方面的研究。由于国内城市与欧美国家城市发展背景存在一定差异，如何从国际实践中提炼出适用于我国国情的战略层次构成要点与政策实施要点是当前迫切需要解决的问题。基于对各国的实践观察，世界银行 TOD 实践社区提炼形成了节点 – 场所 – 市场潜在价值（3V）框架，并在此框架下探寻城市规律，系统性地提供了城市 – 区域 – 线路 – 站点等不同层面的实践案例以供参考。如此将有助于促使首都规划进一步反思各类设施在空间上的协同布局，进而优化空间结构，达成交通基础设施与城市功能协同发展，发挥其在都市圈、超大城市、城镇中心体系中的网络性、节点作用，推动优化资源配置效率的结构性改革，最大程度释放经济系统内生动力。这些行动对于 TOD 城市战略形成更全面的认知、推动政府愿景向市场和社会层面的有效传导，具有借鉴意义。

TOD 仍是不断发展中的交叉学科，既涉及规划、建筑、交通、景观等诸多学科，又要在政治、经济、社会、生态等领域实现平衡，已成为城市建设领域的关注重点之一，吸引了无数有志之士投身其中。希望本书可以给新时期我国国土空间规划、城市治理和 TOD 规划建设等工作提供有益参考，使 TOD 城市战略从礼乐春秋到万家灯火，共同推进中国城市可持续发展。

王引　北京市城市规划设计研究院总规划师

2023 年 1 月

译者序

本书基于 TransFORM 平台下实施的公共交通引导城市发展（TOD）系列行动项目，是世界银行 TOD 实践社区继《公交引导城市转型——公交与土地利用整合促进城市可持续发展》《土地价值支持以公共交通为导向的开发——在发展中国际应用土地价值捕获》之后的又一著作。

TOD 对于城市发展的转型作用，已逐渐得到国内外城市规划建设者的研究与重视。先进城市的经验表明，TOD 战略对于提升城市竞争力、提高不动产价值、促进经济增长具有重要作用，同时有助于个体节约时间和经济成本，有助于整个城市的温室气体减排以及抵御自然灾害的韧性能力提升。制定与实施 TOD 战略需要提升视野与认知，要从城市的生态格局、土地使用、公共交通网络，以及车站的城市品质和市场活力之间的相互作用进行再认识、再思考。

3V 框架是世界银行 TOD 实践社区基于节点 – 场所模型归纳提出的新方法，是实现市民、私人开发商、投资者、金融家、公司和其他利益相关者之间联合协作的基础。本书作者谢尔盖·萨拉特与杰拉尔德·奥利维尔基于对世界典型城市、典型案例的长期跟踪，提出了 3V 框架的适用性与作用机理，为不同规模的城市、不同层次的空间、不同尺度的 TOD 项目实施提供了发展样例。我们认为这些经验和思考可以为国内 TOD 的规划实施提供一些启示和参考。

本书共设 9 个章节及 2 个附录，分别为引言；大都市、网络和地区层面的公共交通导向发展战略；基于 3V 框架提高价值的驱动力、政策和战略；价值间的动态交互作用及其对价值捕获的贡献；高品质公共空间规划设计创造更高的场所价值；基于更高场所价值和可达性实现市场潜在价值的提升：纽约哈德逊广场；创造高节点和高场所价值：伦敦国王十字车站；增加公共交通线路的连接性和经济价值：伦敦的“穿心快线”；整合空间经济与 TOD：提升中国郑州经济效率和社会包容度；城市价值分布、网络中心性和通勤流量的幂律分布；用于估算车站的节点、场所和市场潜在价值的子指标。各章内容安排如下：

引言讨论了 TOD 的效益、原则以及考虑经济价值的 TOD 分类。第 1 章介绍了全球基础设施的挑战和风险以及 TOD 的长期影响，其次介绍了网络层面 TOD 的构成，最后是地区层面的 TOD。第 2 章首先概述了节点、场所和市场潜在价值的驱动力，然后介绍基于不同价值的站点地区分类，最后提出提高价值的关键策略。第 3 章介绍了价值之间的动态变化关系，并强调了 TOD 带来的地产效益。第 4 章介绍了高场所价值的创造路径、8 项特征及 3 个案例。第 5 章以纽约哈德逊广场为例，介绍了纽约市如何回应写字楼供给不足，为新发展选址，围绕哈德逊广场如何提升 3V 价值等。第 6 章聚焦伦敦的国王十字车站，重点讨论场所价值的提升路径与市场潜在价值的实现路径。第 7 章首先描述了伦敦的整体情况，然后提出穿心快线对伦敦的城市竞争力和发展起到的重要作用，最后讨论了线路的效益与成本比率和经济效益。第 8 章首先概述了郑州在区域的重要作用，讨论了郑州的城市级 TOD，并以 3 号线为例讨论了节点、场所与市场潜在价值的相互作用。在最后，作者给出了本书的结论。

在本书出版过程中，众多专家、学者与专业团队指导、帮助良多。

感谢本书作者谢尔盖·萨拉特博士与杰拉尔德·奥利维尔对于 TOD 领域知识传播的全力支持。

感谢本书责任单位北京市城市规划设计研究院提供的出版资助，感谢院内专家们提供的专业建议。

特别感谢本书从意向沟通直至出版过程中，世界银行高级项目经理肖媛博士、王舒宁女士与李筱婷女士提供的协助与支持。

后续，我院 TOD 课题组也将继续择良书入库，持续为国内相关领域的读者分享、传播、交流知识，为城市可持续发展提供力量。

由于译者水平所限，书中翻译内容不准确甚至错误之处在所难免，恳请专家学者和读者斧正。

城市层面以公共交通引导城市发展（TOD）战略课题组
北京市城市规划设计研究院
2023 年 1 月 10 日

LISSAC

内容概览

	关键信息	章节
概述	采用TOD实现更可持续的城市发展	引言
都市圈层面	通过层次分明的综合交通系统，最大限度地提高全市范围内的就业可达性 倡导非均匀的密度，将工作集中布局在可达性最高的地方 确保当地的医疗、教育和设施的可达性	第1章，附录A
网络层面	将网络中心性特征和土地使用强度联系起来	第1、2章
站点层面	基于车站特征和高水平城市设计，创造可达、多样、集约、混合使用、充满活力的社区	第1、3、4章
3V[①]框架	基于节点、场所和市场潜力价值划分车站类型 识别价值间的不平衡所在，以激发机构间对话、发现机遇	第2章、附录B
制定解决方案	理解三个维度价值之间的驱动关系与交互作用 采用基于3V类型学的填充式、集约式以及转型式开发战略	第2、3章
站点示例	Hammarby、Bo01、MarinaBay、哈德逊广场、国王十字街	第4～6章
廊道示例	穿心快线（Crossrail）、郑州地铁3号线	第7、8章
城市示例	伦敦、郑州	第7、8章

① 3V代表三个维度价值。

对面页：
高密度在巴黎创造了市场潜在价值。
资料来源：Francoise Labbé。经Francoise Labbé许可使用。重新使用需要进一步授权。

致城市领导者

一座具有竞争力的城市，应当拥有更高品质的邻里社区、更加经济的基础设施服务和更低的单位二氧化碳排放。一座更有竞争力的城市，应当比类似经济活动体量的城市为居民提供更低的交通和住房综合成本。生活在这座城市的居民可以更加便捷、更加经济地通过步行、自行车和公共交通的组合方式到达就业和公共服务活动中心。这座城市的主要经济和人口集聚地区应当具备抵御自然灾害的韧性。这座城市能够通过整合土地使用和交通规划获得增值，为公共空间、连通度和社会保障性住房的改善提升提供财政支持。对于快速发展的城市，建设更有竞争力的城市愿景在当前来看十分重要且非常迫切。

为了实现这个愿景，TOD 战略可以发挥重要作用。TOD 是一种公共交通与城市协同发展的规划和设计战略，有助于实现紧凑、混合使用、步行及骑行友好的城市发展模式。TOD 倡导围绕公共交通枢纽集中布置公共服务设施、就业岗位、商业设施和住房，从而促进公共交通和非机动化交通使用。TOD 在城市层面的良好规划将实现更加包容、更加关注所有社会群体通过公共交通到达就业地点的可达性。

在邻里社区层面，TOD 是一种通过有效整合规划与设计来实现价值创造的方法。良好的规划设计在支

对面页：
传统的高品质城市肌理和现代主义标志（碎片大厦）在伦敦创造了高价值。
资料来源：Francoise Labbé。经 Francoise Labbé 许可使用。重新使用需要进一步授权。

持密度提高的同时，还能确保人们不会感受到来自拥挤和高密度所带来的压迫感。这就需要对街道景观开展面向人本尺度的改善提升。TOD 可以创造一种场所精神，使城市更具可辨识性，唤起人们对空间围合、人本尺度、协调性、形象和连接度的感受。

对于快速发展的城市，TOD 需要超越单纯的特定邻里社区的再开发。必须创造一个能够容纳数十万甚至数百万新居民的城市空间，在城市层面实现工作地点的高可达性，以及在邻里层面提供配套设施、服务和高品质环境，提升社区归属感。只有实现上述目标，TOD 在大都市和城市层面才更具意义。

根据观察，TOD 可以在推动大城市可持续发展方面发挥重要作用，实现岗位集中在与其他公司可达性最高的地区，住房集中在到达就业地点公共交通可达性高的地区，就业和住房高度集中在公共交通可达性高的地区，这揭示了大城市遵循中心和副中心层次结构的规律特征。认识到这种本质，可以通过 TOD 规划更有效的城市空间和公共交通网络。

几十年来，大运量公共交通系统持续推动城市形态和经济活动的塑造。相对位于城市中心的车站与其他车站的联系更紧密，在承担更大交通量方面发挥着特殊作用，这需要在 TOD 规划中得到重点关注。交通网络特征和密度模式之间的循环反馈往往具备自我强化能力，并会产生锁定效应。因此，城市可以被描述为由若干地点涌现而形成的一个复杂网络。因此，通过公共交通将中心和多中心的核心联系起来，构建公共交通的网络形态成为创造紧凑城市发展模式的重中之重。

整合经济、交通和土地使用规划过程往往很复杂，因为不同的机构对其理解不尽相同。在城市层面建立明确的可达性目标可以促进这种整合。例如，新加坡规划到 2030 年，80% 的居民将居住在距离车站 10min 的步行范围内，75% 的高峰时段出行采用公共交通。通过 TOD 将就业和住房集中在车站周围，必须建立一个综合的机构协作模式，才能实现这样的目标。

根据对不同国家采用方法的观察，世界银行 TOD 实践社区开发了三维价值（3V）框架，统筹考虑每个车站的节点、场所和市场潜在价值。3V 框架构建了几种促进不同背景下的大都市和城市层面实施 TOD 的类型，该方法论的主要目的是：

- 构建衡量连通度水平和市场需求的量化评价指标，识别不同类型、尺度、时期的大运量公共交通站点周边地区和不同公共交通走廊的经济发展潜力。

- 建立整合协调机制，争取获取规划实施中，通过优先调控公共资源所能创造的价值。
- 提出共商共建城市发展愿景，居民、政府机构、私人开发商共同谋划大运量公共交通车站周边开发建设。

通过这些努力，3V 框架可以促进大都市、城市、网络和地区层面的 TOD 战略协同。

3V 框架为政策和决策者提供了量化指标，以更好地理解城市的经济愿景、土地使用和公共交通网络，以及公共交通站点周围的空间品质和市场活力之间的相互作用机理。3V 框架可以促进负责交通、土地使用和经济规划的机构互相理解、破除认识偏差，并选择合理措施来解决问题。在这个愿景基础上，规划师可以提供必要的服务，以支持优先发展地区的高密度建设，分析不同方案的具体经济收益，并综合考虑相关的社会和环境问题，特别是应对城市增长公平性的挑战。

本书介绍了伦敦、纽约等城市通过统筹经济、土地使用和交通规划来创造就业和价值的案例，阐述了 3V 框架在中国郑州规划中的应用。希望本书能帮助读者制定一套基于连通度和可达性实现价值提升的、协同一致的愿景、政策和战略，从而促进城市成为更宜居、宜业、宜乐和宜商的场所。

Ede Jorge Ijjasz-Vasquez
世界银行集团社会、城市、农村和全球实践部高级主管

Jose Luis Irigoyen
世界银行集团交通和信息通信技术全球实践部高级主管

缩略语

BCR	建筑物成本率
BedZED	贝丁顿零能耗开发项目
BRT	快速公交系统
CASA	高级空间分析中心
CBD	中央商务区
CTOD	公共交通导向发展中心
DBLVC	以开发为基础的土地价值捕获
DfT	英国交通部
DIB	区域改善激励
DIF	区域改善基金
DLR	码头区轻轨
EHESS	社会科学高等研究学院
ESMAP	能源部门管理援助计划
FAR	容积率
FSI	楼面空间指数
FSR	楼面空间比率
GDP	国内生产总值
GVA	增加值总额
H+T®	住房 + 交通
HKSAR	中国香港特别行政区
HS1	高速铁路 1 号线（英吉利海峡隧道铁路）
HS2	高速铁路 2 号线（海峡隧道铁路）
HSR	高速铁路
HYDC	哈德逊广场开发公司
HYIC	哈德逊广场投资公司
ICT	信息和通信技术
IRT	英特伯勒快速交通公司
ITDP	交通与发展政策研究所
KCCLP	国王十字中心有限合伙公司
LCR	伦敦和欧陆铁路公司
LEED	LEED 绿色建筑认证
LIRR	长岛铁路
LSE	伦敦经济学院
LTA	陆路运输管理局
LVC	土地价值捕获
MRT	捷运（中国香港特别行政区）
MTA	纽约大都市交通局
MTRC	大运量地下铁路公司
NYCED	纽约市经济发展公司
NYCIDA	纽约市工业发展局
OECD	经济合作与发展组织
OSD	站点上盖开发
PILOT	代缴税款
PPP	公私合营
R+P	轨道 + 物业（港铁公司实施的项目）
RTS	快速交通系统
SAR	特别行政区
TAD	公共交通毗邻发展
TDR	开发权转让 / 可转让的开发权
TfL	伦敦交通局
TIF	税收增量融资
TOD	公共交通引导城市发展
Trans Form	交通转型与创新知识平台（中国 - 世界银行）
ULI	城市土地学会
URA	新加坡市区重建局
UTEP	统一免税政策
VoT	时间的价值
ZHVI	Zillow 房屋价值指数

术语

集聚效应：通过在特定地区集中生产和居住的效益。

空中权销售：将某一地产未使用的开发权出售给另一开发商，允许其超越原土地使用法规规定的限制（例如，FAR）。这种出售通常是由政府主导进行的，用来筹集资金来资助公共基础设施和服务。

介数中心性：网络中一个节点作为两个其他节点之间最短路径连接的次数。这个概念由林顿·弗里曼在1977年提出，量化了一个人对社会网络中其他人之间交流的控制。在两个随机选择的节点之间最短路径上出现概率很高的节点具有很高的介数中心性。在公共交通网络中，具有高介数中心性的车站对乘客在网络中的换乘具有更大的影响力。这些车站区域有很高的开发潜力。

建筑密度：建筑物的基底面积总和与地块总面积的比值。基底面积是指从上往下看（鸟瞰图）时的面积。建筑密度（BCR）的计算公式如下：BCR（百分比）= 基底面积 / 场地面积 ×100。

催化式开发：通过一系列推动和指导城市开发的项

目实现整体发展、活化城市肌理。

中央商务区（CBD）：城市的主要商业（金融机构、商店、会议和体育设施、酒店等）集中的区域。中央商务区产生集聚效应。

中心性：在图论和网络分析中，中心性指标可以确定最重要的节点。中心性可以用来识别社交网络中最有影响力的人、互联网或城市网络中的关键基础设施节点，以及疾病的超级传播者。介数中心性、接近中心性和度中心性是公共交通网络三个最重要的指标。

接近中心性：网络中的节点可达性指标，用一个节点与所有其他节点的距离之和的倒数衡量。

紧凑型城市：促进城市短途出行的城市规划与城市设计的概念。紧凑型城市通常基于集中的居住密度、混合的土地使用、高效的公共交通系统及鼓励步行和骑行的城市布局，实现低能源消耗和减少污染。一个紧凑的城市在提供社交互动机会的同时也能给予安全感。紧凑型城市发展比城市扩张更具有可持续性，对汽车的依赖性较低，并且仅需要较少（和较低的人均）的基础设施供应。

度中心性：一个节点与网络中其他节点的连接数。在公共交通网络中，多条线路或交通模式之间的换乘站（交通枢纽）有很高的度中心性。

密度梯度：一个区域内密度的空间变化。

就业密度：一个地区的岗位数量与面积的比值。

围合感：建筑物、墙壁、树木和其他垂直元素对街道和其他公共空间的包围程度。

容积率（FAR）：建筑物的总建筑面积与所占土地面积的比值。FAR 越高，密度就越大。也被称为楼面空间比率（FSR）或楼面空间指数（FSI）。

楼面空间指数（FSI）：见容积率（FAR）。

白地开发：在以前未被开发的城市土地上进行的新开发，包括农业用地、农村用地和未使用土地。

人员综合密度：一个城市地区的人口和岗位总数除以土地面积。

填充式：在城市环境中重新分配土地，通常是开放空间的土地，用于新的建设或在任何未开发的土地上建设。

集约化地区：具有良好的现有或潜在的公共交通联系的建成区，可以支持高于现有密度的再开发。

节点活动的强度：节点内交通流的强度，可以用公共交通和 / 或乘客的出发频率来描述。

换乘枢纽：乘客可以在不同线路或交通方式之间转换的地方。换乘枢纽包括有多条线路的大型地铁站、火车站、快速公交站、公交站、有轨电车站和机场。一些复杂的枢纽在一个综合的多式换乘车站或车站群中结合多种模式。

土地再开发方案：该方案中，土地所有者将其土地集中起来进行重新配置，并拿出一部分土地进行出售，以筹集资金，其中部分用于支付开发公共基础设施的费用。

土地价值捕获（LVC）：公共融资方法。政府通过监管决策（例如，土地用途或容积率的改变）和 / 或基础设施投资，触发土地价值的增加；通过捕获部分或全部增值，建立一个分享土地增值的进程；将收益用于资助基础设施投资［如对公共交通和 TOD 的投资，或抵消与外部效益有关的影响（如密集化）所需的其他改进］和 / 或实施促进公平的公共政策（如提供社会保障性住房以缓解短缺并抵消潜在的绅士化）。土地价值捕获有两大类：基于开发的土地价值捕获和基于税收或费用的土地价值捕获。基于开发的土地价值捕获可以通过直接交易其价值因公共监管决策或基础设施投资而带来的增值来推动。基于税收或费用的土地价值捕获是通过间接的方法来促进的，例如通过各种税收或收费工具（如财产税、改善费用和特别评估）从财产所有者那里提取盈余。

可辨识性：便于人们创建心理地图，从而使一个场所的空间结构可以从整体视角被理解。

本地价值回收：将一个开发项目产生的收入再投资于同一开发项目，以进一步提高资产价值和产生积极的社会经济影响。

市场潜在价值：站区未实现的市场价值，有时通过考虑需求的主要驱动因素以综合指数来衡量，包括现状和未来的综合密度、现状和未来的公共交通 30min 可达的工作数量，以及供应的主要驱动因素（包括可开发土地的数量、区划的潜在变化，以及市场活力）。

混合用途开发：以多样化的土地使用为特征的开发模式，通常包括住房、零售商店和私人企业，在同一建筑空间内（垂直的）或在临近地区（水平的）混合。

节点价值：根据客运量、不同交通方式的连接性和网络度中心性，通过综合指数来衡量一个公共交通站的重要性。

机遇区：伦敦棕地的主要来源。大多数地区可以容纳至少 5000 个工作岗位、2500 个新住宅或两者的组合，以及其他配套设施和基础设施。

帕累托分布：逆幂律概率分布，用于描述社会、科学、地球物理、精算和许多其他类型的现象，有时也被称为帕累托原理或二八法则，即在特定的统计人群中，20% 的人拥有总价值的 80%。

交通渗透度：城市形态可允许的机动车和人流在不同方向流动的程度。

场所价值：一个场所吸引力的决定因素，包括设施、学校、医疗保健设施、城市开发的类型、当地通过步行和骑行满足日常需求的便利性、车站周围城市肌理质量，特别是其步行可达性；小街区和密路网创造了充满活力的社区；以及土地使用的混合模式。它也是通过一个综合指数来衡量的。

人口密度：居住在城市地区的人口数量除以土地面积。

幂律：两个量之间的幂关系，其中一个量的变化是另一个量的幂。各种各样的物理、生物和人工现象的分布在很大的范围内近似地遵循幂律。遵循幂律的量缺乏明确的平均值，使得无法正确应用基于方差和标准差的传统统计（如回归分析）。附录 A 显示，作为应用 3V 框架的核心指标，城市空间中的大多数量化指标（密度、网络中心性、经济生产力等）都不是围绕平均值分布，而是遵循幂律。

公私合营（PPP）： 公共部门实体和私营公司之间的正式伙伴关系，通常用于建设和运营基础设施或开发特定城市区域。

公共场所： 公共场所由街道、通道、路权、公园、可供公众使用的开放空间以及任何公共和公民建筑和设施。

再开发 / 再生： 寻求对已开发地区进行再投资的开发类型，通常以未充分利用的地块为目标，如空置或废弃的房产。

公共交通毗邻发展（TAD）： 位于公共交通枢纽附近的开发，由于缺乏公共交通导向开发的一些关键特征，如行人友好型开发或混合使用，因此未能利用这种邻近优势。

公共交通引导城市发展（TOD）： 围绕公共交通站点开展的规划和设计策略，有助于实现紧凑、混合使用、步行和骑行友好，以及适当密集的城市开发。TOD 倡导围绕公共交通枢纽布置配套设施、就业岗位、商业设施和住房，从而促进公共交通和非机动化交通的使用。TOD 在城市层面的良好规划具有包容性，并能统筹考虑对自然灾害的韧性。

TOD 类型划分： 用于确定投资地点和时间的优先次序，确定适合不同社区的投资类型，并指导这些投资的时间和规模。它通过根据一套特征指标对城市中的公共交通社区进行分类与区分。TOD 类型划分的目的是为未来的土地使用创造一个理想的愿景，确定投资的优先次序，提供实施的指导方针和行动，并在一系列的指标上衡量绩效。

公共交通核心区： 优质公共交通站点的 400m 半径区域。

公共交通邻近区： 优质公共交通站点 800m 半径的区域。

公共交通支持区： 优质公共交通站点 1.6km 半径的区域。

开发权转让： 买卖空间权的能力（在其容积率限定范围内，或在建筑物未充分利用分配的容积率时，剩余的未利用空间开发权）。通常只适用于特定地块，只能转让给特定的“接收”地块。

城市街区：或简称街区，是城市规划和城市设计的核心要素。一个城市街区是被街道包围的最小区域。城市街区是在城市街道模式内的建筑空间。它们构成了城市肌理的基本单元。

城市肌理：城市化的物质方面，包括建筑类型、大道、开放空间、临街界面和街道景观。

城市形态学：研究人类居住区的形式及其形成和演变的过程，旨在通过研究其各部分的特征及发展过程来了解大都市地区、城市、城镇或村庄的空间结构和特征。

城市场所：大都市的空间组成部分。

价值捕获融资：将公共部门干预与私营部门投资产生的和未充分使用的资产（土地和/或结构）有关的价值挪用到本地再投资中，以产生公共利益和潜在的私人利益。

区划：政府控制土地用途和地上建筑物的控规。土地被划分为各种用途的区域。区划的目的是促进有序的发展，并将不相容的土地用途分开，如工业用途和住宅，以确保一个和谐的环境。

目录

第 2 章 基于 3V 框架提高价值的驱动力、政策和战略

第 3 章 价值间的动态交互作用及其对价值捕获的贡献

第 4 章 高品质公共空间规划设计创造更高的场所价值

第 5 章 基于更高场所价值和可达性实现市场潜在价值的提升：纽约哈德逊广场

第 6 章　创造高节点和高场所价值：伦敦国王十字车站

第 7 章　增加公共交通线路的连接性和经济价值：伦敦的“穿心快线”

第 8 章　整合空间经济与 TOD：提升中国郑州经济效率和社会包容度

附录 A 城市价值分布、网络中心性和通勤流量的幂律分布

附录 B 用于估算车站的节点、场所和市场潜在价值的子指标

引言

TOD是一种土地使用与公共交通站点紧密整合的规划设计战略，有助于实现紧凑、混合使用、行人和自行车友好的城市发展模式。TOD倡导围绕公共交通枢纽布置公共服务设施、就业岗位、商业设施和住房，从而促进对公共交通和非机动化交通的使用；高品质的场所营造可以优化人们对密度的感知，促进活力社区的营造。TOD既适用于中国香港特别行政区这类规模的大都市，也适用于丹麦哥本哈根这类59.2万人口规模的城市。

0.1 TOD效益

0.1.1 提升城市竞争力、提高不动产价值、促进经济增长

集聚效应使采用TOD战略的城市更加具有竞争力，就业密度每增加一倍，经济生产力就会提高5%~10%（Salat，2017）。纽约作为世界上最具竞争力的全球城市之一，60%的办公空间集聚在只有9km^{2}的地区（占城市土地面积的1%）（Salat，2017）。这种集聚给高品质公共空间、绿色空间重塑提供了机会。哥本哈根和斯德哥尔摩（示例0.1）都实施了TOD战略，在人均GDP、绿色城市指数和联合国人居署的城市繁荣指数方面，均位居世界前列（联合国人居署，2015）。

对面页：
自1947年以来，哥本哈根一直按照TOD进行规划。它是第一个以2025年实现碳中和为目标的城市，并在联合国人居署城市繁荣指数中排名全球第二。
资料来源： Francoise Labbé。经Francoise Labbé许可使用。重新使用需要进一步授权。

示例 0.1 斯德哥尔摩的公共交通导向型发展

斯德哥尔摩建城区通常是沿着城市主要公共交通走廊进行扩张。几十年来，城市沿廊道簇轴式发展，实现了确保公共交通导向开发所需的密度阈值水平。即使在过去的 10 年里，斯德哥尔摩的紧凑指数（衡量城市核心区的人口增长与外部地带的人口增长）仍然是积极的。

在经济合作与发展组织（OECD）中，斯德哥尔摩的城市紧凑度仅次于伦敦；其长期增长、财富水平和生产率在 OECD 中名列前茅。以人均总附加值衡量的斯德哥尔摩大都市经济，从 1993 年到 2010 年增长了 41%。在同一时期，人均温室气体排放量下降了 35%，为 3.5t 二氧化碳当量（Floater 等，2013）。

在连通性最佳的区域，TOD 集聚并提高了不动产价值。自 1996 年以来，美国 TOD 社区住房价值增长超过了全国住房价值增长，增长幅度接近 2∶1；在 2014 年，TOD 社区平均住房价值是普通住房的 3.5 倍（美国基础设施，2015）。

像香港、伦敦、纽约和东京这样的城市，捕获这些增值的一部分，并将其用于资助额外的基础设施和公共领域的改善项目，可以在经济发展与城市增长之间创造一个积极的循环反馈。例如，中国香港的“地铁 + 物业”模式在 1980 年至 2005 年期间带来了约 1400 亿港元的收入，并释放了可以承载约 60 万个公共住房单元的土地（麦肯锡全球研究所）。这种价值捕获的一部分可以用于连通度好的地区社会保障性住房建设，以抵消城市化的负面影响，并面向所有人开放。

0.1.2 为人们节省时间和费用

一直以来，交通和住房是家庭的最大支出，往往占家庭收入的一半以上。在公共交通站点附近为低收入和可支付的住房制定包容性的 TOD 规划，可以提高所有人的就业可达机会。在美国，居住在 TOD 站点附近的人将其收入的 37% 用于交通和住房，而其他地区则为 51%（Reconnecting America，2009）。

0.1.3 减少温室气体排放，提高抵御自然灾害的韧性能力

TOD 可以降低基础设施成本和单位活动的二氧化碳排放（ESMAP，2014）。例如，中国香港在 1993 年至 2011 年期间人均总附加值提高了 50%，同时人均交通的二氧化碳排放量和人均道路汽油消费量减少了约 10%（Rode 等，2013）。

哥本哈根和斯德哥尔摩也实现了经济发展与碳排放量的脱钩。

采用 TOD 战略的城市相比其他发展模式的城市可以具有更强的抵御自然灾害的韧性能力。在城市层面 TOD 促进活动和住房集中，可以将这种高密度的区域布置在低风险区，更系统地解决这些区域的风险，确保高强度集聚主要位于网络冗余度高的区域，并在突发事件发生时可将这些区域转变为连通度好的避难区。

0.2 TOD 原则

世界银行 TOD 实践社区是一个由在世界银行工作或与世界银行合作开展 TOD 项目的交通、城市、社会和土地专家组成的团体。

基于 TOD 国际经验，实践社区总结了实施 TOD 的八个关键原则：

1）为了实现更高可达性，推动人口综合密度、经济密度、公共交通承载能力和交通网络特征的协同。

2）创造更短通勤时间的紧凑区域。

3）保障公共交通服务地区的韧性。

4）在走廊层面上规划和布局混合用途和混合收入社区。

5）在公共交通站点周边创造充满活力的、以人为本的公共空间。

6）开发步行和自行车优先发展的邻里社区。

7）建设优质、便捷、一体化的公共交通。

8）对私人车辆进行需求管控。

0.3 城市和车站层面的 TOD

许多快速发展的发展中国家正在对交通系统进行大规模投资。例如，中国平均每年增加约 450 座地铁站，成为世界上最大的地铁网络。在印度，各城市正在建设的地铁里程超过 600km，并有 250km 正在规划中。

制定卓越规划的城市都提出了具体的量化目标，预测将家庭与工作和服务联系起来所需要的系统规模，并为高峰期的交通提供骨干承载。新加坡总体规划 2030 年目标包括：确保每 10 个家庭中就有 8 个住在距离公共交通站点 10min 的步行范围内，85% 的公共交通出行在 60min 内完成，高峰时段 75% 的出行采用公共交通（LTA，2013）。这样的可达性目标为交通、土地、住房和经济机构提供了明确的指导，并要求这些机构共同努力，因为只有通过联合和统一的实施才能实现这些目标。

将发展集中在公共交通站点周围 1km 的范围内，为塑造城市提供了一个独特的机遇，使其更加宜居、高效和包容。城市可以采取鼓励措施以优先开展站点周边的开发。明确把公共交通站点 1km 范围内的就业和居住占比以及在这种交通便捷地区而非城市的其他地区进行的新建开发项目占比作为核心绩效基准。他们可以通过优先在这些公共交通便捷地区建设新的公共基础设施，同时限制其他地区的建设来支持这种集聚。在廊道层面，城市可以通过支持混合用途和混合收入群体的方式来鼓励形成更大的经济发展机会。在站点周边，城市可以通过康体、教育、购物和娱乐设施的建设，使当地社区持续繁荣发展。这些方法对于减少能源消耗、二氧化碳排放和运输成本占 GDP 比重具有长远价值。

然而，就发展潜力而言，并非所有的车站都是一样的。具体数目因城市而异，但一般来说，大约有 15% 的车站区域有望实现高密度开发（世界银行和中华人民共和国国务院发展研究中心，2014）。其他地区可能不具备这种模式下的商业价值。

0.4 辨识在何处、何时以及如何创造经济价值的类型划分方法

城市采取 TOD 战略并没有统一的范式。早期的项目往往集中在比较容易开发的绿地空间，或者集中在中心地区和交通便利的交通枢纽附近，高密度开发可以给这些地区带来高土地价值。但是，在这些主要地区之外还存在其他类型的发展机遇，也需要提出针对性的方法。

辨识在何处、何时以及如何创造潜在的价值，需要一些工具来帮助区分公共交通网络中不同站点所具备的机会。改善一个地点的交通状况可以为其发展创造有利条件。反过来，一个地方的发展又可以为交通系统的进一步发展创造有利条件。

TOD 类型划分方法根据其对容纳增长的适宜性对站点地区进行区分。将区域和地方公共政策联系起来，以支持最适合特定地点和社区的发展类型。TOD 类型划分目的是为未来的土地使用创造一个理想的愿景，确定投资的优先次序，提供实施的指导方针和行动，并衡量一系列指标的水平。

0.4.1 传统的 TOD 类型划分方法

长期以来，学术界研究 TOD 类型划分方法都是基于历史上 TOD 发展的城市观察。Bertolini（1999）引入了节点 / 场所模型（见第 3 章），试图探索节点和场所价值之间的基本关系，重点关注车站区域。Giuliano（2004）、Meyer 和 Miller（2001）以及 Wegener 和 Fuerst（1999）基于交通与土地利用循环反馈机制进一步拓展了这种模型。Cervero 和 Murakami（2008）根据香港、新加坡和东京的经验也提出了一种类型划分方法。

最近，许多城市都建立了支持战略规划的类型划分方法。巴尔的摩建立了一种面向广泛的 TOD 参与者和利益相关者识别及分配车站区域投资需求的类型划分方法（CTOD 和其他，2009）。这项工作被纳入一个更广泛的 TOD 战略规划，使巴尔的摩市能够更系统地、积极地资助公共交通项目，而不是以往的分散方式。

丹佛创建了一种类型划分方法，为现有和规划中的轻轨站区适宜密度和土地使用组合提供了一个愿景（公共交通导向型丹佛）。这项规划作为详细站区规划研究的技术指导文件。

波特兰建立的类型划分方法用于识别与实施 TOD 区域层面有关的整体需求，并判定了最适合采用 TOD 的地区（CTOD 和 Nelson/Nygaard n.d）。类型划分方法和成本效益模型方面的建议不仅有助于评估应该在哪里进行投资，而且有助于评估哪些类型的投资最有意义。波特兰的类型划分方法致力于通过战略性地确定 TOD 投资的目标，并帮助对 TOD 感兴趣的公共机构和项目来充分理解适宜当地特征和市场背景下的投资类型，以确保对不断变化的市场周期和可变的当地市场条件做出投资反应。

0.4.2 超越传统的类型划分方法：3V 框架

三维价值框架或称 3V 框架，总结归纳了以上基于节点 / 场所模型或市场 / 场所模型（如巴尔的摩和波特兰）类型划分方法的国际经验，提出了识别表征公共交通站点的三个维度的价值变量。

- 节点价值基于客运量、接驳集散能力和网络中心地位，描述一个车站在公共交通网络中的重要程度。节点价值是一个综合量化指数。
- 场所价值描述一个场所的城市品质及其在配套设施、学校和医疗保健方面的吸引力；城市开发的类型；满足日常需求的步行和骑行可达性；站点周边城市肌理的品质，特别是其步行和自行车可达性、小尺度的城市街区和创造充满活力社区的街道网络连通；土地使用的混合模式。场所价值也是一个综合量化指数。

- 市场潜在价值是指站点地区未实现的市场价值。可以通过市场分析（对供需关系的研究）获得。它也是一个综合量化指数，其中主要的需求驱动因素包括：现状和规划的人员密度（居住加就业人口）；现状和规划 30min 内乘坐公交车可达的就业岗位数；主要的供应驱动因素包括可开发土地、区划的潜在变化可能（如增加容积率）以及市场活力。这个方法是面向未来，而不是回溯历史。

3V 框架是一种方法，可用于识别公共交通站点周边地区的经济机会，可通过节点、场所和市场潜力价值之间的相互作用来进一步优化这些机会。它提供了一种基于三个维度价值的车站类型划分方法。它为政策制定者和决策者提供了量化指标，以更好地理解城市的生态格局、土地使用、公共交通网络，以及车站的城市品质和市场活力之间的相互作用。它总结了不同类型车站的规划和实施措施，提出这些措施可以帮助统筹有限公共资源的优先顺序，并通过协同不同机构的措施来创造价值。

这种分析有利于城市愿景的制定和传达，推动围绕公共交通网络进行发展的目标，促进大都市区、城市、网络和局部地区层面 TOD 战略的协调。3V 框架可以实现与市民、私人开发商、投资者、金融家、公司和其他利益相关者之间的联合协作，以发展、完善和推进这样一个愿景，并定期更新。在这样一个愿景的基础上，城市可以制定规划，提供必要的基础设施，以支持优先级更高地区的高强度开发，并能分析不同方案的经济收益，考虑并统筹所有相关的社会和环境方面因素，来应对城市增长面临的公平性挑战。

0.4.3 3V 框架的适用性

3V 框架既适用于拥有强大公共交通网络的大城市，也适用于只有几条大运量公共交通或快速公交系统的小城市；既适用于处于增长阶段的城市，也适用于收缩城市。它试图确定城市内部的相对潜力领域，而非城市之间。

本书介绍的例子大多是存量地区的城市复兴（国王十字街、哈德逊广场、瑞典的码头区重建）。在所有这些环境中，规划师在局部地区激发了城市增长，使用的战略也可以在更大的范围内推广应用，促进收缩城市的再复兴。

3V 框架为政策制定者带来了两个主要功效。

首先，建立一种车站类型划分方法，将公共交通网络中的所有车站进行类型划分，提出差异化的适宜发展战略。

其次，该框架为政策制定者提供给定站点三个维度价值的对比图，来识别连通度、可达性、场所品质和市场潜力价值之间的不平衡性（图 0.1）。解决这些不平衡可以为经济价值的提升创造巨大的潜力。例如，通过在一个重要的连接性节点周围进行场所价值创造，或为一个繁荣的地区带来额外的连接能力。量化工作能实现城市、交通和经济规划等政府机构之间开展对话，并将节点价值的最大化（主要连接枢纽）与高品质的场所营造同步，以实现市场潜在价值的最大化（图 0.2）。

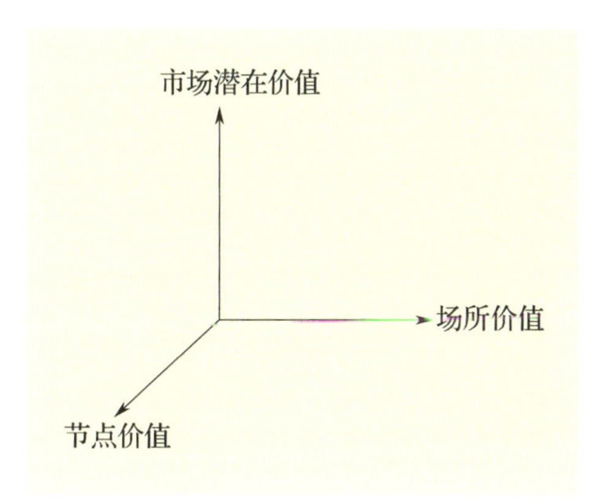

图 0.1　3V 框架

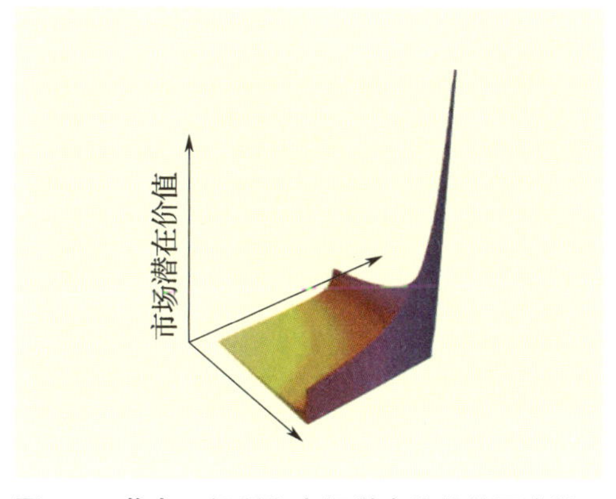

图 0.2　节点、场所和市场潜在价值的同步性

表 0.1 提供了一系列提升节点、场所和市场潜在价值的单一政策杠杆，致力于解决这些价值之间的不平衡，才能获得最大影响效果。

表0.1　提高节点、场所和市场潜在价值的杠杆

价值类型	政策杠杆
节点价值	• 增加枢纽的数量和它们连接的线路 / 模式的数量 • 将相邻的站点相互连接 • 提高网络内所有人的可达性

（续）

价值类型	政策杠杆
场所价值	• 增加紧凑度（紧邻现有的城市活动，缩短主要目的地的出行时间） • 增加土地使用的多样性 • 增加商业、文化和教育设施的集中度 • 设计能促进步行和骑行的邻里社区 • 创造一个充满活力的公共空间
市场潜在价值	• 提高住宅密度 • 提高就业密度 • 增加人员密度 • 增加地块的多样性，创造一个充满活力的土地市场 • 增加容积率

本书结构

本书包括术语、引言、正文共八章和两个附录。前四章阐述了 3V 框架，以及适用于不同背景和不同空间尺度下的 TOD 战略，第 1 章描述了 TOD 战略在大都市层面、网络层面和局部地区层面应对的城市增长和包容性挑战。第 2 章详细介绍了在 3V 框架下提高各项价值的驱动力、政策和战略，提出了主要的政策杠杆，介绍了规划师如何根据其价值对站点进行分类，并为不同类型的站点制定了符合其实际情况的政策。第 3 章阐述了价值之间的相互作用以及价值之间更好的协调所能发挥的作用，分析了利用不足的资产进行公共和私人投资，实现价值创造与捕获的正向循环反馈机制。第 4 章更详细地描述了价值创造的一个关键政策杠杆：公共空间的高品质城市设计。

第 5 ~ 8 章是详细的案例研究。第 5 章描述了纽约哈德逊广场大型项目的重建策略。第 6 章描述了伦敦国王十字街，一个具有特殊连接性的铁路场站。第 7 章研究了伦敦的穿心快线（Crossrail），展现了根据地铁网络中车站区位和中心度所采用的场所和市场潜在价值提升的不同策略。第 8 章展示了 3V 框架如何应用于整个城市（中国郑州）的空间经济分析，着重分析了地铁网络的投资所带来的可达性和中心化的提升与预测的人口和岗位分散之间可能出现的错位。

两个附录是对这些章节的补充。附录 A 描述了数学规律（幂律）如何构建城市价值在城市空间的分布、网络中心性以及车站和通勤线路的客流强度。附录 B 提供了每个价值关键指标的定义和计算公式。

参考文献

Bertolini, L. 1999. "Spatial Development Patterns and Public Transport: The Application of an Analytical Model in the Netherlands." *Planning Practice and Research* 14 (2): 199–210. doi: 10.1080/02697459915724.

Cervero, R., and J. Murakami. 2008. *Rail+Property Development.* UC Berkeley Center for Future Urban Transport, Berkeley, CA.

CTOD (Center for Transit-Oriented Development), and Nelson/Nygaard Consulting Associates. *Portland Transit-Oriented Strategic Plan, Metro TOD Program*, Portland.

CTOD (Center for Transit-Oriented Development), Central Maryland Transportation Alliance, and the Center for Transit-Oriented Development. 2009. *Central Maryland TOD Strategy: A Regional Action Plan for Transit–Centered Communities.* Available at: www. cmtalliance.org

ESMAP (Energy Sector Management Assistance Program). 2014. *Planning Energy Efficient and Livable Cities*. Mayoral Guidance Note 6, World Bank, Washington, DC.

Giuliano, G. 2004. "Land Use Impacts of Transportation Investments: Highway and Transit." In *The Geography of Urban Transportation*, 3rd. ed., ed. S. Hanson and G. Giuliano, 237–73. New York: Guilford Press.

Infrastructure USA. 2015. TOD Index. Available at: www.TODindex.com

Rode, P., G. Floater, J. Kandt, K. Baker, M. Montero, C. Heeckt, D. smith and M. Delfs. 2013. Going Green: How Cities Are Leading the Next Economy. LSE Cities, London.

Available at https://files.lsecities.net/files/2013/06/Going-Green-Final-Edition-web-version.pdf.

Floater, G., P. Rode, D. Zhengelis. 2013. Stockholm, green economy leader report. LSE Cities. London.

LTA (Land Transport Authority). 2013. *Land Transport Master Plan*. Singapore.

McKinsey Global Institute. 2014. *A Blueprint for Addressing the Global Affordable Housing Challenge*.

Meyer, M., and E. Miller. 2001. *Urban Transportation Planning: A Decision-Oriented Approach*, 2nd. ed. Boston: McGraw-Hill.

Reconnecting America. 2009. *Mixed-Income Housing near Transit: Increasing Affordability with Location Efficiency*. http://www.reconnectingamerica.org/assets/Uploads/091030ra201mixedhousefinal.pdf.

Salat, S. 2017. "A Systemic Approach of Urban Resilience: Power Laws and Urban Growth Patterns." *International Journal of Urban Sustainable Development*, Special Issue, Linking Urban Resilience and Resource Efficiency.

Salat, S., L. Bourdic and M. Kamiya. 2017. *Economic Foundations for Sustainable Urbanization: A Study on Three-Pronged Approach: Planned City Extensions, Legal Framework, and Municipal Finance.* Urban Economy Branch, UN-HABITAT/ Urban Morphology Institute and Complex Systems, Paris.

Transit-Oriented Denver. 2014. *Transit-Oriented Development Strategic Plan 2014.* Denver.

UN-Habitat, and International City Leaders. *2015. The City Prosperity Initiative: 2015 Global City Report.*

Wegener, M., and F. Fuerst. 1999. "Land-Use Transport Interaction: State of the Art." Deliverable 46, Institut für Raumplanung, Dortmund, Germany. URL http://ideas.repec.org/p/wpa/ wuwpur/0409005.html.

World Bank, and Development Research Center of the State Council, the People's Republic of China. 2014. *Urban China: Toward Efficient, Inclusive, and Sustainable Urbanization.* Washington, DC: World Bank.

KONTOR
TIL LEJE

第 1 章
大都市、网络和地区层面的公共交通导向发展战略

到 2050 年，世界城市人口预计将增加近一倍，城市化将成为 21 世纪最具变革性的趋势之一。这种变革将对新的基础设施和卓越的规划提出更高要求，以应对城市在污染、拥堵和社会公平性等方面所面临的挑战。

快速增长的城市可以借鉴采用 TOD 战略的城市在大都市、城市、网络和地区层面上塑造城市空间和交通网络方面的经验。这些城市可以创造出能够容纳数十万甚至数百万不同收入水平新市民的城市空间，并在全市范围内提供较高水平的工作机会。这些城市规划设计的公共交通网络，可以承载整个城市空间不同的就业和住房分布，可以在铁路、地铁、轻轨和快速公交站点周边建造数以千计的，具有配套设施、服务和高品质环境的紧凑社区。遵循这种 TOD 战略的城市已经成功地拉动了经济增长，促进了包容性发展，并使经济增长与人均交通温室气体排放实现脱钩。

1.1 城市增长不协调背景下全球基础设施面临的挑战和风险

在未来 30 年，城市将多容纳 20 亿人口。据估计，将出现 177 个人口规模超过 100 万的新城市（联合国，2014）。正如过去的二十年，特别是在亚洲所见证的那

对面页：
在哥本哈根，充满活力的街道生活创造了高场所价值。
资料来源：Francoise Labbé。
经 Francoise Labbé 许可使用。
重新使用需要进一步授权。

样（世界银行，2015），这种城市化很可能伴随着城市土地的快速扩张，2005年至2030年期间，发展中国家城市的土地面积可能会增加三倍（Shlomo、Sheppard和Civco，2005）。

麦肯锡全球研究所（2013年）估计，2013年至2030年期间，为了跟上预计的全球GDP增长，全球基础设施的成本为57万亿美元（占全球GDP的3.5%）——每年约3.2万亿美元，其中估计有40%是交通基础设施（公路、铁路/轨道、港口和机场）。随着经济增长，全球基础设施支出的重心已经转移到发展中的经济体和城市。

由于各种原因，全球基础设施需求投资可能会变得越发困难。自2008年金融危机以来，不断增长的债务水平对公共部门的预算造成了很大限制。更加波动的资源价格使许多发展中国家的长期预算计划制定更加复杂。同时，各国还面临着基础设施应对气候变化所带来的额外成本上升。

具有卓越规划的城市是增长的引擎，城市化提供了一个让数亿人摆脱贫困的机会。但是，快速、分散的城市增长也会对经济的产出产生不利影响，因其降低了潜在和实际的经济集聚效应，增加了住房和就业的不平等，并提高了基础设施成本。更糟糕的是，可能会把城市锁定在依赖高资源消耗和低生产率的低效道路上，并产生严重的负外部效应，如拥堵、污染等。

1.2 TOD的影响

TOD是一种政策框架，对城市空间的发展产生长期的结构性影响。交通基础设施是城市扩张一种最重要的决定因素，而土地使用模式又直接决定了出行行为（LSE，2013）。土地和交通政策是城市政府的核心工具；更好地整合交通和土地，通过更好的就业匹配、知识共享和网络机会来实现集聚经济（Cervero，2001；Fallah、Partridge和Olfert，2011）；通过高效的公共交通系统来实现碳排放和资源消耗降低；通过更加可达的城市形态来提高社会包容性。

要想对城市形态产生长期的积极影响，并最大限度地提高经济效益，需要构建多元利益相关者的行动和跨地域范围内一致的政策框架。在这方面哥本哈根是一个成功的案例，通过TOD塑造城市形态来实现高水平的绿色增长（示例1.1）。

示例 1.1　通过以公共交通导向型发展促进哥本哈根的绿色发展

哥本哈根的“手指规划”将城市与周边地区联系起来，促进城市沿轨道廊道由中心向外放射发展，并保护“绿楔”免受开发。该规划首次提出于 1947 年，并通过 2007 年的《丹麦规划法》在国家层面获得了监管的持续支持。该法案认可了车站邻近原则，要求大多数超过 $1500m^2$ 的新办公区必须位于距离轨道站点 600m 以内。对零售业发展的监管是通过限制店面规模和指定允许零售业发展的城镇中心范围来促进商户在城镇中心选址。城市层面的土地使用规划鼓励在站点周边混合土地使用、高密度开发，并采用限制停车的条款。

在 20 世纪 90 年代，沿理想的公共交通走廊进行铁路扩建先于机动化的增长需求。通过这种方式，哥本哈根能够帮助开发商识别哪些地区需要优先发展。

TOD 逐步建立与轨道走廊连接的高密度、宜步行的市中心开发模式。图 1.1 展示了市中心和沿轨道走廊的活动集聚情况。被绿楔隔开的放射性廊道塑造了大都市空间结构。

哥本哈根拥有无缝连接的公共交通、骑行和步行设施。1/3 的市郊铁路用户利用骑行接驳到达车站。投资支持城市复兴、城市中心区的改造和公共领域的改善。

2008—2010 年，哥本哈根所有通勤或通学的出行中约有 36% 采用自行车出行（相比之下，伦敦为 2%，斯德哥尔摩为 7%）。这种高分担率是哥本哈根宣布 2025 年实现二氧化碳零排放目标的一

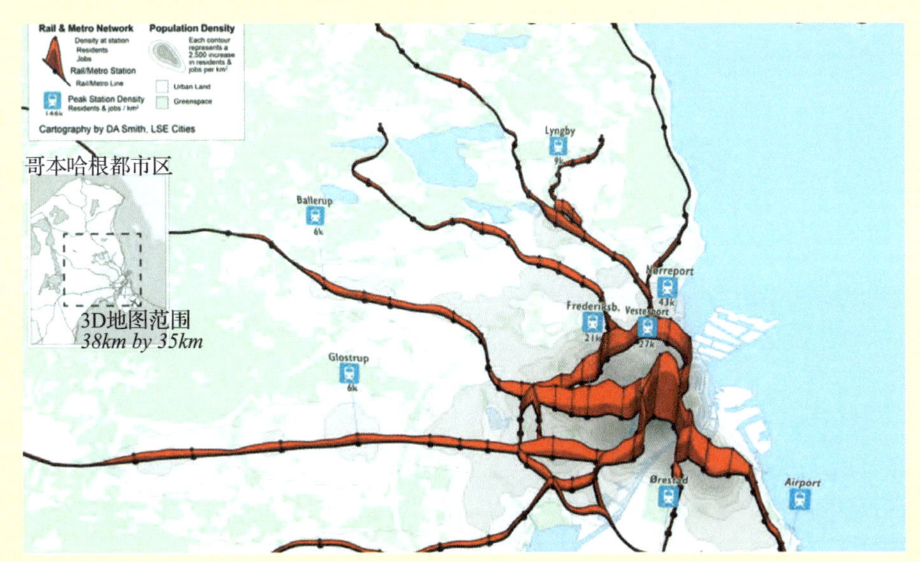

图 1.1　哥本哈根主要公共交通廊道上的人口和岗位密度

资料来源：LSE 基于多源数据的城市画像。经伦敦经济学院城市所许可使用。重新使用需要进一步许可。

项关键因素。哥本哈根自行车总体目标包括以下目标：自行车的骑行者数量以及骑行品质（安全感、安全性、出行时间和舒适度）。该市现在有近 370km 的专用自行车道，同时，整合了自行车道与公共交通网络，并实施了各种信息、培训和安全举措。哥本哈根的目标是成为世界上最友好的骑行城市，并提出到 2025 年的目标：75% 的出行通过步行、自行车或公共交通方式实现。

以人均总附加值测算，哥本哈根大都市区的区域经济在 1993 年至 2010 年间增长了 30%。在同一时期，与交通有关的碳排放减少了 9%，仅为人均 0.76t 二氧化碳（图 1.2）。休斯敦的城市扩张在交通领域投入了大约占其国内生产总值（GDP）的 14%；相较之下，哥本哈根只投入了 4%（Floater 等，2014）。

资料来源：基于 LSE 2013。

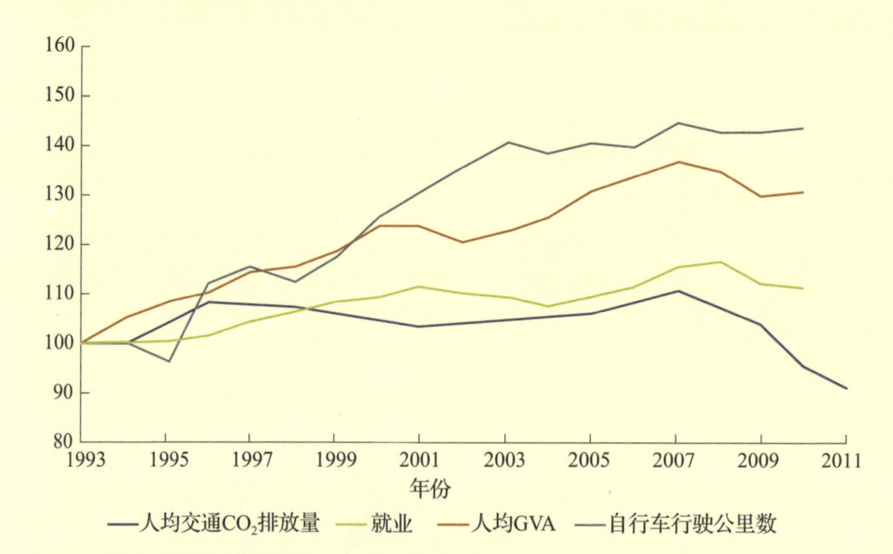

图 1.2　哥本哈根的绿色发展，1993—2010 年

资料来源：LSE 城市，2013。经 LSE 城市研究所许可使用。重新使用需要进一步许可。所有变量基于 1993 年取 100。

居住在公共交通周边既能节省时间又能节省金钱。城市层面 TOD 规划可以通过增加就业可达性来实现社会包容性的提高，特别是对城市低收入人群而言，正如纽约所做的那样（示例 1.2）[1]。TOD 规划使得政策制定者通过制定包容性的住房政策来统筹交通和住房成本（示例 1.3）。例如，在波特兰，车站周边的住房和交通综合成本（占收入的 40%）低于整个波特兰平均水平（50%）（CTOD，2011）。

示例 1.2　提升纽约市的工作可达性

纽约市民比美国其他任何城市的居民更依赖公共交通。有 56% 的纽约市民通勤出行采用公共交通，而其后的美国 10 个大城市的平均数只有 11%。

纽约的公共交通促进了经济增长。纽约市民通过 45min 公共交通出行可以到达 140 多万个工作岗位，或者 40% 的薪资岗位（鲁丁中心，2015）。虽然乘坐公共交通到达工作岗位的平均数很高，但不同社区之间的差异是很大的。高昂的住房价格将低收入人群推向远离就业中心的社区。在该市一半以上的家庭收入低于平均水平的社区中（约有 230 万居民），通过公共交通可达的工作岗位数量却低于平均水平。

为了实现更大程度的公平，纽约计划到 2030 年，所有纽约市民通过公共交通可达岗位数增加 25%，并将重点放在工作机会较低的社区，确保 90% 的纽约市民能够在 45min 内到达 20 万个工作岗位。在外围地区增加新的公共交通和就业机会将有助于缩小这一差距。

纽约规划的特点是通过以下四种主要方式改善工作岗位可达性。

- 支持在靠近住房的地区增加工作岗位。
- 让纽约市民做好准备，通过劳动力机会增强来提供更多工作岗位。
- 创造和保留靠近工作岗位和公共交通的住房。
- 提升公共交通连通度，通过扩大城市的定制公交服务网络、在公交和地铁服务之间提供免费换乘、创建全市范围的轮渡网络，以及支持其他的系统性投资。

资料来源：纽约市 2014a 和 b。

示例 1.3　使用 H+T® 指数来测算一个社区的可负担能力

邻里技术中心的住房和交通（H+T®）可负担能力指数提供了一种更综合的思考，真正地统筹考虑一个地区交通和住房成本的可负担能力。交通成本通常是一个家庭的第二大开支，可以表明区位有效的地区会更加宜居和可负担。

传统上，当租金或抵押贷款成本消耗不超过家庭收入的 30% 时，房屋就被认为是可负担的。根据这一标准，55% 的美国社区是普通家庭可以负担的。当把交通成本纳入到公式中，具备可负担能力的社区数量（定义为综合成本低于典型家庭收入的 45%）就锐降到了 26%（邻里技术中心，2011）。

1.3 大都市 / 城市层面的 TOD 战略

国际经验表明，土地使用强度不应在整个城市均匀分布，而应在工作机会可达性最高的地区达到最高强度。企业选址通常位于可以通过集聚效应和本地化效应提高生产力的地方（Salat，2017）。制造业公司选址通常位于他们可以连接到大型物流基础设施和土地成本较低的地区。与此相反，高附加值企业（金融、研发、专业服务业）则选址位于能够接触到大量同类型公司的地方。例如，在曼哈顿，尽管土地和不动产价格很高，但 60% 的办公空间都集中在只有 $9km^2$（占土地面积的 1%）的地区（Salat，2017）。

经济活动的高度集中通过城市化和本地化经济方式可以培养本地的经济发展（Rosenthal 和 Strange，2004），可以吸引熟练工人及更有生产力的企业和公司（Beh–rens、Duranton 和 Robert，Nicoud，2014）。更高的人员和企业密度使思想得以流动，催生了创新。密度还能让企业从规模经济以及与投入和产品市场的联系中受益。研究表明，就业密度增加一倍，经济生产力就会提高 10%（Salat，2016）。

2015 年集聚经济使伦敦在经济生产力方面超过了英国其他地区总和，这是其在 20 世纪 90 年代没有做到的。在仅占大伦敦地区 0.2% 的土地上，伦敦金融城（the Square Mile）产生了伦敦 14% 的国内生产总值，相当于英国 GDP 的 3%。在过去 10 年中，伦敦金融城的工作密度增加了 30%，达到每平方千米 150000 个，使得伦敦金融城每个工作岗位的生产力是大伦敦地区的两倍，是英国的三倍（Salat，2017）。公共交通的连通质量给伦敦中心区的商业选址带来了很大影响（Sivaev，2013）。

工作机会集中在城市核心区，高密度的城市形态与公共交通网络相配合，是提升城市竞争力的关键因素（Jenks、Burton 和 Williams，1996）。中国香港特别行政区案例表明了交通基础设施供给、土地使用规划和经济政策的协调是如何从经济效率、社会包容性和环境影响角度塑造城市形态的（示例 1.4）。

高密度地区岗位集中的正向集聚效应是依靠公共交通可达性驱动的，既针对大量工作岗位和企业，也针对大量从业人口地区。国际研究表明，这些效应的阈值是 30min，即人口和岗位倾向于集中在 30min 内可以到达大量就业岗位、公司和人口的高密度地区（Salat 和 Bourdic，2015b）[2]。约束性的区划政策不应成为这些集聚的障碍，也不应成为在最重要和最中心的公共交通站点周边、城市最便捷地区推动集聚的障碍。示例 1.5 展示了在巴黎，大量工作岗位

示例 1.4　中国香港特别行政区通过基于轨道的高密度发展刺激经济增长

香港的空间规划基于轨道引导发展模式，并形成了少花钱多办事的共识。香港优先考虑的是现有城市化地区的更新，而不是向绿色地区扩张。法规和指引规定了在哪里开发、以什么密度水平开发以及限制停车的要求。城市扩张只能发生在严格的划定区域：自 20 世纪 70 年代以来，香港 46% 的土地被依法保护为“郊野公园”；30% 的土地仍未开发，在禁建区等级制度下受到不同程度的保护。土地是根据最大容积率（建筑物的总楼面面积与土地面积的比例）来划分的，允许在轨道站点的正上方和邻近地区建造高强度的建筑（LSE，2013）（图 1.3）。

这种发展模式实现了经济增长和人均汽油消费的脱钩。1993 年至 2011 年期间，人均总附加值增长了 50%，而人均二氧化碳排放量和人均汽油消费量却下降了约 10%。

现有铁路和地铁网络包括 210km 的轨道和 84 座车站。香港地铁公司（MTRC）采用独特的轨道加物业（R+P）的商业模式，从而捕获因轨道交通基础设施所带来的物业增值，并利用物业收入来反哺轨道的建设和运营。港铁公司（MTRC）赚取利润，通过无需补贴的公共交通系统为纳税人节省乘客票价低于国际标准。据港铁公司估计，自 20 世纪 70

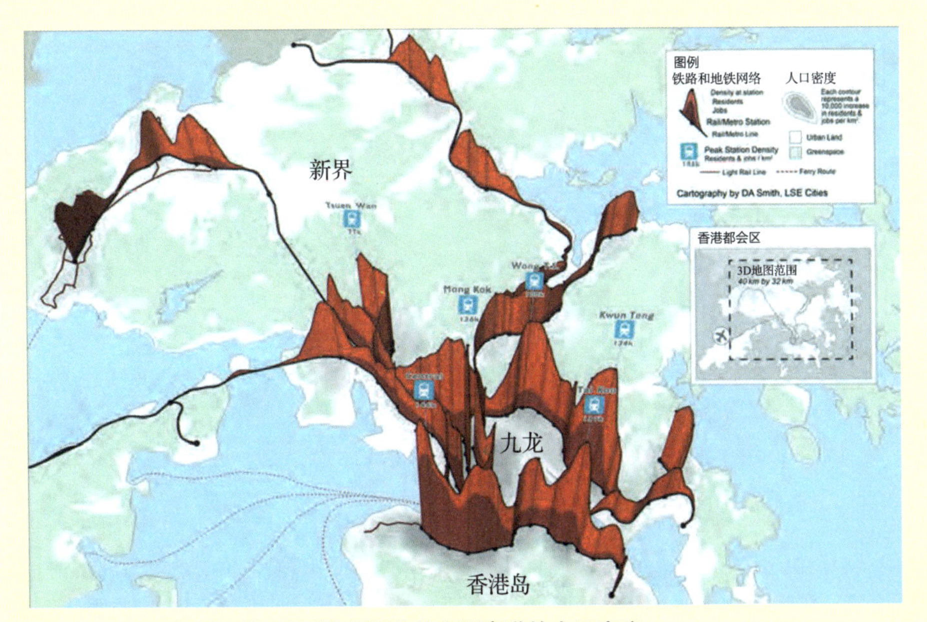

图 1.3　中国香港特别行政区沿主要公共交通廊道的人口密度

资料来源：LSE 城市。经 LSE 城市研究所许可使用。重新使用需要进一步许可。

年代公司成立以来，“轨道 + 物业”的项目给政府带来的直接财政收益为 270 亿美元。与轨道开发相关的捕获土地价值支持了可承载60万个公共住房单元的土地。

土地使用和公共交通规划的整合使中国香港特别行政区 75% 的人口和 84% 的工作岗位距离公共交通站不到 1km。香港是世界上使用公共交通占比最高（占机动化出行的 90%）的城市之一，也是汽车拥有率最低的城市（每千人 56 辆，而经合组织国家平均为每千人 404 辆）。

香港客运系统的年碳排放量为每人 378kg，相比之下，欧洲城市约为 1000kg，得克萨斯州休斯敦则超过 5000kg（图 1.4）。中国香港特别行政区的机动化出行支出约占 GDP 的 5%，而墨尔本和休斯敦等城市则为 12%~14%（LSE，2013）。

大约 45% 的人口生活在每平方千米人口密度超过 50000 的地区。这个数字接近于纽约的最高密度值（每平方千米 5.85 万人）。

只有 6% 的香港人口生活在每平方千米少于 5000 人的地区，而伦敦的这一比例为 36%。高水平的规划设计和布局以及开放空间和社区设施的融合，缓解了高密度的负面影响。在香港的城市人口中，有相当一部分人不认为高密度是一个问题。事实上，人们更喜欢人多的地方（Yeh，2011）。

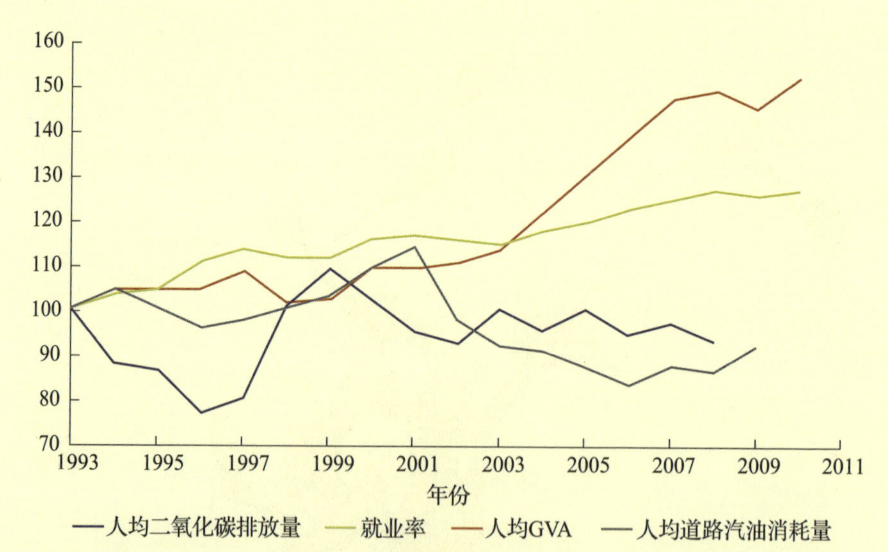

图 1.4　1993—2009 年中国香港特别行政区的年度增加值、就业、天然气消耗和二氧化碳排放情况

资料来源：LSE 城市。经 LSE 城市研究所许可使用。重新使用需要进一步许可。

高密度创造了更有效的土地使用，更易于提供公共设施和服务，减少能源和基础设施成本，并最大限度地提高公共交通的效率，同时最大限度地减少日常活动场所之间的距离。同时，该方案支持集聚经济，包括在方便的通勤距离内获得大量的熟练劳动力。内城企业的高密度分布提高了交流机会和知识外溢。先进服务机构的这种高效互动有助于中国香港特别行政区，确保其成为继伦敦和纽约之后第三个全球金融中心的地位。

资料来源：基于 LSE 2013。

示例 1.5 巴黎基于公共交通的就业岗位可达性和分布

在巴黎，超过 150 万就业岗位能通过公共交通在 30min 内可达。在交通不便的地区，下降到不到 10 万个就业岗位（图 1.5）。目前连接度最好的地区与 1859 年的巴黎大致相同，显示出城市结构一旦建立就具有空间上的持久性。

企业优先选择潜在雇员容易到达的地方（图 1.6）。

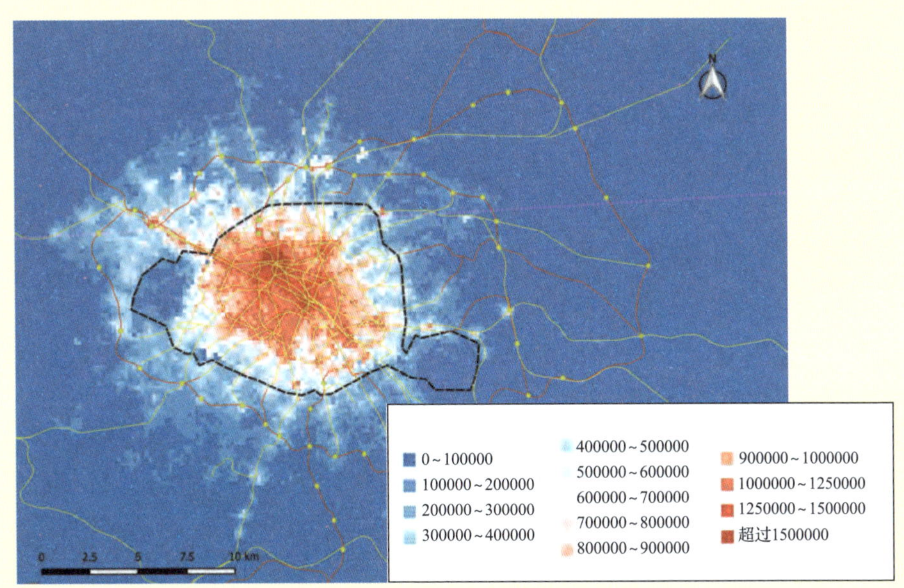

图 1.5 巴黎在 30min 内可乘坐公共交通可达的岗位数量，2015 年

资料来源：城市形态学和复杂系统研究所。经 UMCSII 许可使用。重新使用需要进一步许可。数据来自 INSEE 和 RATP。

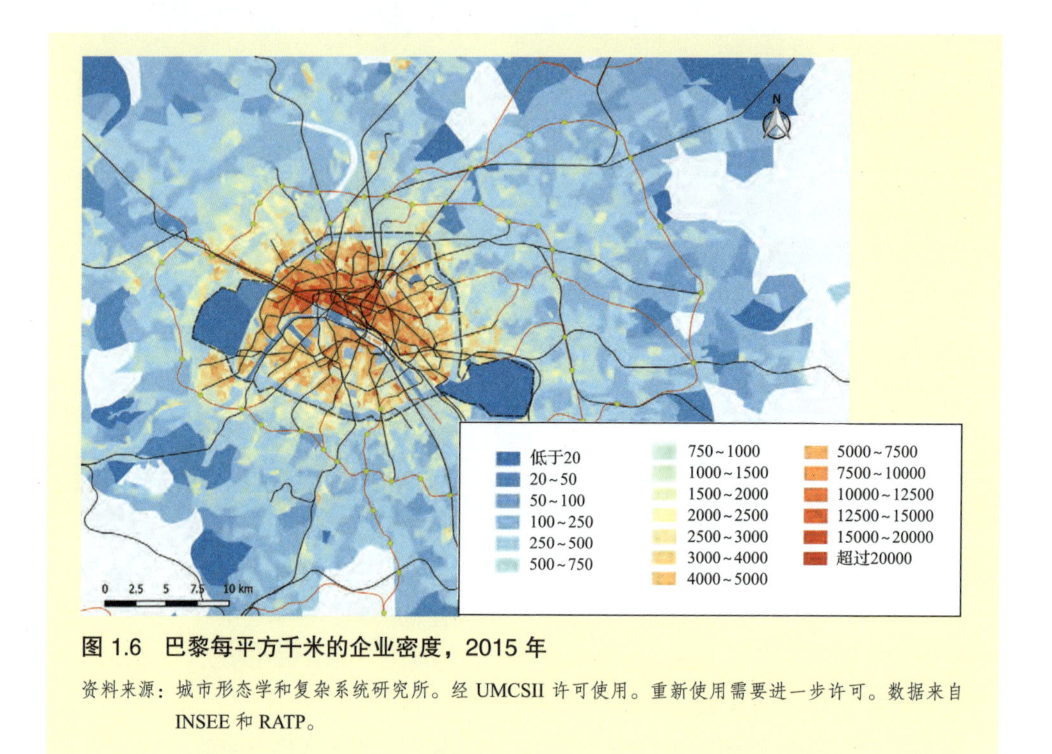

图 1.6 巴黎每平方千米的企业密度，2015 年

资料来源：城市形态学和复杂系统研究所。经 UMCSII 许可使用。重新使用需要进一步许可。数据来自 INSEE 和 RATP。

的公共交通可达性如何决定了企业的选址。

本书阐述了将工作岗位集中在城市核心地区的集聚效应，但是，许多大城市则通常是紧凑的多中心发展形态。

在伦敦、纽约和东京，核心区是由几个不断增长的、由公共交通连接的副中心所组成的。伦敦的案例研究了国王十字街（被伦敦的规划师认为是一个边缘地带）和金丝雀码头（从伦敦市内公共交通车程约 20min）等副中心。在纽约，副中心包括曼哈顿中城和下城、布鲁克林市中心和长岛市。在东京，沿着东京 33km 的环形山手线连接了一圈快速增长的副中心。

1.4 网络层面的 TOD

公共交通网络通常以“中心 + 外围”的形式布局，在塑造城市空间的集聚力度和密度分布方面发挥着关键作用。网络分析表明，在内部地铁网络交汇处和郊区轨道站点的周围发展副中心是有好处的，因为这些地区集中了较大客流并具有高增长潜力。这种方法也支持多中心化发展的城市。

在本书介绍的城市中，2/3 的工作岗位通常位于中心区之外，这为在尚未快速增长的中心车站周围创造混合用途的发展提供了机会。就业岗位和社会活动主要集中在沿着地铁网络中心放射廊道的公共交通站点附近，并可从交通一体化中受益。人员活动的强度和职住比在靠近网络中心的地方更高，这与 3V 框架模型非常吻合。这种网络的有效性通过车站周围的集中发展得到进一步加强，并通过适当的区划管控得到保障。

1.4.1　“中心 + 外围”系统

全球城市许多地铁系统都呈现了“中心 + 外围”的结构特点（Roth 等，2012）。中心区以恒定的车站密度密集分布，通过纵横交错的线路相互连接，为人们和公司提供了高水平的可达性。在远离城市中心的外围地区，车站的密度急剧下降[3]。

“中心 + 外围”布局对当地的发展潜力有很大影响，决定了密度和可达性的长期轨迹，如示例 1.6 所强调的。

伦敦、巴黎和东京的地铁大约在同一时期开始发展。这三座城市都创建了围绕城市中心（伦敦约 $30km^2$，巴黎约 $45km^2$，东京约 $60km^2$）的环形线（伦敦在 1884 年，巴黎在 1900—1910 年，东京在 1885 年）。

从这条环形线开始，郊区铁路的分支放射到外围地区。网络中心地区车站的密度和相互联系程度较高，在外围地区则较低，从而在核心地区创造了超高密度的就业和经济。网络结构塑造了密度，或者换句话说，城市是一个从区位涌现的网络结构。

大多数地铁网络的“中心 + 外围”结构导致了就业岗位在核心地区的集中。例如，在伦敦，1/3 的就业岗位（150 万）集中在 $15km^2$ 的最核心区，这是地铁网络可达性最高的中心地区。

1.4.2　多中心系统

大多数地铁系统都是多中心的，沿环线形成一些强大的经济副中心（东京的山手线就是一个例子）。首尔的地铁网络于 1974 年投入使用，比伦敦环线晚了 90 年，实现了弱集中、网格化特征，促进了江南区等副中心的出现。

TOD 规划鼓励在核心区外连接性最好的公共交通站点周边布置混合良好的就业 / 居住区，提高人口和就业岗位强度，限制在分支之间可达性低的外围地

示例 1.6　巴黎的公共交通、就业岗位和人口密度

巴黎地铁开通于 1900 年。环形线路建于 1900 年到 1910 年之间，处于 $45km^2$ 的核心区范围，其中 150 万～200 万个就业岗位可以在 30min 内通过公共交通可达。城市的核心范围与 1859 年之前巴黎的范围一致。地铁网络布局的前期决策塑造了城市形态和其经济密度的分布。

以连续同心圆形式显示的站点分布图展示了一个密集的中央核心范围，在巴黎中心 5km 半径内的站点密度几乎是恒定的（图 1.7）。然后，密度在核心区以外迅速下降，遵循幂律（$R^{-1.63}$），其中 R 是与中心的距离。

在 1910 年地铁环线的 3km 半径范围内，就业岗位（图 1.8）和人口密度（图 1.9）也比较密集。在穿过地铁核心区时，这些密度的下降幅度小于周边地铁站的密度，导致地铁核心区以外的公共交通可达性下降，对小汽车的依赖性增加。

在下面的地图中，黑线划定了巴黎市的行政区划范围，包括布洛涅和文森纳（总面积为 $105.40km^2$）。红线是未来在低密度郊区的主要地铁延伸线路（大巴黎快线 4 条，总长 200km）。

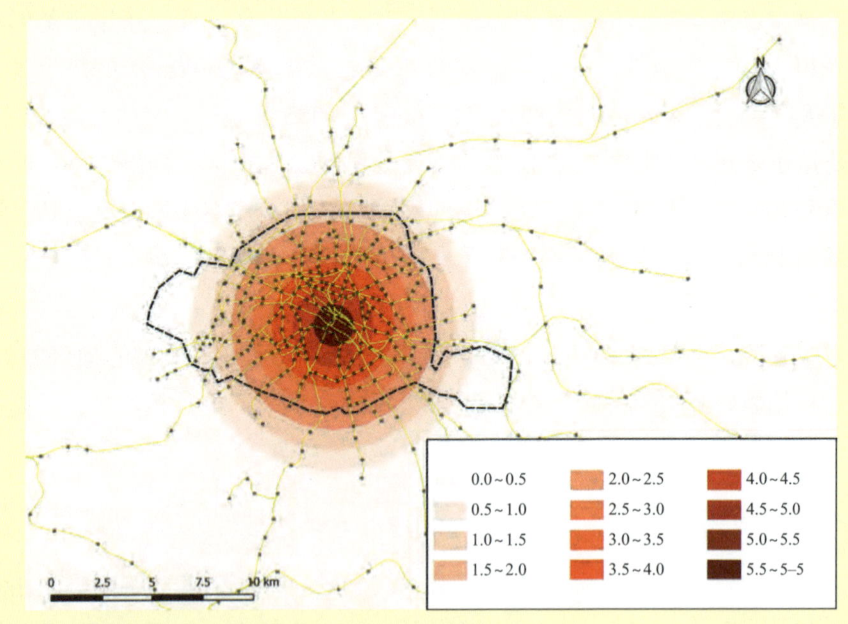

图 1.7　巴黎每平方千米的地铁站数量，2015 年

资料来源：城市形态学和复杂系统研究所。经 UMCSII 许可使用。重新使用需要进一步许可。数据来自 INSEE 和 RATP。

注：黑线划定了巴黎市，包括布洛涅和文森纳（总面积为 $105.40km^2$）。

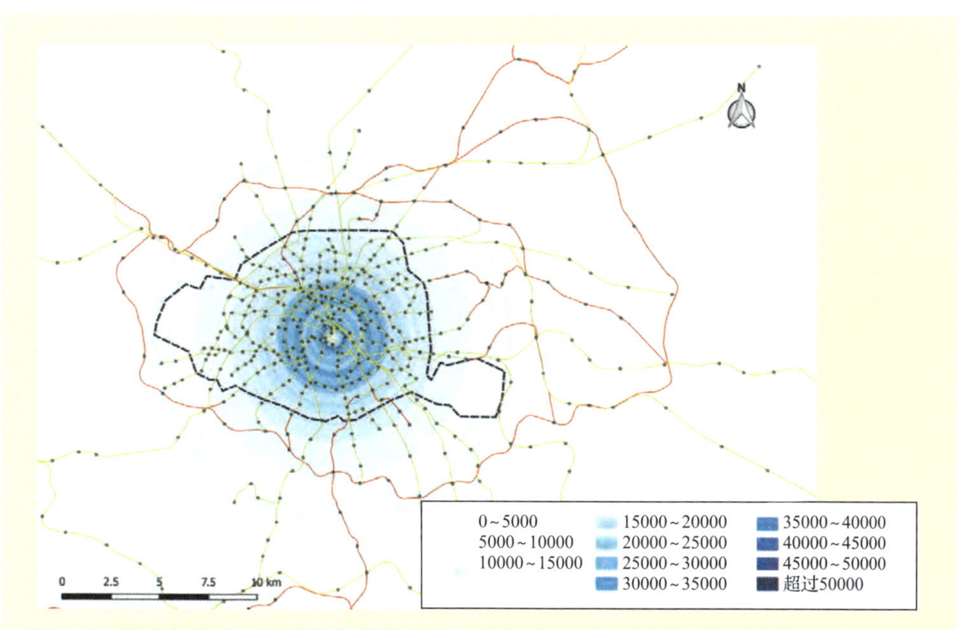

图 1.8　巴黎每平方千米的就业岗位密度，2015 年

资料来源：城市形态学和复杂系统研究所。经 UMCSII 许可使用。重新使用需要进一步许可。数据来自 INSEE 和 RATP。

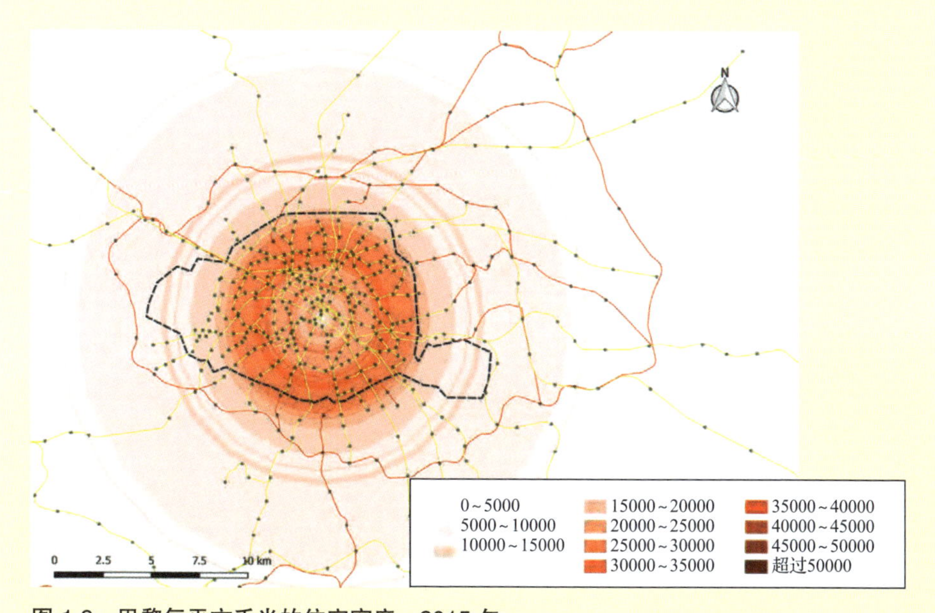

图 1.9　巴黎每平方千米的住宅密度，2015 年

资料来源：城市形态学和复杂系统研究所。经 UMCSII 许可使用。重新使用需要进一步许可。数据来自 INSEE 和 RATP。

区发展。作为对核心区的补充，通过公共交通连接的多中心避免了在工作高峰期形成单向出行。中国国家开发银行、能源创新公司和能源基金会（2015）建议，每个通勤区的职住比（就业人数除以居民人数）应该是 0.5~0.7，面积不应该超过 $15km^2$。

1.4.3 交通一体化系统（多模式系统）

在规划设计新的轨道线路时，规划师需要注重加强整个网络的连接强度，增加网络的层次性及其与经济集中区的耦合度。高效的公共交通系统在服务、票价和信息等方面具有分层次整合特征；将最密集的走廊与大运量公共交通组合，较低密度走廊与常规公交服务和社区层面的最后 1km 连通方案结合起来。在跨越多个地方政府的大型新兴城市（如利马市区或长江三角洲等超大型城市区域），需要建立区域机构，以确保协调跨多个行政管辖区的基础设施投资。

多模式的系统应考虑多种规模尺度融合，即不同交通方式在特定出行中的无缝组合，创造连接城市、区域、国家，甚至洲际层级的强大枢纽。伦敦的穿心快线（Crossrail）提供了与地铁（Tube）、泰晤士连线（Thameslink）、国家铁路、港口区轻轨（DLR）和伦敦地上铁的一种新交通联系。预计在 2019 年运营的第一年，将有超过 2 亿的乘客使用 Crossrail。Crossrail 车站与地铁和高铁（既有的 HS1 和规划的 HS2）的高效换乘将创造极高的节点价值，促进城市发展，使场所价值与最核心车站极高的节点价值相一致。在 Crossrail 投入运营后，就业岗位高度集中的主要枢纽地区将有更强的网络连接和更多的线路连接。这些位于伦敦多层次交通系统之上的枢纽是集群式的。Crossrail 将实现伦敦所有主要商业中心之间的直达，将希思罗机场与帕丁顿、西区、伦敦金融城和金丝雀码头连接起来。出行时间的减少、乘客体验的改善，以及轨道服务频率的增加，将对伦敦的经济产生重大影响。新的住宅和商业投资预计将给沿线的主要地区带来变革性影响。

1.4.4 车站周围的区划

为了获得公共交通网络投资的收益，城市鼓励在主要换乘节点、网络可达性高的车站以及作为公共交通网络主要衔接的车站周围进行开发；可达性较低的区域适度开发；不鼓励在距离地铁站超过 1km 的区域进行开发。这种方法对于实现城市层面的可达性目标至关重要。

为协调公共交通基础设施的建设和土地开发，可以对区划政策进行优化调整。容积率（FAR）也被称为建筑面积指数（FSI）、用地比率、场地比率，是在城市层面和站点周边实现最佳土地使用强度的有效规划工具。

良好的实践包括根据用途和可达性，将 FAR 设定在不同的水平。例如，在曼哈顿，中央车站周围交通便利的地区 FAR 为 24.0，沿公园大道为 21.6，而东部和西部的其他地区为 14.4~18.0（纽约市，2013）。新加坡（示例 1.7）和首尔（示例 1.8）也采用了根据距离车站的情况对容积率进行精细化管控的方法。

示例 1.7　在新加坡，根据轨道交通可达性设定容积率

新加坡是一个拥有 171km 规模大容量公共交通系统、一个广泛的接驳巴士网络，并且在中央商务区（CBD）实行机动车拥堵收费的城市。

新加坡的城市形态是由区划政策促成的，这些政策是根据公共交通可达性来增加城市强度的。中央商务区的容积率非常高（8~25），中央商务区周边地区容积率为 6.0，而大多数住宅区的容积率为 1.5~4.0（图 1.10）。

图 1.10　新加坡市中心的容积率

资料来源：Alain Bertaud。经 Alain Bertaud 许可使用。重新使用需要进一步许可。

示例 1.8　在首尔，利用区划鼓励在主要公共交通节点周边高强度开发

首尔的区划法规规定，在公共交通最发达的中央车站周围，商业用途的容积率可以高达 10，住宅和商业混合区为 2~4，住宅用途为 1~2。根据距离以及对公共交通站点的重要性，对各种用途的定义非常精细（图 1.11）。其结果是一个多样化的城市，其中小型住宅区与繁荣的商业区相邻，在轨道站周边（用蓝色圆圈表示）允许较高的 FAR（地图中用红色显示）（图 1.12 和图 1.13）。

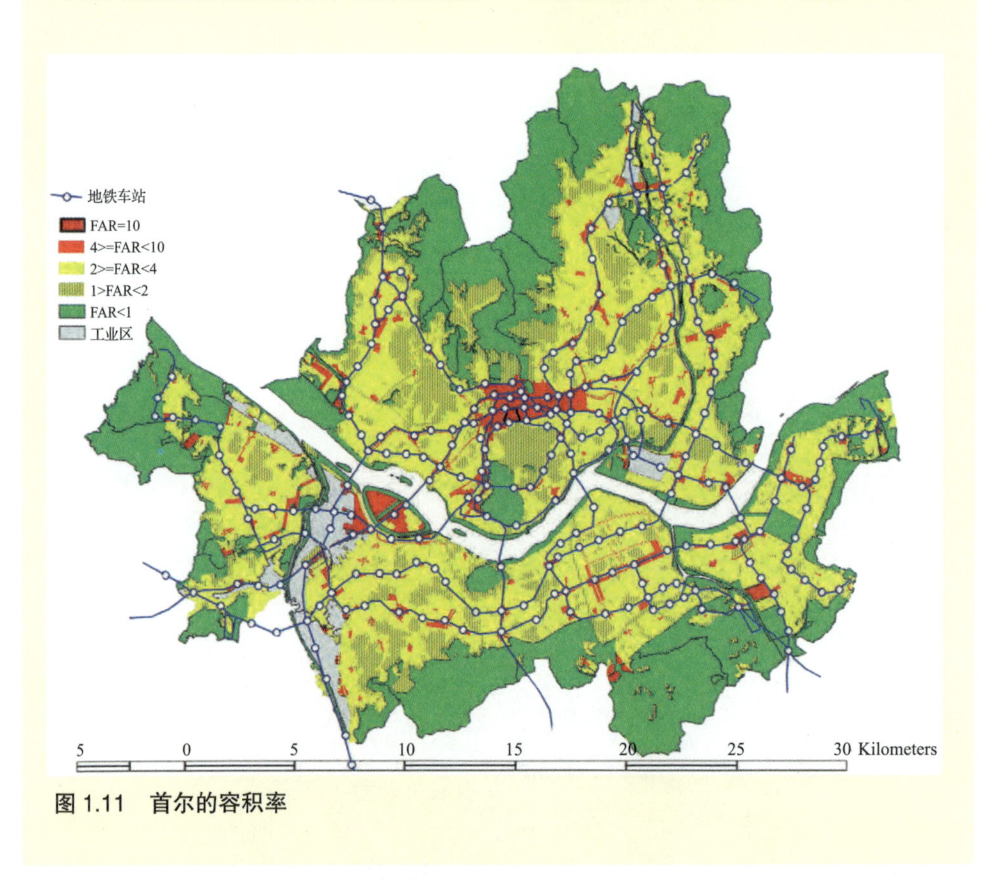

图 1.11　首尔的容积率

良好的实践还包括随着市场的变化，在不同的用途之间转让开发权，以及允许私人开发商根据市场需求调整开发强度的灵活性。在伦敦的国王十字街，提供给主要开发商在不同用途（住宅、办公、零售）之间高达 20% 的灵活余地。这样的方法在需要多年才能完成的开发项目中增加了不动产业务的可销售性。这种灵活性也可以用来捕捉不动产开发所创造的部分价值，以资助公共交

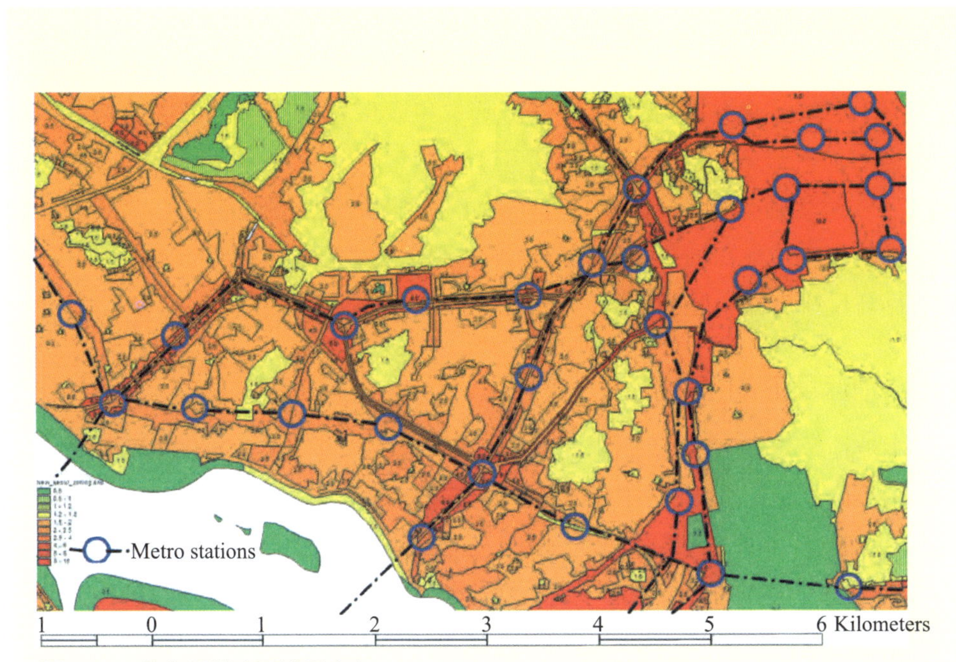

图 1.12　首尔区划（区域尺度）

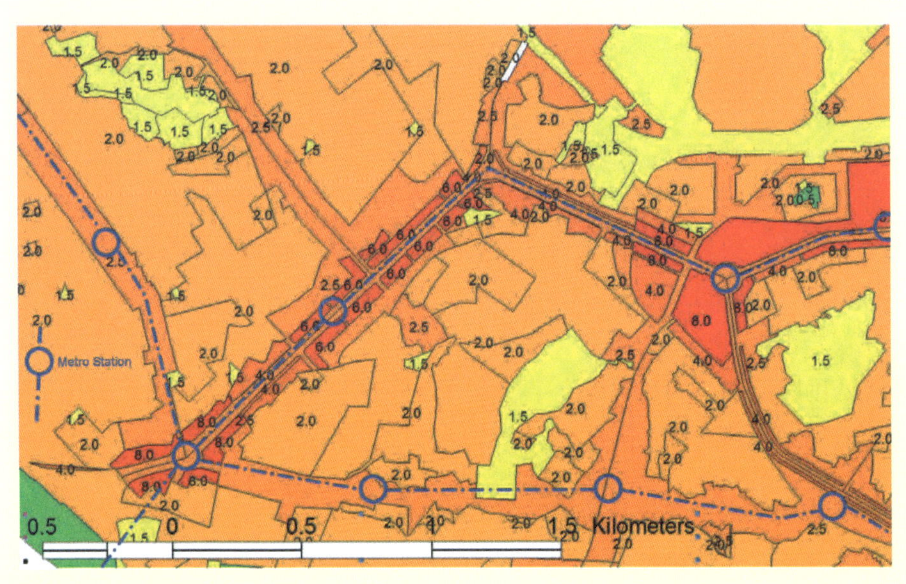

图 1.13　首尔区划（邻里尺度）

资料来源：Alain Bertaud。经 Alain Bertaud 许可使用。重新使用需要进一步许可。

通基础设施的供给、公共空间和可负担住房。

曼哈顿哈德逊广场的区划规定，商业用途为主的 FAR 为 10~33，混合用途为 6.5~12，主要住宅用途为 6~15。基本和最高 FAR 之间的范围是为了提供灵活性和捕获价值。开发商如果想超过基本 FAR，可以通过向地区改善基金（DIF）支付奖励金来实现。DIF 可以用此来资助地铁线路的延伸、公共空间和包容性住房，从最初的高密度区划和高端混合用途商业区的组合中创造一个积极的循环反馈机制（见第 3 章）。

1.5 地区层面的 TOD

本地社区是 TOD 的重要组成部分。在 TOD 社区，车站和它所服务的社区之间的界面是至关重要的。TOD 和公共交通毗邻发展（TAD）都集中在距离车站 800m 或 10min 步行半径的范围内，但它们提供的是完全不同的体验和建成环境。与 TOD 一样，TAD 也靠近公共交通，然而，与 TOD 不同的是，它未能利用这种可达性的优势。它在土地使用、站点可达和场地设计方面缺乏与公共交通的功能性连接。

一旦开发项目建成，从 TAD 更新到 TOD 通常需要地方政府与私人部门合作进行大力推动，而且改造工作几乎总是比从一个合理的 TOD 计划开始更加昂贵和复杂。因此，重要的是在早期规划阶段就关注公共交通线路的空间塑造效果，以提供更有活力、更具包容性和可持续的社区。

部分基础设施投资可以通过价值捕获来融资（见第 3 章）。一个地区引入新的轨道代表了更高密度的规划政策，提升的可达性将带来更高的潜在市场价值。许多地方政府鼓励公共交通站点周边进行更密集和多样化的开发，这增加了开发商资助社区设施的潜力（见第 5 章和第 6 章，描述了从开发商那里捕获价值以资助哈德逊广场和国王十字街当地设施的融资工具）。

本地社区发展的原则包括以下内容：

- 鼓励并最大限度地提高车站设计的品质，增强车站的可达性，以改善公共空间，提高场所价值。
- 优先保障公共投资。
- 促进健康、教育、购物和娱乐设施的供给。
- 引导和利用私营部门的活动能力。

基于站点的城市更新或开发提供了巨大的机遇，只要地方政府和开发商采取积极的方法。对一个车站区域有效的成功策略可以在整个网络中的同类车站中复制。

1.5.1　站点的类型

在网络中的区位涉及场所、网络和市场潜力的复杂相互作用（这些概念已在引言中定义，并在第 2 章中扩展）。这种复杂相互作用意味着应该根据车站在网络中的区位来划分不同类型的 TOD。

公共交通可达性增加的优势很少在整个网络中均匀共享。在网络中的区位导致了各种局部因素和规划背景的变化。伦敦的穿心快线 Crossrail（在第 7 章中介绍）对市场的潜在影响在不同的车站有很大差别。

车站周边的每一个社区都有不同的市场情况、一系列独特的机会和挑战，以及一系列独特的资源可供支配。因此，每个车站周边实现复兴和发展的正确政策杠杆和交付机制有很大的不同。

3V 框架是一项政策工具，用于根据车站的不同价值进行聚类。3V 框架为规划师提供确定车站类型的关键经验，帮助确定基础设施项目如何发挥更大效用。TOD 的共同原则应该通过第 2 章中描述的规划策略（填充、强化和改造）来适应不同的背景条件。

1. 主要枢纽

位于中心区位的主要枢纽是最有前途的车站类型。主要枢纽具有很高的节点价值，因为它们连接着多条线路和主要的城市规模。主要枢纽通常拥有多样化的城市肌理，有时还具有创造更高场所价值的独特建筑和文化遗产。

伦敦的托特纳姆法院路站是一个连接轨道中央线和北线以及许多公交线路的枢纽。它作为交通枢纽的地位将随着 Crossrail 2 号线的规划而提升，届时将有两条 Crossrail 在图腾汉厅路和迪恩街之间交汇。

尽管图腾汉厅路站的连接性很高，但几十年来该地区的发展一直不尽如人意。Crossrail 通过调整运力的限制，释放了该地区的潜在增长潜力（市场潜在价值）。这类车站的机遇是利用新线作为城市转型的催化剂。这涉及设计一个更具支持性的街道网络和更好的步行环境。Crossrail 在公共领域的投资对改善低质量的建筑立面也有促进作用，这些外墙抑制了该地区零售业发展和限制了开发价值。建成环境的改善将有助于创造一个可以容纳更广泛用途的场所。

2. 城市边缘地区的车站

位于边缘地带的城市车站区位靠近城市核心、但不在最中心区域。提升连通性是加强这些车站活动的催化剂。一个例子是伦敦白教堂站周边地区的更新方式（见第 7 章）。该项目致力于通过恢复历史建筑和公共空间来鼓励投资，以突出文化的丰富性，通过改善沿线和跨线的交通便捷性，并提供更好的步行和骑行机会，以激发一个更健康的城市环境。2015 年 5 月重新发布的《白教堂愿景：复兴规划》（Tower Hamlets）设想了城市集约化发展，可支持在社区增加 3500 个新住宅和 5000 个就业计划；将白教堂路改造成一个购物目的地；创建七个新的公共广场和开放空间；并创建一个世界级的生命科学园区。

3. 郊区车站

位于线路末端的郊区车站是一类经常被忽视的车站。郊区车站的节点价值低，就 Crossrail 而言，它们通常属于 20 世纪 50 年代后的城市基础设施，这些基础设施主导并分割了当地区域（因此场所价值很低）。社区大多都是以住宅为主。

关注这些社区的开发商和投资者面临两个挑战。首先是缺乏可开发的场地。在没有总体规划的情况下，机会并不突出；机会是存在的，但只是比较零散。

第二个挑战来自于其较低的市场价值，这降低了对开发商的吸引力。开发商对市场缺乏信心意味着早期筹划可能不得不与公共部门或住房协会合作开发。

艾比路站就是这样一个例子，它是位于 Crossrail 线路东南地区地面段的终点站。在社区多样化发展的基础上，设想出一个填充式更新战略，通过建立合作伙伴机制，以便在一个基本上被废弃的 4hm^2 棕地上实施全面重建。该项目被称为 Cross Quarter，将为该地区“开发一个心脏”，其中包括一个新的家世比超市，以应对艾比伍德缺乏大型便利零售店的问题。Cross Quarter 还将包括 220 个新住宅、社区设施（包括一个日间护理和儿童中心）、一家酒店，以及针对初创企业的空间单元。

1.5.2 创建社区

创建充满活力、具有包容性和可持续发展的社区，不仅仅是增加密度或设计一个项目。它还需要社会和经济方面的行动。由城市土地学会发起的完整社区计划定义了以下目标：

- 生活：创造和保持提供可负担住房、综合交通系统和优质教育的社区。
- 工作：通过就业、培训和接受教育的方式，加强区域经济繁荣，旨在保留和吸引新企业。
- 出行：增加和改善该地区的出行条件，使用公共交通、电动汽车、步行和骑行，以促进身体更加健康。
- 欣欣向荣：支持社区提供健康食品、艺术、休闲和娱乐的可达性，通过积极的公民参与，使人们感到快乐和有意义。

将城市轨道交通项目与更广泛的社区发展政策结合起来，可以互惠互利，大大提高其他重要经济和社会政策领域的质量、效力和效率，包括就业、健康、教育和经济发展（Jones 和 Lucas，2012）。

所有的站区更新战略都将城市品质提升作为重要组成。良好的城市设计可以增加场所价值，支持密度的提升，并有助于确保不会有压抑感。它要求对街道景观进行重大改进，使街道成为人们服务的场所。创造场所精神的城市设计创造了一种围合感、宜人尺度、连贯性和联系（第 4 章讨论了优秀城市设计的核心品质）。

注释

1 关于 TOD 和住房可负担性之间的关联，参见 Center for Transit-Oriented Development（2009），Cervero 和 Murakami（2009），达拉斯市（2010），住房政策中心（2011），麦肯锡全球研究所（2014）和纽约市（2014b）。

2 大量的文献研究了交通可达性和集聚外溢效应之间的联系。特别参见 Baird（2004）、Graham（2005）、Department for Transport（2006）以及 Targa Clifton 和 Mahmassani（2006）。

3 站点的密度随着与城市中心的距离增加而急剧下降，其形式为 $R^{-1.6}$ 的反幂律，其中 R 是距离城市中心的半径，−1.6 是指数（Salat 和 Bourdic，2015）。

参考文献

Baird, B. 2004. “Public Infrastructure and Economic Productivity: A Transportation-Focused Review.” *Transportation Research Record: Journal of the Transportation Research Board*. Available at http://trrjournalonline.trb.org/doi/abs/10.3141/1932-07.

Behrens, Kristian, Gilles Duranton, and Frédéric Robert-Nicoud. 2014. "Productive Cities: Sorting, Selection, and Agglomeration." *Journal of Political Economy* 122 (3): 507–53.

Bertaud, A. 2008. "Options for New Alternatives for Development Control Regulation and Justification for Increasing FSI." Available at http://alainbertaud.com/wp-content/uploads/2013/07/AB_FSI_Presentation_4_compr_200dpi.pdf.

Center for Housing Policy. 2011. *The Role of Affordable Housing in Creating Jobs and Stimulating Local Economic Development*. Washington, DC. Available at http://www2.nhc.org/media/files/Housing-and-Economic-Development-Report-2011.pdf.

Center for Neighborhood Technology. n.d. H+T® Index. http://htaindex.cnt.org.

Center for Transit-Oriented Development. 2009. *Mixed-Income Housing near Transit: Increasing Affordability with Location Efficiency.* Available at http://www.reconnectingamerica.org/assets/Uploads/091030ra-201mixedhousefinal.pdf/.

———. 2011. *Portland Transit-Oriented Development Strategic Plan /Metro TOD Program*. Available at http://www.oregonmetro.gov/sites/default/files/tod_final_report.pdf.

Cervero, R. 2001. "Efficient Urbanization: Economic Performance and the Shape of the Metropolis." *Urban Studies* 38 (10): 1651–71. http://usj.sagepub.com/ content/38/10/1651.abstract.

Cervero, R., and J. Murakami. 2009. "Rail and Property Development in Hong Kong SAR, China: Experiences and Extensions." *Urban Studies* 46 (10): 2019–43.

China Development Bank Capital, Energy Innovation, and Energy Foundation. 2015.12 *Green Guidelines. CDBC's Green and Smart Urban Development Guidelines*.

City of Dallas, Office of Economic Development. 2010. *Dallas TOD Experience and TOD TIF District: Providing Unique Public Financial Incentives for Transit-Oriented Development in Underserved Areas.* Available at http://www.dallas-ecodev.org/wp-content/uploads/2012/04/Dallas-TIF-Overview_TOD-TIF_Better-Houston-Group_7-16-10.pdf.

City of New York. 2014a. *Housing New York: A Five-Borough, Ten-Year Plan*. Available at http://www.nyc.gov/html/housing/assets/downloads/pdf/housing_plan.pdf.

———. 2014b. *One New York. The Plan for a Strong and Just City*. http://www.nyc.gov/html/onenyc/downloads/pdf/publications/OneNYC.pdf.

Department for Transport. 2006. *Agglomeration Evidence by Local Authority and Industry*. London.

Fallah, B. N., M. D. Partridge, and M. R. Olfert. 2011. "Urban Sprawl and Productivity: Evidence from US Metropolitan Areas." *Papers in Regional Science* 90(3): 451–472.

Floater, G., P. Rode, D. Zenghelis, M. Ulterino, D. Smith, K. Baker, and C. Heeckt. 2014. *Copenhagen: Green Economy Leader Report*. LSE Cities, London.

Graham, D. J. 2005. *Wider Economic Benefits of Transport Improvements: Link between Agglomeration and Productivity*. Stage 1 and 2 Reports to Department for Transportation, London. Available at http://www.dft.gov.uk/pgr/economics/rdg/webia/webtheory/reconomicbenefitsoftrans3138.pdf.

Jenks, M., E. Burton, and K. Williams. 1996. *The Compact City: A Sustainable Urban Form?* London: Taylor & Francis.

Jones, P., and K. Lucas. 2012. "The Social Consequences of Transport Decision-Making." *Journal of Transport Geography* 21 (March): 4–16.

LSE Cities. 2013. *Going Green: How Cities Are Leading the Next Economy*. Available at https://files.lsecities.net/files/2013/06/Going-Green-Final-Edition-web-version.pdf.

McKinsey Global Institute. 2013. *Infrastructure Productivity: How to Save $1 Trillion a Year. McKinsey Infra-*

structure Practice. Available at http://www.mckinsey.com/industries/capital-projects-and-infrastructure/our-insights/infrastructure-productivity.

———. 2014. *A Blueprint for Addressing the Global Affordable Housing Challenge.* Available at file:///C:/Users/Owner/Downloads/MGI_Affordable_housing_Full%20Report_October%202014.pdf.

Rudin Center. 2015. *Mobility, Economic Opportunity and New York City Neighborhoods.* New York University. Available at http://wagner.nyu.edu/rudincenter/wp-content/uploads/2015/11/JobAccessNov2015.pdf.

New York City. 2013. Proposed East Midtown Text Amendment. Available at https://www1. nyc.gov/assets/planning/download/pdf/plans/east-midtown/east_midtown.pdf.

Roth, C., S. Kang, M. Batty, and M. Barthelemy. 2012. "A Long-Time Limit for World Subway Networks." *Journal of the Royal Society*. doi:10.1098/rsif.2012.0259, 2012.

Rosenthal, S., and W. Strange. 2004. *Evidence on the Nature and Sources of Agglomeration Economies.* In *Handbook of Regional and Urban Economics*, vol. 4, ed. V. Henderson and J. Thisse, 2119–71.Amsterdam: North-Holland.

Salat, S. 2016. "The Break-Even Point. Impact of Urban Densities on Value Creation, Infrastructure Costs and Embodied Energy." SBE 16 Turin Conference Proceedings. Available at http://sbe16torino.org/papers/SBE16TO_ID068.pdf.

———. 2017. "A Systemic Approach of Urban Resilience: Power Laws and Urban Growth Patterns." *International Journal of Urban Sustainable Development*, Special Issue, Linking Urban Resilience and Resource Efficiency.

Salat, S., and L. Bourdic. 2015. *L'Économie spatiale du Grand Paris. Connectivité et création de valeur.* Urban Morphology Institute and Complex Systems Institute and Caisse des Dépôts, Paris.

Shlomo Angel, Stephen C. Sheppard, and Daniel L. Civco. 2005. *The Dynamics of Global Urban Expansion.* Washington, DC: World Bank.

Sivaev, D. 2013. *Inner London's Economy: A Ward-Level Analysis of the Business and Employment Base.* Center for Cities, London.

Targa, F., K. J. Clifton, and H. S. Mahmassani. 2006. "Influence of Transportation Access on Individual Firm Location Decisions." *Transportation Research Record.* DOI: http://dx.doi.org/10.3141/1977-23.

Tower Hamlets. 2015. *Whitechapel Vision: Regeneration Prospectus*. Available at http://www.towerhamlets.gov.uk/Documents/Planning–and–building–control/Strategic–Planning/WV–brochure–v4–low–res.pdf.

United Nations. 2014. *World Urbanization Prospects: The 2014 Revision, Highlights (ST/ESA/SER.A/352).* Department of Economic and Social Affairs, Population Division, New York.

World Bank, 2015. *East Asia's Changing Urban Landscape: Measuring a Decade of Spatial Growth.* Washington, DC: World Bank.

Yeh, Anthony G.O. 2011. "High Density Living in Hong Kong." LSE Cities. Available at https://lsecities.net/media/objects/articles/high-density-living-in-hong-kong/en-gb/.

King's Cross
CUSTOMER INFORMATION
Meeting Point
Underground
Platforms 0 to 8
Taxis

第 2 章
基于 3V 框架提高价值的驱动力、政策和战略

3V 框架基于公共交通站点的三个维度进行价值描述：节点价值、场所价值和市场潜在价值。本章介绍了节点、场所和市场潜在价值的关键驱动因素，描述了规划师如何根据站点的三个维度价值对车站区域进行聚类，并定义了提高价值的城市转型策略。提高一种车站区域的价值（节点、场所或市场潜力），会对其他价值产生影响。3V 框架的主要目标是揭示整个城市空间和车站周边价值结构的不平衡性。这些不平衡性为改善价值一致性、推动城市发展、启动获取正向价值反馈循环提供了机会。

3V 框架对 Bertolini 在 1999 年提出的节点 / 场所模型基础上引入了两个主要变化。首先，它将节点价值建立在网络结构和三种中心性发挥作用的最新研究基础上：度中心性、接近中心性和介数中心性。自 2000 年以来，网络科学有了长足的进步，在互联网、社交网络、DNA 和神经网络的结构相似性方面有了重要发现。这一知识体系已被应用于地铁，以解释为什么像东京新宿这样的车站区域正在蓬勃发展。这项工作对公共政策具有重要意义，因为它揭示了网络布局对创造价值的重要性。

第二，3V 框架明确地划分了场所价值（城市肌理的

对面页：
高度一体化的多式联运和以人为本的设计在伦敦的国王十字街创造了高价值。
资料来源：Francoise Labbé。
经 Francoise Labbé 许可使用。
重新使用需要进一步授权。

品质和多样性）和市场潜在价值。这种划分是有用的，因为不同的机构、政策和工具被用来影响市场和场所层面；决策者可以清楚地制定具体的战略来证明一个或另一个。场所和市场潜在价值的提升还包括处于不同的发展阶段。这可能会导致两者之间的正反馈循环，使得这种划分特别有意义。关于哈德逊广场（第 5 章）和国王十字街（第 6 章）的案例研究很好地说明了这一点。例如，在中国，必须将这些方面分开，使决策者认识到，如果不解决城市规划中超级街区的使用问题，将失去很多潜在价值。

3V 框架探讨了规划车站的不同层面，包括它们在公共交通网络中的作用（节点价值）、预期变化的规模（将现有用途与未来用途相比较，评估场所价值），以及市场时机、发展机会和投资规模如何共同确定机会地区和关键活动以支持或加强市场活动。

2.1 节点、场所和市场潜在价值的驱动力是什么

对于居民来说，价值是由区域的特征（在城市形态、学校、日常设施可达性，如公园、医疗设施和娱乐中心、步行和骑行能力等方面与个人喜好的契合度）以及该区域与工作机会或日常使用较少的城市其他地区设施之间的联系所驱动的。对于公司来说，价值来自于利润的最大化，对服务行业来说这通常会导致要聚集在工作岗位高度集中的空间。采用公共交通导向型发展（TOD）战略，通过加强地区层面的生活质量，同时通过网络和城市层面实现公共交通的良好连接以提供更多的就业机会，可以支持这种价值的创造。

2.1.1 节点价值的驱动力：网络中心性的影响

节点价值是由运输网络中节点的重要性驱动的。一个网络中的所有节点并不都是平等的。节点所提供的线路数和运输模式的不同，以及在网络中的中心度不同，形成了节点的层次结构。那些强大而复杂的枢纽、更加中心的节点、更加可达的节点，或者结合了所有这些特质的节点具有更高的价值，因为它们往往服务于更多的乘客。东京的新宿是世界上最繁忙的车站，每天有 350 万乘客，在网络中心度方面排名很高。

1. 从联运枢纽到简单的节点

枢纽是最重要的节点之一。交通枢纽（也被称为交通换乘站）是一个乘客

可以在不同线路或不同交通方式之间转换的场所。公共交通枢纽包括有多条线路的大型地铁站、火车站、快速公交站、公交车站、有轨电车站和机场。

一些复杂的枢纽在一个综合多式联运站或多个复杂站中结合了若干种交通方式。例如，上海虹桥机场；东京火车站，连接高速铁路和六座地铁站；华盛顿联合车站，结合了长途列车、通勤列车和公共汽车，以及地铁和城市公交。一个枢纽所连接的线路和方式的数量决定了其重要性。

节点的层次结构如下：

- 高度连接的枢纽，提供多条线路和多种运输方式之间的转换。它们聚集在网络的核心位置。
- 核心换乘站连接两到三条线路，大多数位于城市中心。
- 从网络核心辐射出去的单线站。

2. “中心+外围”结构网络

网络中的一些节点比其他节点具有更好的可达性（可达性指的是一个站与所有其他站的距离）。在一个组织良好的城市中，工作岗位往往聚集在网络中可达性更好的节点周边。这些高可达性的节点通常集中在公共交通网络密集和互联的核心。

全球城市中高效的轨道布局（包括上海、东京、首尔、伦敦、巴黎和纽约的系统）都趋向于类似的布局，其特点是“中心 + 外围”结构（图 2.1），尽管它们在地理和经济上存在差异（Roth 等，2012）。核心区通过纵横交错的线路密集连接，为就业和人们提供最大的便利。这个核心范围通常半径在 5km 左右，因为在这个半径之外保持高密度的车站成本很高。在这个区域之外，车站

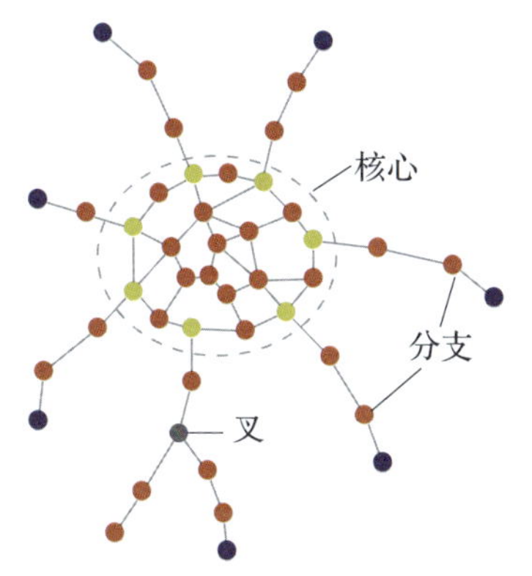

图 2.1　轨道网络的“中心 + 外围”结构

资料来源：Roth 等，2012[㊀]。

㊀ 这是一篇开源文章，根据知识共享署名协议的条款发布，允许在任何媒体上无限制地使用、分发和复制，但必须注明原作者和来源。

往往位于外围线路上，当远离城市核心范围时，车站的密度急剧下降（见附录 A）[1]。

轨道网络中的“中心 + 外围”布局和中心度差异对局部地区发展潜力有很大影响。轨道延伸主要采用放射形，如 20 世纪 90 年代在首尔建造的地铁，使所有车站更容易到达核心区的中心车站，在中心区创造了强大的市场潜力，因此，带来土地价格上升，开发机会增加。当轨道延伸导致可达性大幅提高时，主要的副中心就会发展起来，像首尔江南区那样，在 20 年的时间里，繁荣的房地产市场使 40km² 地区的房地产价值超过了韩国第二大城市和首批全球集装箱港口之一的釜山[2]。

3. 公共交通网络的中心性

中心性是网络中车站（节点）的一个结构性特征，它量化了一个车站在整个公共交通网络中的位置。中心性的车站更有可能成为人流的关键通道，有助于集中就业和经济活动。低中心性的车站可以被称为外围车站。较低的中心性与较低的增长潜力、较少的工作机会有关。三个最常用的度量是度中心性、接近中心性和介数中心性[3]。

（1）度中心性

度中心性是指每个节点的链接数。它在许多网络中都是一个重要属性，特别是互联网（图 2.2）。

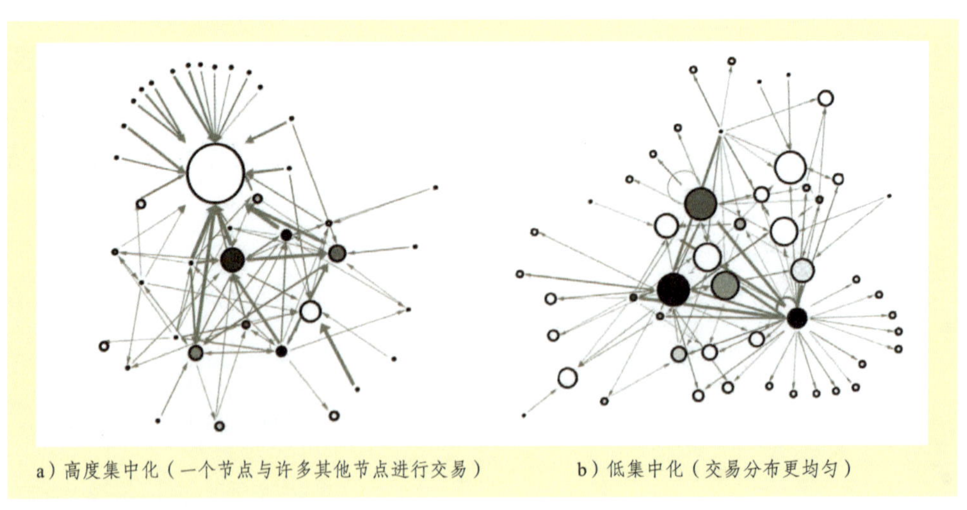

a）高度集中化（一个节点与许多其他节点进行交易）　b）低集中化（交易分布更均匀）

图 2.2　金融交易网络的度中心性

资料来源：拉达 - 阿达米克。经拉达 - 阿达米克许可使用。重新使用需要进一步许可。

伦敦的轨道地图显示，国王十字地区作为伦敦连接最紧密的节点占据了主导地位（图 2.3）[4]。最高的度中心性，因而也是增长潜力最大的地区，位于环线周围和中央线沿线，定义了伦敦市中心。在伦敦市中心的西部有更密集的度中心性较高的车站，伦敦 1/3 的工作都集中在那里。

（2）接近中心性

接近中心性表示一个站与网络中其他每个站之间的平均距离（以链接数来衡量）。许多通过中转与其他大多数站点连接的站点得到的接近度分数会接近于零。接近中心性的一个特性是，它倾向于将高分分配给靠近本地集群中心的站点。

接近中心性是许多网络的一个重要属性，包括社交网络（图 2.4）和伦敦轨道（图 2.5）。伦敦地铁网络的接近中心性证实了伦敦市中心是网络中最容易到达的部分。

（3）介数中心性

车站的介数中心性等于从所有车站到所有其他车站经过这个车站的最短路径的数量。在假设乘客换乘遵循最短路径的情况下，一个具有高介数中心性的

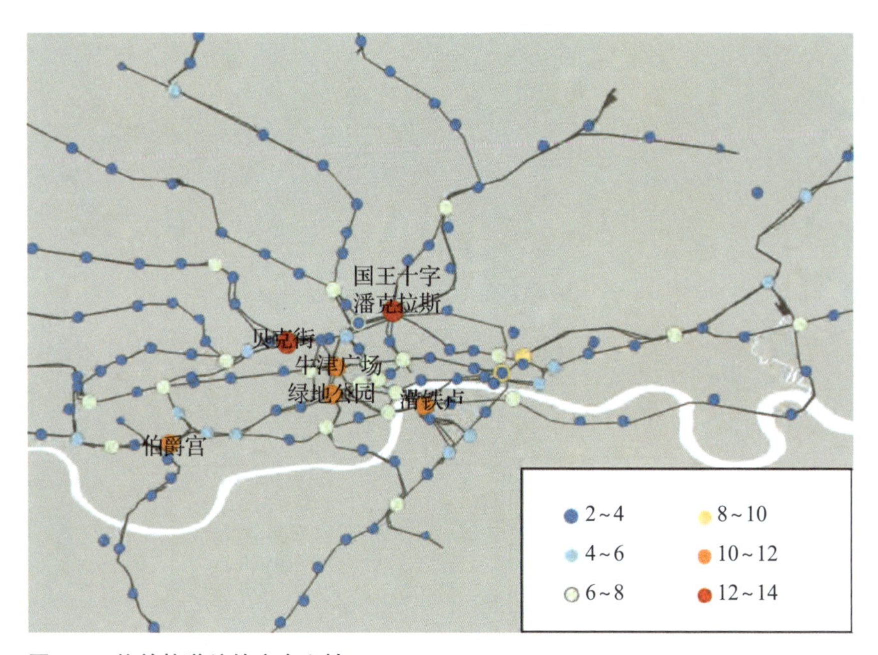

图 2.3　伦敦轨道站的度中心性

资料来源：城市形态学和复杂系统研究所。经 UMCSII 许可使用。重新使用需要进一步许可。

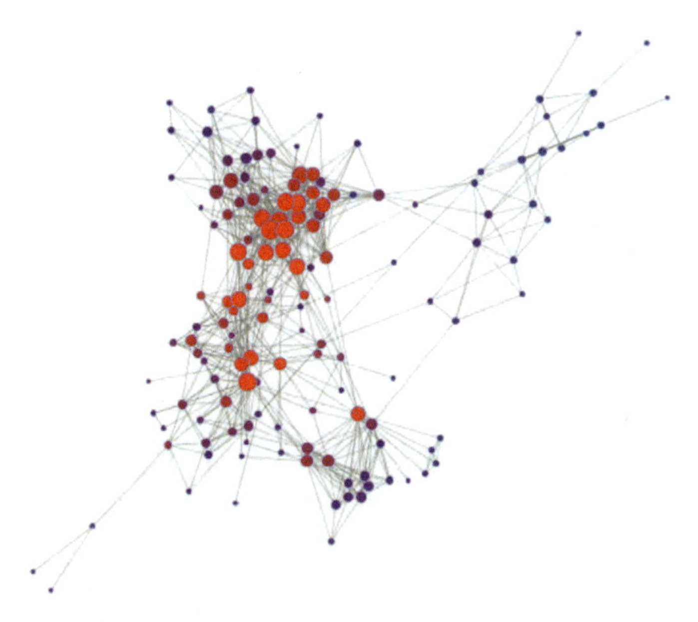

图 2.4　Facebook 网络的度中心性和接近中心性

资料来源：拉达 - 阿达米克。经拉达 - 阿达米克许可使用。重新使用需要进一步许可。

注：度中心性（链接的数量）用大小表示。接近中心性（节点与所有其他节点之间最短路径的长度之和）用颜色表示。

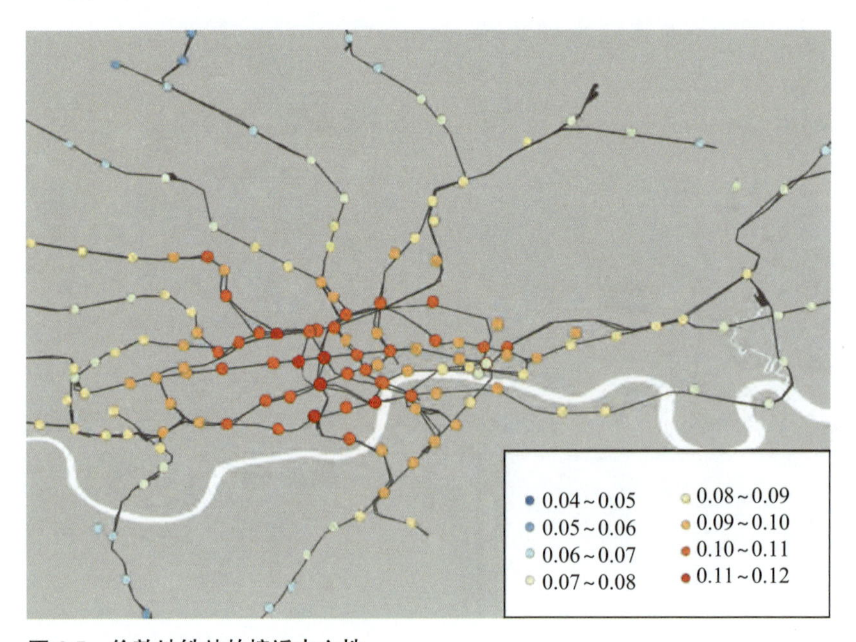

图 2.5　伦敦地铁站的接近中心性

资料来源：城市形态学和复杂系统研究所。经 UMCSII 许可使用。重新使用需要进一步许可。

车站对乘客在网络中的换乘有很大影响。这种计算方法可以确定那些必须跨越网络中不同方向乘客的必经车站，例如市郊铁路和地铁线或轨道网络中的中心 + 外围。

例如，东京山手线上的换乘站，这些换乘站具有很高的介数中心性。介数中心性高的车站通往其他每个车站的平均路径往往不是最短的，但它们有最多的必经最短路径。

介数中心性是许多网络的一个重要属性。这一概念在计算机和社交网络、生物学、运输和科学合作等领域都有广泛的应用。在 Facebook 网络中（图 2.6），在网络中充当集群之间桥梁的个人具有较高的介数中心性。

图 2.7 突出了建于 1884 年环线的介数中心性。伦敦既有的大部分火车站都位于环线上，该环线将市郊列车的放射分支与伦敦市中心的公共交通网络连接起来。

与伦敦的环线一样，东京的山手线（建于 1885 年）通过其车站的高度中心化，正在塑造增长（示例 2.1）。

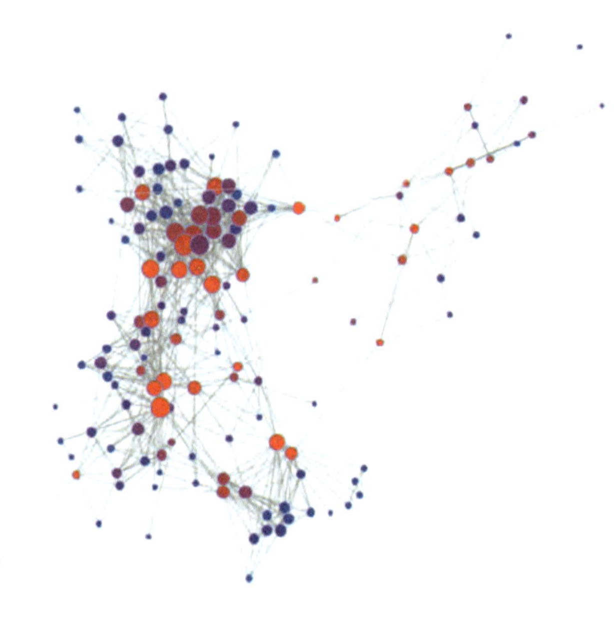

图 2.6　Facebook 网络的度中心性和介数中心性

资料来源：拉达 - 阿达米克。经拉达 - 阿达米克许可使用。重新使用需要进一步许可。

注：度中心性（连接的数量）用大小表示。介数中心性（群组之间的介数能力）用颜色表示。

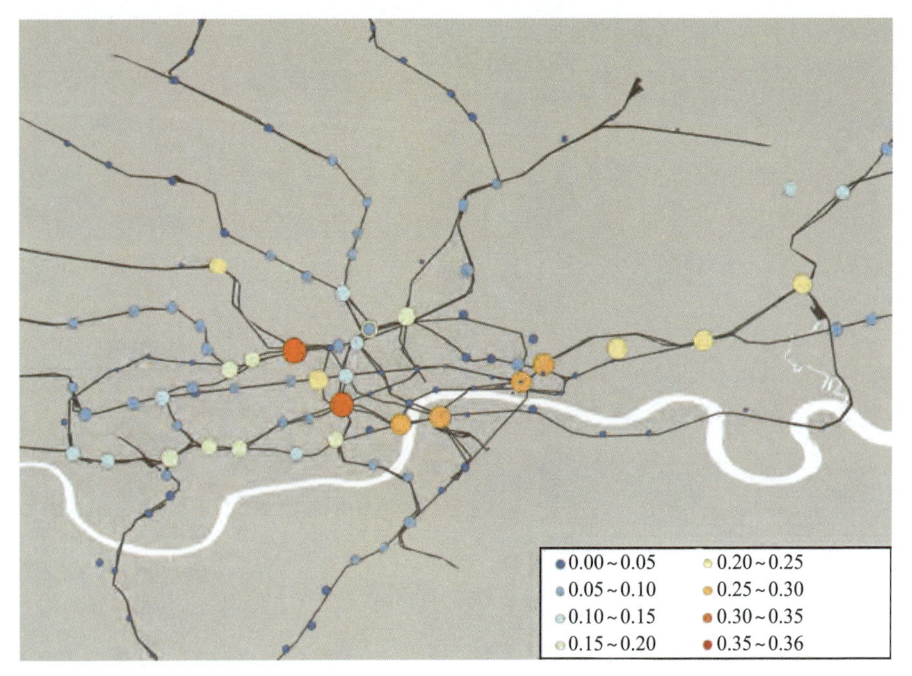

图 2.7　伦敦地铁站的介数中心性

资料来源：城市形态学和复杂系统研究所。经 UMCSII 许可使用。重新使用需要进一步许可。

示例 2.1　东京，通过中心化塑造增长

山手线是东京环形线的第一部分，于 1885 年开始运营，同年伦敦地铁也开始投入使用。该环线于 1925 年完成。自 20 世纪初以来，它构建了城市的发展、连接和密集化。由于山手环线和环线内的有轨电车网络都是政府所有，政府不希望有来自私营铁路运营商的竞争，因此采用了与伦敦相同的逻辑。东京都政府阻止外部线路进入核心范围。私营铁路运营商不得不沿着这条环线建设终点站（它们成为介数中心性值的高峰），迫使数百万通勤者在那里换乘。

今天的网络由几条从郊区到东京中心的放射线组成（图 2.8）。除中央线外，所有这些线路都以山手线为终点，山手线是一条连接东京大部分城市中心的环形线路。这种结构在主要放射线和环线的交汇处创造了自然增长点（Sorenson，2001；Chorus 和 Bertolini，2011），这些增长点成为城市副中心的种子。

私人铁路开发商不仅拥有铁路基础设施，而且还拥有铁路周边的大部分土地，这刺激了铁路及其周边地区的综合发展。今天，东京的价值创造最高峰以及最高密度的就业和 GDP 都集中在山手线沿线的东京副中心。

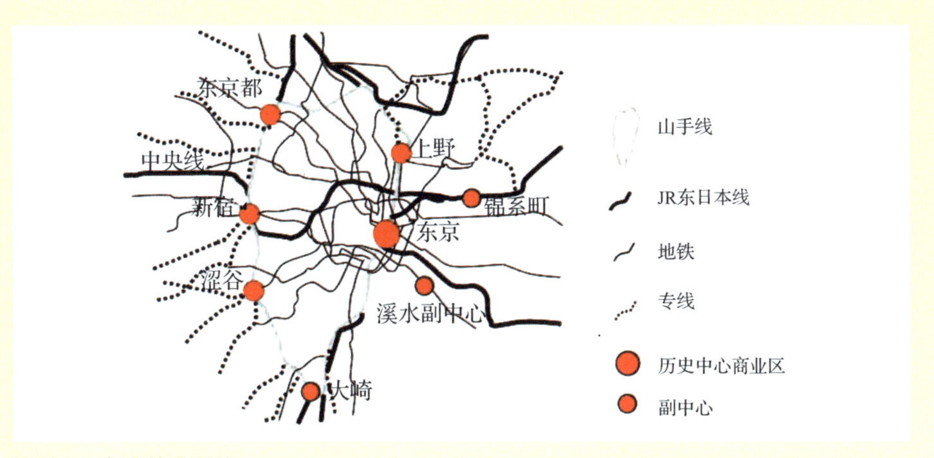

图 2.8　东京的山手线

资料来源：保罗·乔鲁斯和卢卡·贝尔托里尼。经保罗·乔鲁斯和卢卡·贝尔托许可使用。重新使用需要进一步许可。

图 2.9 通过显示整个首都圈的推特密度来说明活动的强度（强度从蓝色到红色，红色代表最高的密度水平）。这种城市形态是由一个世纪以来交通和土地使用整合政策创造的。

今天，山手线是东京连接最多的线路。它南北跨度约 12km，东西跨度约 6km，非正式地界定了东京市中心，其面积与曼哈顿差不多。29 个车站中只有 2 个不提供与其他地铁或火车线路的连接。其他车站大多是连接高速铁路的主要枢纽。每天平均有 355 万乘客在这条线路上流通，每年约有 13 亿乘客。图 2.10 显示了 2015 年山手线沿线的连接层次（考虑到新干线车站与日本其他地区的连接性，因此包括了新干线车站的换乘）。

公共投资撬动了大量的私人投资，而土地价值的获取则为交通投资提供了融资支持。日本的土地价值获取计划的成果是基于增加线路，即提高网络的互联性。

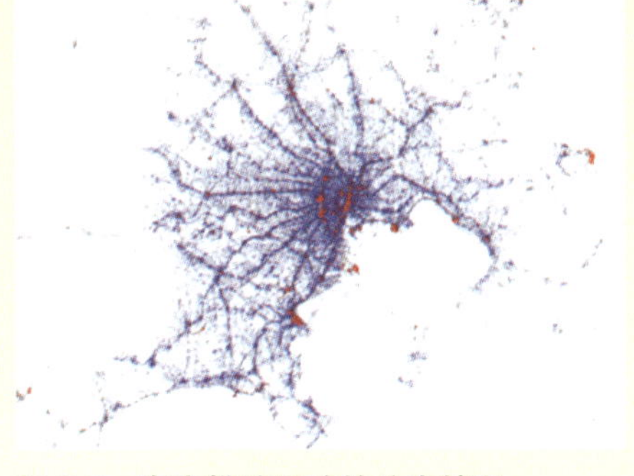

图 2.9　东京推特活动的分布情况

资料来源：埃里克·费舍尔。经埃里克·费舍尔施许可使用。重新使用需要进一步许可。

东京的 48 家城市铁路和地铁公司中，大多数是私人公司，其收入的一大部分（多达 1/3）来自于其开发活动和物业经营活动。他们对新线开发的房地产潜力有高度敏感性。当建造额外的线路时，他们系统地研究增加换乘站的数量，以便通过开发新枢纽周边的土地，获得因为节点价值增加的市场利益。

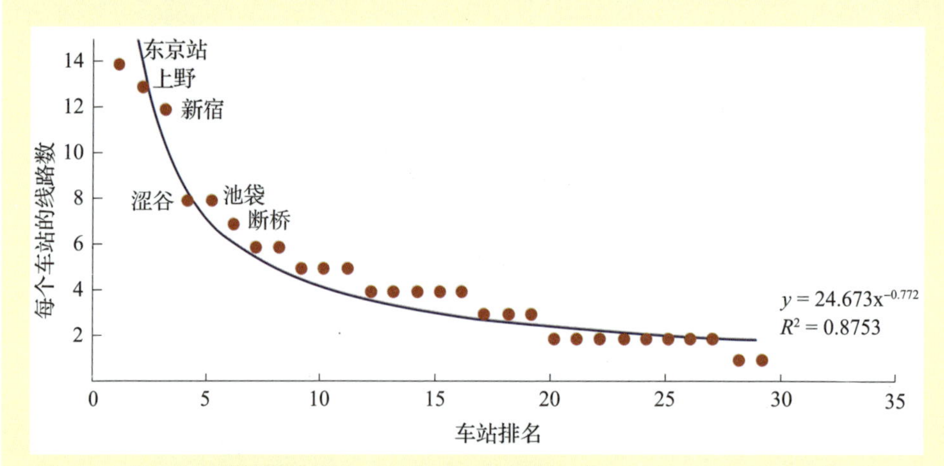

图 2.10　东京山手线沿线的车站，按程度中心性排名

资料来源：城市形态学和复杂系统研究所。经 UMCSII 许可使用。重新使用需要进一步许可。

注：图中显示了一个复杂系统的反幂律特征。幂律的指数高于伦敦，因为东京地铁的复杂性和集成度更高。

4. 计算节点价值

以下关键指标用来估计节点价值。通过对这些指标的加权，建立了一个节点价值的指数（见附录 B）。

- 度中心性描述了一个节点的链接数量。例如，伦敦的国王十字站连接了 6 条地铁线，所以有 12 条链接。上海的地铁网络有 95 座换乘站，其中 16 座是三线车站甚至更多。
- 接近中心性根据节点与网络中所有其他节点到该节点的距离进行排名。
- 介数中心性是根据所有其他节点之间经过某个节点的最短路径数量对节点进行排名。
- 节点活动的强度反映了一个节点的交通流强度。它可以通过公共交通的发车频率和 / 或一个节点的每日乘客量来描述，是对节点活动的综合衡量。东京新宿站每天的乘客量为 350 万，是世界上最高的。
- 交通一体化的多样性是指一个车站连接的交通方式的数量和种类。一个车站提供的选择越多，包括与地铁、公共汽车和高速铁路的连接，其连接性就越高。如同瑞典马尔默一样，提供多种交通方式并整合自行车和公共汽车设施，是增加交通连接性和提高就业可达性的关键，正如郑州的案例研究（第 8 章）所示。

2.1.2　场所价值的驱动力：本地连通性、城市肌理的细粒度和混合使用

由于场所价值差异很大，因此根据本地站点地区的情况，规划、城市设计、公共政策和投资策略的类型会有所不同。对居民来说，场所价值来自于充满活力的可持续的社区，这些社区提供了步行或骑行去就业岗位、购物和服务的便捷可达性。这样的社区提供了一系列好处，包括降低交通成本、改善对各种设施的可达性（包括高质量的教育），并促进公共健康。

场所价值的一个关键驱动因素是城市肌理的品质，根本是人的尺度、渗透力、多样性和演化能力。高质量是通过小街区，细分为不同尺寸的地块，以及高密度的街道交叉口实现的。

街区是城市规划和城市设计的一个核心要素。它是街道围合的最小区域。城市街区是城市街道格局中的建筑空间，构成了城市肌理的基本单位。城市街区可以被细分为更小的地块，通常为私人所有。城市街区通常有不同等级的建筑，因此形成了公共空间的物理容器。波特兰公共交通导向型战略发展规划显示了街区大小和土地价值之间的相关性，较小的街区具有较高的土地价值（CTOD，2011）。

场所价值在整个城市地区的分布是不均衡的。城市中的场所有广泛的强度和混合土地使用。在一般城市中，许多街区主要是住宅区，强度较低，而少数地区更多是高强度的就业导向和混合使用。

步行水平也不尽相同。它取决于街道的模式和街道作为供人们活动的场所设计。街道的格局不仅决定了居民和就业者是否可以便利地乘坐铁路和公交车，而且还决定了他们是否可以在附近购物、就业和获得服务。每侧 100m 左右的街区和高连通性的街道格局可以提高本地可达性（示例 2.2）。相比之下，超级街区和封闭社区会降低可达性。

可以采用以下指标的加权和来构建一个场所价值指数（见附录 B）。

- 街道交叉口的密度衡量每个车站 800m 半径内的街道交叉口的密度。连接的街道模式和高密度的交叉口促进了可达性和步行水平。国际最佳实践表明，每平方千米约 100 个交叉口的密度可以提高可达性。
- 行人可达性衡量距离车站 800m 以内的区域中，大约步行 10min 以内的步行占比。街区每侧约 100m 的尺度，以及充满活力的立面（有临街商业），促进了更紧凑的发展和步行水平。

示例 2.2　曼哈顿的小街区和宜居性

曼哈顿的城市街区范围是 60m × 190~280m，与巴黎历史中心区的大小差不多（图 2.11）。在南北方向上，交叉口之间的平均距离与欧洲中世纪城市相似；在东西方向上，平均距离比大多数欧洲 19 世纪的城市略大。曼哈顿街区的大小使该城市具有高度的步行水平。街区构成高度多样化，包括洛克菲勒中心等公共空间（图 2.12）。

由于其具有小街区、密集的街道格局和密集的地铁网络，曼哈顿 100% 的劳动力都可以通过步行轻松地到达一个公共交通站点。

图 2.11　曼哈顿的网格展示小街区

资料来源：塞尔吉·萨拉特。经 Serge Salat 的许可使用。重新使用需要进一步许可。

图 2.12　洛克菲勒中心，曼哈顿的公共空间

资料来源：Francoise Labbé。经 Fran-Labbé 许可使用。重新使用需要进一步许可。

- 土地使用的多样性衡量车站周围 800m 半径范围内不同的土地使用类型。有商业性城市设施，如餐厅、杂货店和专业零售店的地区利于居民进行日常活动。
- 社会基础设施（配套公共设施）的密度衡量在车站 800m 范围内的文化、教育和卫生服务以及社会基础设施的数量。当这些设施集中在一个紧凑的区域或可达性高时，这些设施会增加场所价值。
- 行人 / 自行车的连通性衡量通往步行道和自行车道的可达性，它鼓励人们步行或骑行到公共交通站点和社区目的地。在适当的时候，它可以被添加到其他度量中。

2.1.3　市场潜在价值的驱动力：供求关系的相互作用

一个站点地区的市场潜在价值是通过了解其周边未实现的市场价值来评估的。城市层面的市场需求也需要被考虑，以便将其纳入背景分析之中。各个城市的相关数据可用性有很大差异；需要适当地调整方法，重点关注当地需求和供给的驱动力。

1. 需求的驱动力

市场潜力取决于城市层面对不动产开发的整体需求、经济活动以及特定地区对开发商和企业的吸引力。对于企业和商业活动来说，本地的就业密度和城市其他就业集中地区的高可达性以及增长预期是至关重要的，因为这些方面决定了在特定车站周边经济聚集。对于住宅开发来说，市场潜力在很大程度上取决于 30 ~ 45min 内可达的工作岗位数量。

2. 供给的驱动力

市场潜力取决于可用的土地机遇、土地更新的难易程度以及允许的容积率。当一个地区有很大的吸引力时，只要容积率上调，市场就能开发出高密度的混合使用项目，如伦敦的国王十字街（26hm^2）和曼哈顿的哈德逊广场（22hm^2）。

具有一定市场潜力但却少有混合用途建筑的新兴地区可能是 TOD 投资的良好备选。TOD 政策可以帮助推动一个成熟的市场，提高开发强度和质量。在市场潜力较小的地区，需要强有力的激励措施来鼓励市场发展及所需的土地混合使用和建筑用途。

3. 市场活动

市场活动是市场潜在价值的重要组成部分。它表明一个足够长的时期内对住宅和混合用途（住宅 / 商业）土地使用的市场交易强度。示例 2.3 说明了在伦敦的金丝雀码头，增加连通性和高质量的公共空间对建立强大市场需求的作用。

4. 计算市场潜在价值

市场潜在价值指标提供了一个基于当地条件的 TOD 发展可行性的粗略衡量标准（见附录 B）。它取决于城市层面对新增房地产的总体需求。市场潜力可以用需求侧和供给侧指标的加权组合来衡量。

需求侧的度量指标包括以下内容：

示例 2.3　挖掘伦敦金丝雀码头的高市场潜在价值

金丝雀码头是伦敦就业岗位和办公空间密度最高的地区，在 28.8hm^2 的土地上承载大约 105000 个岗位。金丝雀码头的发展在很大程度上要归功于 1993 年开始的 Jubilee 线的延伸。根据房地产公司 JLL 的数据，1992 年至 2002 年期间，金丝雀码头的经济价值增加了约 39 亿英镑，其中有高达 19 亿英镑的收入可归功于线路延伸。高质量的景观和建筑支撑了这一转变（图 2.13、图 2.14）。

图 2.13　伦敦金丝雀码头的水景设计

资料来源：Francoise Labbé。经 Francoise Labbé 许可使用。重新使用需要进一步许可。

图 2.14　金丝雀码头地铁站

资料来源：Francoise Labbé。经 Francoise Labbé 许可使用。重新使用需要进一步许可。

- 人口综合密度衡量公共交通站点周围 800m 范围内单位平方千米的人口和岗位数量。一个地区的居民和就业者的数量以及工作岗位和工作适龄人口之间的平衡与一个地区对居民和企业的吸引力以及房地产市场的发展有密切关系。
- 活动混合衡量一个地区的居民和工作岗位混合程度。它可以通过工作岗位数量与居民数量的比例来衡量。
- 站点预测人口密度增速表明了车站周边的预期演变。它通常作为城市交通规划或公共交通发展规划预测内容的一部分。
- 可达的工作岗位数量衡量在一定时间内（通常是 30~45min）通过公共交通和步行可达的工作岗位数量。它衡量了一个地区对居民和企业的吸引力，表现形式为与城市区域内其他密集的工作岗位节点紧密联系的状态。

供给侧的度量指标包括以下内容：

- 不动产机会衡量距轨道车站 400m 范围内潜在的最高溢价可开发的建筑面积和 400~800m 较低溢价可开发的建筑面积。不动产机会基于在轨道车站附近的土地上可以建造的额外建筑面积——在规定的容积率范围内可以建造的最大建筑面积与现有建筑面积的差值。高 FAR 支持高密度的人口和工作岗位以及更大体量的建筑。
- 交易量是衡量市场状况的指标。应该研究过去几十年的数据（如果有的话），以展现一个更长远的状态。应该考虑城市层面对额外房地产的总体需求。

2.1.4　车站区位对价值的影响

国际经验表明，节点价值（网络内的高连通性和可达性）在密集的核心区发挥了重要作用，促进了经济和就业的集聚以及商业地产的发展。伦敦的金丝雀码头和国王十字街是通过增加连通性引发市场价值增加的项目实例。

在中低密度地区，连通性所起的作用没有场所价值那么重要。房地产价值的关键特征之一是住宅的自主选择过程（个人选择符合其偏好的地区，特别是设施和学校）。自主选择解释了特定线路上不同车站价值变化（和方向）之间的巨大差异（Higgins，2015），尽管所有人都从增加的可达性中受益。场所价值比节点价值更重要的车站通常位于单线车站的长尾部分，对这些车站来说，节点价值一般都很弱（最强节点价值的是主要枢纽，通常在地铁系统的核心部分）[1]。

2.2 车站地区的类型

这三种价值在各车站的分布是不均匀的[2]。有些车站是多条轨道线路和多种交通方式的重要转换节点。这些车站为新的发展提供了更高潜力。其他车站的潜力较小，因为它们位于郊区，不动产市场不太活跃，与网络中其他地区的连接也较少。这些车站提供了不同的机会，例如可用于更新的低效土地，正如对伦敦 Crossrail 沿线边缘和中心位置的风险与机遇进行分析所表明的那样（第 7 章）。不同类型的站点需要不同类型的开发策略、投资和政策工具。我们需要一种方法，能根据车站的节点、场所和市场潜力价值对其进行分类。

2.2.1 基于节点价值的车站地区聚类

地铁网络核心区的节点价值要高于外围地区。在网络核心区，车站以密集集群围绕着主要枢纽而相互连接。在网络的外围，车站之间的间隔要远得多。

许多地铁网络的“中心 + 外围”结构中的数学规律包括：公共交通中心分布性，以及许多地铁系统之间的流动强度，使得节点价值聚集在单线车站、核心换乘站和高度连接性枢纽之中。

1）单线车站主要指城市轨道系统向外延伸到郊区的放射线。

2）核心换乘站是指有两条或更多线路的换乘站，集中在城市核心区。

3）高度连接性枢纽在交通一体化程度、中心度和客流强度方面排名很高，有着最高的节点价值。

2.2.2 基于场所价值的车站地区聚类

车站地区可以根据其场所价值分为三种类型：郊区、城市和城市密集区。

1）郊区一般为非公共交通地区或临近公共交通地区，并不具备最适合支持 TOD 的城市特征。该类地区通常描述为人口较少至中等的地区，缺乏街道连接、行人和自行车设施以及城市公共设施的组合，不能更加充分地支持更好的公共交通服务水平。郊区一般呈现大面积单一功能的土地（要么是住宅，要么是工业或商业园区，没有混合使用）。

2）城市地区是中等或大量人口居住的地区，有良好的或正在改善的行人 / 自行车网络，有一些街区零售和服务设施的组合，并混有中等比例的服务支撑类岗位。

3）城市密集地区结合了高多样性和高使用强度以及高经济集聚度，使得这些地区最有可能支撑公共交通的生活方式。

2.2.3　基于市场潜在价值的车站地区聚类

车站地区可以根据其市场潜在价值分为三种类型：有限型、机遇型和强化型。

1）有限型站区的市场条件较弱，缺乏支持新型紧凑和 / 或混合用途发展的必要需求。对这些地区的 TOD 投资不太可能带来更多的私人开发，只应在有限的基础上使用。强调愿景和规划，从培养兴趣开始是更合适的策略。

2）新兴型站区的房地产市场条件位于有限至适中区间；短期内一般不支持密集的建筑类型。虽然它们可能缺乏对 TOD 的直接市场支持，但新兴型站区可能非常适合进行 TOD 的引导性投资，以增强本地市场实力，因为土地和开发成本不高，小额投资可能会推动进一步的市场投资。

3）强化型站区的市场条件已经成熟或趋于成熟，TOD 投资应侧重于改善城市生活型设施和标准发展开发。

这种方法并不能预测一类新开发项目的财务可行性。相反，它提供了一个车站地区可能呈现的趋势。

2.3　不同类型车站的政策：填充式、集约式和转型式

3V 框架是一个良性循环。更高的场所、节点和市场潜力价值可以带来更高的经济价值，这反过来又可以提高场所和节点价值，随着越来越多的机会出现，投资变得更加具有回报收益。3V 框架整合了不同方面和规模的城市开发。

TOD 投资是为了催化市场反应，但还需要许多其他关键的投资和激励措施。TOD 投资应全面看待有助于实现 TOD 全部效益的项目和政策。这些综合战略包括对人力资源、邻里服务和商业发展的投资，这可能会改善一个地区 TOD 的长期前景。这些在都市圈区域层面对 TOD 的规模，在一系列地理和经

济背景下进行调整，而不仅仅是在核心的城市化地区。许多郊区车站的近期市场发展潜力有限，但有大量的土地机遇。在这些地区需要进行车站地区规划和实施工作。例如，中国许多城市的郊区车站周边密度较低，有大量的可开发土地，可以容纳未来城市增长。

将节点、场所和市场潜力价值叠加在一起，就形成了九种站区分类，每一种类型都需要不同的公共政策和投资时机（图 2.15）。这种分类是在城市范围内投资战略的第一步。许多类型面临类似的挑战，并将受益于类似的投资战略。

根据其 TOD 和市场潜力，可以定义三种类型的实施战略。

- 填充式战略主要是针对郊区单一公共交通线路和较低市场价值的节点。它涉及城市土地的再利用，用于新的、更高密度的建设。该战略通过增加密度以促进长期规划，增加活跃度和提高公共交通服务水平；规划和投资多方式交通系统；为维护弱势群体的公平性或受挑战的社区而规划。这些地区可以为可负担住房提供良好的机会。

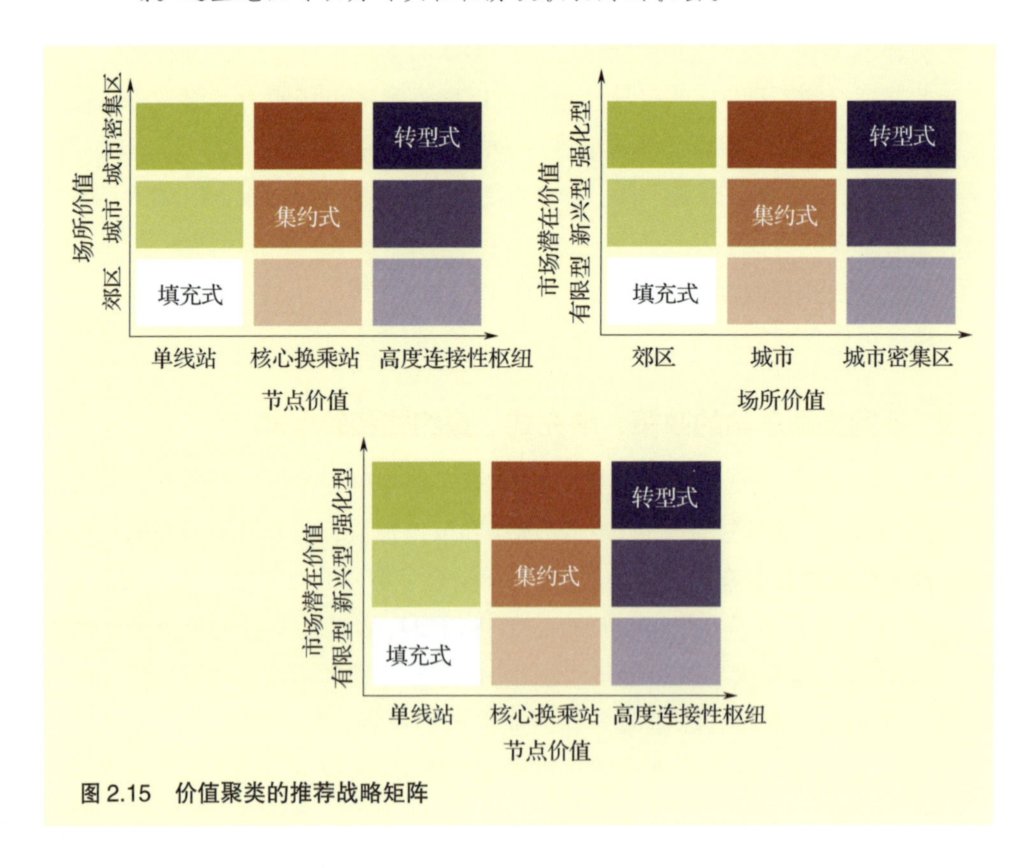

图 2.15　价值聚类的推荐战略矩阵

- 集约式战略是针对城市街区具有换乘条件和新兴市场的机遇型站区。集约式地区通常位于具有良好的既有或潜在的公共交通联系的已建地区，可以支持高于现有密度的再开发。该战略用于投资引导性 TOD 项目，以引导和推动市场，促进以发展为导向的规划，并评估和解决缺失的多式联运和可达性[3]。这些地区可以成为提供可负担住房的主要机会。
- 转型式战略是适用于主要枢纽的战略。通过就业集聚和良好的城市设计，包括对公共空间的主要投资，创造高水平的场所价值，可以创造土地和房地产价值的新高地。该战略用于主动性投资的 TOD 项目以推动市场，包括通过显著提高密度和降低停车率、创新建筑类型和城市设计的提升，就业机会，一些可负担的或劳动力住房，以及增加公共交通服务、容量和设施以支持利用强度。

每个矩阵中的九种发展类型被分为三组。对角线上的类型是平衡型类型，需要根据价值确定是填充式、集约式或转型式。最有潜力的类型是对角线以外的类型，可以认为是失衡的。它们提供了巨大的改造潜力，如国王十字街和哈德逊广场般的大规模重建项目。这些矩阵不应该被视为静态描述，而应该被视为识别不同 TOD 区域可能转型水平的动态工具。

可操作的策略取决于每处地区价值的相对优势。例如，一个具有高节点价值的地区（一个高度连接的主要枢纽），如国王十字街，在市场时机合适的情况下，可以通过大量投资于高质量的公共空间来获得高市场潜在价值。这样的策略是变革性的。在这个范围的另一端，如单线郊区车站，市场潜在价值有限，填充式开发将受到青睐。

2.4　提高价值的关键策略

规划师可以采取以下方法来提升价值。

2.4.1　增加节点价值

网络结构各不相同。有些网络比其他网络有更多的枢纽，并以纵横交错的线路将更多的相邻车站相互连接。这些网络组织以不同的方式塑造着土地使用和土地价值。在焦点地区呈现出突出的线路网络集中的特点，这些网络将许多条线路和各种交通方式相互连接，形成了经济集聚的顶峰，并伴有价值集中的高峰期。相反，没有主要的枢纽，也没有密集的线路集中在一个核心区的扁平网络，无法提供强有力的机会来获取车站周围的高土地价值。由于高效的城市空间组织需要集中生产要素以创造集聚经济，网络呈现的层次越多，就越有利于以富有成效的方式塑造土地使用，促进经济增长。

在伦敦、东京和首尔，公共交通网络结构决定了人口、工作岗位和经济密度的集中程度。这些城市的空间发展战略是首先在交通网络中建立一个层次分明的枢纽体系，然后鼓励公共和私人投资在这些节点周边创造高场所价值。中国的地铁系统是最近才发展起来的，到目前为止还没有像伦敦或东京地铁那样在市场力量下长期发展起来的地铁系统具有层次性。

提高节点价值的关键策略包括将相邻的车站相互连接成群，并提高网络内核心车站的可达性。互联，即增加相邻车站之间的链接密度，在相邻车站之间形成许多三角形，并将网络紧密地连接起来，为乘客提供各种换乘的可能性。增加网络内各站的可达性，将使某一车站更有价值。成功的地铁延伸，如首尔增加的四条线路，将大量交通便利的车站集中在网络核心，集中了城市和经济活动。这种网络层面的方法需要得到服务水平提升和服务整合的支持。

2.4.2　增加场所价值

TOD 通过更紧凑的结构、混合使用开发以及支持充满活力和活跃社区的城市环境来创造场所价值[4]。经济、教育、交通和娱乐机遇的最佳组合最终产生了一个以人为中心的城市，在这个城市里，所有人的需求都被置于所有规划过程的核心位置。TOD 创造了新的街道生活模式，在这里人们可以轻松自信地走动，流连忘返，并与其他人相聚。

城市繁荣倡议（联合国人居署和国际城市领导人，2015）根据六个方面的指标对城市繁荣度进行了全面评估：生产力、基础设施、生活质量、公平和社会包容、环境可持续性、治理和立法。根据该指数，85% 的繁荣指数非常稳固的城市分布在欧洲，由奥斯陆、哥本哈根、斯德哥尔摩、赫尔辛基、巴黎和维也纳领衔（阿姆斯特丹、东京、伦敦和苏黎世也在前 20 名）。这些城市提供高质量的公共空间和高密度街道模式。示例 2.4 总结了根据国际最佳实践从联合国人居署推荐中得出的提高场所价值的关键基准。

提高场所价值的关键策略是提高紧凑度和增加土地使用的多样性。正如 Jane Jacobs（1961）早期所指出的，紧凑型城市（或短距离城市）是一个城市

示例 2.4 联合国人居署提高场所价值的基准

联合国人居署在最具前景城市的最佳实践基础上，为可持续街区的规划提出了以下建议。这些建议需要根据地形、历史、文化和其他类别的地形特点进行调整，这些特点应该得到保留与加强，以加强本地的独特性。

- 基于小街区密路网的街区模式（每平方千米至少有 80~100 个街道交叉口）的本地可达性这是与最宜居、最繁荣的城市核心区平均交叉口密度相比的最低值（由联合国人居署城市繁荣指数认定）。哥本哈根的街道交叉口密度为 108 个；苏黎世为 163 个，巴黎为 185 个（卢浮宫）；伦敦为 187 个（梅菲尔）；阿姆斯特丹为 255 个（Jacobs，1995；Salat，2011）。
- 充足的街道空间。根据高效、包容和可持续城市的国际基准，联合国人居署建议，街道网络至少要占据 30% 的土地，每平方千米至少有 18km 的街道长度。
- 高品质的公共空间。
- 优质的人行步道系统（人行步道、街道交叉口）。
- 静稳化交通，交通和停车管理。
- 与公共交通投资的规模相适应的密度等级。联合国人居署建议可持续社区的密度至少为每平方千米 1.5 万人。
- 混合土地使用。这种土地使用将吸引住户，创造一个有吸引力的环境（服务、便利设施、公共基础设施、设计质量），并吸引大量乘客。具体的混合方式取决于该地区的区位、当地环境、与廊道上其他车站的关系。在一个可持续发展的社区中，至少有 40% 的楼层空间应配给经济用途。
- 限制土地使用单一化。为了限制单一功能街区或社区，任何街区的单一功能街区应控制在 10% 以下。
- 社会层面混合。在 TOD 社区中，不同价格区间和使用权的房屋供应要适应不同收入层次的人群；20%~50% 的住宅楼层面积应是低成本住房；每种使用权类型不应超过总数的 50%。

规划和城市设计的概念——提倡相对高的住宅密度和混合土地使用。

在城市的范围内，紧凑意味着在空间上被公共交通系统整合。紧凑性可以适用于社区尺度，通过良好的步行和骑行连接以及对公共交通站点的引导，实空间整合。大量的居住人口提供了社交机会和安全感。紧凑城市也是一个比城市蔓延更容易维持的城市住区类型，其对汽车的依赖性较低，并且需要较少的人均基础设施供给。紧凑性的两个绩效目标侧重于开发项目与现有城市活动的临近程度，以及与中心和区域主要目的地的更短途出行时间（ITDP，2014）。

在相同或相邻街区提供多样化和互补的用途，可以减少出行距离，支持经济活动的聚集（图 2.16）。混合用途的开发有助于创造高质量的社区，使之成为充满活力和可持续发展的社区，有利于商业、文化和教育设施的集中。

在高价值场所，私人机动车在日常生活中变得基本没有必要，这使得减少道路面积成为可能。稀缺而宝贵的城市空间资源可以从不必要的道路和停车空间中回收，并重新分配给更具社会和经济效益的用途（ITDP，2014）。尽管人口富裕，但巴黎市内和曼哈顿的汽车拥有率极低，因为人们认为汽车是不必要的、昂贵的，而且并不方便。巴黎市内一半的家庭和纽约市内不到一半的家庭拥有汽车。在纽约市五大区中，曼哈顿的拥车率最低（23% 的家庭），其次是布鲁克林（44%）和布朗克斯（46%）。相比之下，皇后区（64%）和斯塔滕岛（84%）的大部分家庭至少拥有一辆汽车。但整体拥车率远远低于美国其他地区，那里 92% 的家庭至少拥有一辆汽车，20% 的家庭拥有三辆或更多汽车。

为了支持紧凑性和混合使用，街区的设计需要促进步行和骑行，将街道景观从服务汽车转向服务步行和骑行。步行和骑行是最自然、最实惠、最健康、

图 2.16　柏林波茨坦广场的小型混合用途街区

资料来源：Francoise Labbé。经 Francoise Labbé 许可使用。重新使用需要进一步许可。

最清洁的短途出行方式，也是绝大多数公共交通出行的必要组成部分。

城市街区的大小和街道网络尺度影响着步行和骑行的水平。小街区可以减少车辆行驶里程，提高财产价值（CTOD，2011）。密集的街道和路径网络以及小街区增强了步行能力。通过设定阈值可以将步行城市、TOD 城市和依赖小汽车的城市区分开来。日本城市交叉口之间的平均距离为 50m（即使是在现代的东京），对步行者非常友好（Salat，2011）。建于 19 世纪的欧洲城市，以及美国和一些亚洲城市的历史核心区，路口之间的平均距离为 100~150m，这些都符合 TOD 规划的尺度。

图 2.17 和图 2.18 展示了一个简单的街道网络模型。在 $1km^2$ 的区域内，设计了 10 条垂直街道和 10 条水平街道，形成了一个街道网格。两条相邻街道的中心线之间的距离为 111m。考虑到图中周边的每条街道被算作一半（因为它属于两个各 $1km^2$ 的方块），街道总长度为 18km，每平方千米的交叉口数量为 81 个。在联合国人居署推荐的这个街道网络模型中，同时考虑了街道等级和街区大小。这个简单的模型说明了街道和其他土地使用之间的良好平衡。其他模式，如纽约的长方形模式，也是有效的。就城市空间的质量而言，城市在发展类似于该模型推荐的街道密度水平时，可以获得很多好处。

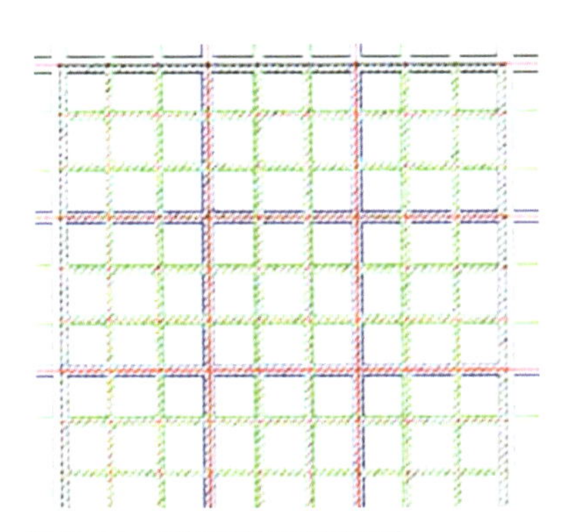

图 2.17　街道网络模型设计

资料来源：改编自联合国人居署，2014 年。
注：紫色线表示主干道，绿线表示支线街道。

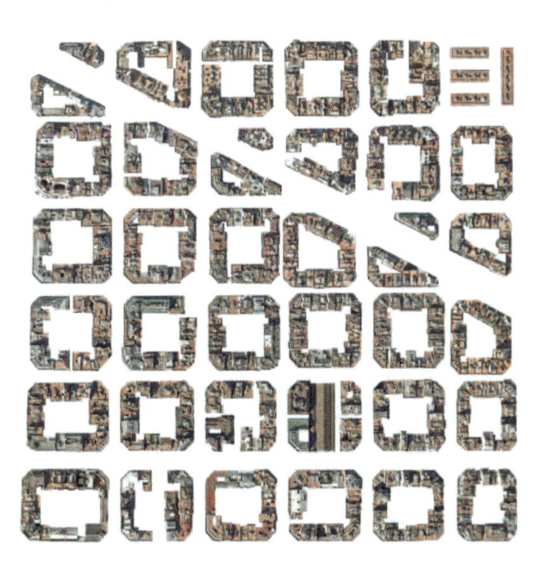

图 2.18　巴塞罗那的 800m 城市街道网格

资料来源：城市形态学和复杂系统研究所。经城市形态学和复杂系统研究所许可使用。重新使用需要进一步许可。

创造一个有活力和活跃的步行公共空间对鼓励步行方面起着重要作用。当人行道上有一些有用的沿街活动和服务，如商店门面和餐馆时，步行就会非常有吸引力。步行和骑行者增加了当地零售店的到店率和活力。

城市正在重新发现骑行网络的价值；早期采用者已经意识到，自行车的友好性提高了场所价值。这种模式在阿姆斯特丹、巴黎和马尔默得到了大力推广（图 2.19）。鼓励骑行的关键因素是安全的街道条件，特别是在十字路口，以及安全的自行车停车和停放。一个安全的骑行网络通过最短路线连接所有的建筑物和目的地，是一个基本的 TOD 要求（ITDP，2014）。只有在有安全保障的情况下，骑行才能成为一种有吸引力的出行选择。

2.4.3 增加市场潜在价值

1. 提高住宅密度

通过鼓励更高的居住和就业密度以及更高的就业率，可以在需求侧提高市场潜力。在供给侧，通过提高地块大小的多样性（创造一个活跃的土地市场）以及在公共交通站点附近提高容积率，可以增加市场潜力。

图 2.19 瑞典马尔默的自行车停车场

资料来源：Francoise Labbé。经 Francoise Labbé 许可使用。重新使用需要进一步许可。

住宅密度的分布并不均匀（图 2.20）。车站周围的高密度住宅带来了人口密集的街道，确保城市场所是活泼的、积极的、有活力的和（通常）安全的地方，人们更愿意居住在这里。密度提供了客户基础，可以支持广泛的服务和设施，使当地商业繁荣。正如世界上多处最著名、最令人向往的社区所证明的那样，如果有合适的基础设施支持，高密度的生活可以非常有吸引力（图 2.21）。

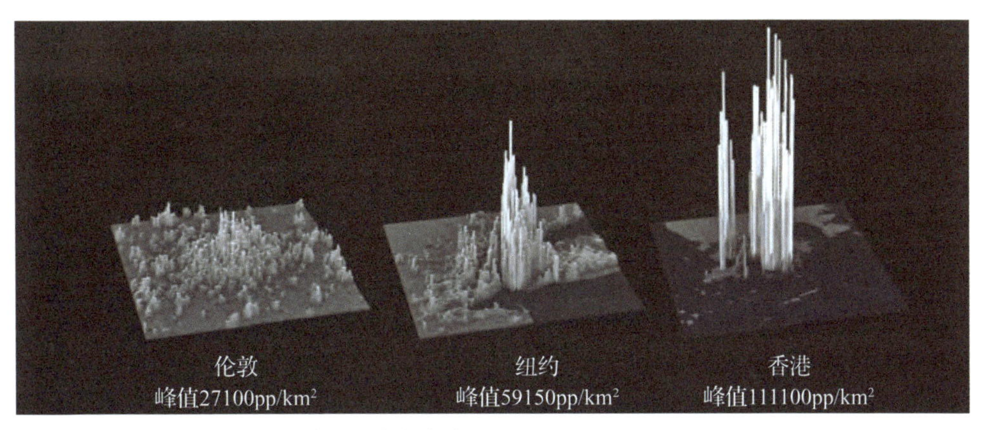

图 2.20　伦敦、纽约和香港的住宅密度峰值

资料来源：LSE Cities/Urban Age。经 LSE Cities/Urban Age 许可使用。重新使用需要进一步许可。图片由 Duncan A. Smith 制作，基于 2011 年英国人口普查、2010 年美国人口普查和 2006 年香港人口统计的数据。

图 2.21　巴黎的住宅高密度

资料来源：Francoise Labbé。经 Francoise Labbé 许可使用。重新使用需要进一步许可。

城市可以通过调整土地使用规划来增加车站周边的密度。

高居住密度并不意味着垂直的城市形态。居住密度是每平方千米有 21000 人（不包括布洛涅河畔和文森森林公园是 25000），巴黎市内有严格的法规禁止高层建筑（七层楼高），依然达到了与曼哈顿相同的平均居住密度。事实上，有几个区的密度达到了每平方千米 4 万居民——比垂直城市形态的密度高得多。垂直增长往往是低密度的，因为土地利用效率低下（许多城市土地被空置或被过大的道路基础设施占用）。城市受益于更紧凑的增长形式——小周长街区中的传统低层和中层建筑。

2. 提高工作岗位密度

作为集聚经济的结果，就业密度促进了经济生产力[5]。美国城市的就业密度增加一倍，相当于每小时劳动生产率增加 6%（Haughwout，2009）。一项对 261 个中国城市的研究表明，就业密度每增加一倍，经济生产力就会增加 8.8%（Fan，2007）。集聚经济是企业通过相互靠近获得的利益。这个概念与规模经济和网络效应的概念有关。当更多相关领域的企业聚集在一起时，它们的生产成本会大幅下降。即使是同一行业的竞争企业集群，也可能有优势，因为集群能吸引比单个公司更多的供应商和客户。城市的形成和发展是为了利用集聚经济效应。

由于经济密度决定了企业的选址，所以就业密度能够增加市场潜在价值。在整个美国，就业密度可以展现人均经济生产力的一半变化。就业和商业密度是获得集聚经济的好处、提高经济生产力和促进创新的关键。将经济活动集中在特定地点，使企业能够从经济规模和范围获益，并使有才能的人聚集在一起分享想法和创新。就业密度反映了这种现象，表现出高度集中的峰值（图 2.22）。

3. 增加人口综合密度

人口综合密度是指一个地区的居民和工作岗位的总数。它提供了一个发展强度的指标。一个地区的居民和就业者的数量，以及工作岗位和工作年龄人口之间的平衡，与一个地区对居民和企业的吸引力有直接关系，因此也就决定了一个强大房地产市场的发展。城市可以通过设定愿景、建立共识、规划行动和投资于支持这种增长的基础设施来创造条件，使人口密度得以增长。

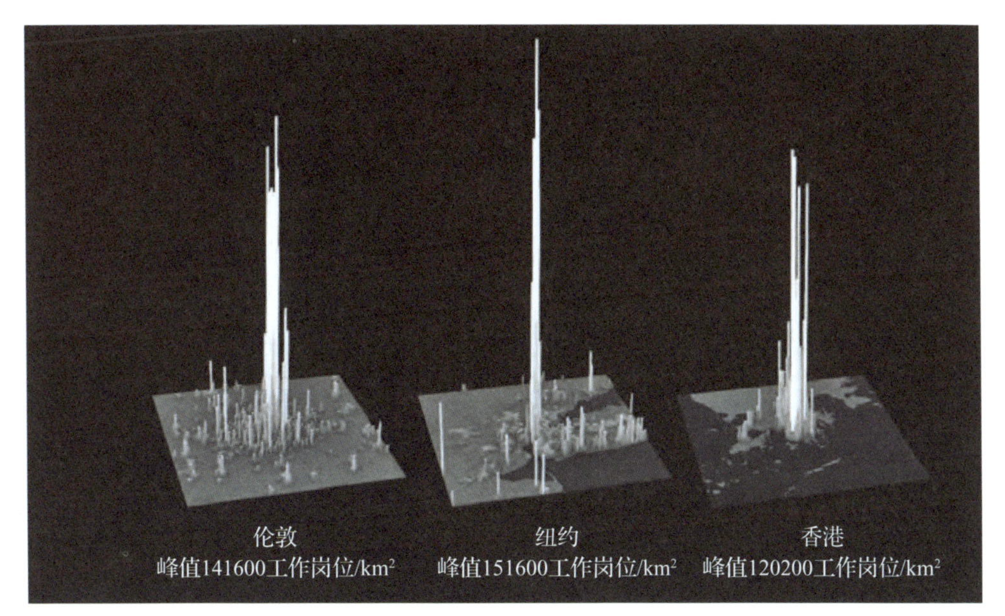

图 2.22　伦敦、纽约和香港的就业密度峰值

资料来源：LSE Cities/Urban Age. 经 LSE Cities/Urban Age 许可使用。重新使用需要进一步许可。图片由 Duncan A. Smith 提供，基于 2009—2011 年英国商业登记册、2011 年美国人口普查和 2011 年香港人口统计数据。

4. 增加地块尺寸的多样性，创造一个有活力的土地市场

使地块尺寸多样化，有助于创造一个适应性强的城市，以满足未来的需求。曼哈顿为这种方法提供了一个很好的示例。最初，它的地块是以 200m² 为单位出售的，在曼哈顿这样大的面积（约 60km²）上，大约有 30 万个单位的土地出售）。这种小地块促进了活跃的土地市场，并具有未来混合使用的巨大潜力。随着时间的推移，曼哈顿的地块被整合，但所有土地中的 40% 仍然保持着两个世纪前的初始尺寸。很少有地块占据了整个城市街区（图 2.23）。

中国城市的地块要大得多：目前的城市发展是基于 400m × 400m 的超大街区。在曼哈顿这样的面积上，中国的新城区只有 250 个单位的土地可以出售。城市可以通过创造更广泛的街区规模和鼓励多样性开发来增加土地市场的活力。

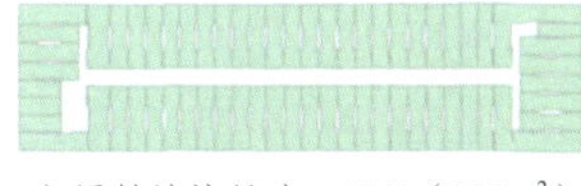

a）原始地块尺寸，1811（205m²）

b）2013 年中介地块面积（255m²）

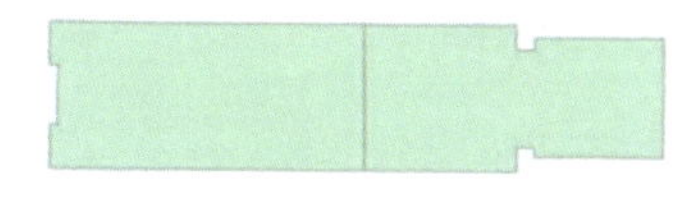

c）极端地块面积，2013 年（6100m²）

图 2.23　曼哈顿的地块整合

资料来源：城市形态学和复杂系统研究所。

5. 提高公共交通站点附近的容积率

在 TOD 项目中，地方政府经常将容积率重新设定为较高值，以允许密集化发展并产生收入流，从而为基础设施（公共交通和公共空间）融资。商业容积率可以在车站附近提高；住宅容积率也可以被重新设定，尽管其数值低于商业容积率。

这种方法对土地价值和紧凑程度都有影响。2015 年对上海的分析发现，如果将容积率提高到香港、纽约、首尔、新加坡和东京的级别，地铁周边的现有区域将足以容纳 2050 年预计的人口增长所需的建筑面积（世界银行和 Chreod 有限公司，2015）。

注释

1 在统计学中，分布里的长尾是指远离分布的“头部”或中心部分而大量出现的部分。在逆幂律中，长尾是高频率、小数值（在地铁系统中，大量的车站只有一条线路经过）。近来，长尾这个词在描述零售业的策略时越来越受欢迎，即除了大量销售少量的流行商品外，还销售大量的独特商品。

2 本节借鉴了 CTOD（2011）中使用的一些术语和定义。

3 城市催化剂（例如纽约所采用）是由一系列项目组成的新的再开发战略，用于推动和指导城市发展。在过去，城市更新和大规模重建项目等重建工作往往危及市中心的活力。城市催化剂与这些重建战略的不同之处在于，催化式重建是一个整体的，而不是用推倒重来的方式来振兴城市肌理。

4 本节借鉴了联合国人居署关于可持续规划和城市繁荣的工作以及 ITDP 的 TOD 标准（ITDP，2014）。

5 新经济地理学为空间经济学提供了一种综合的、以微观为基础的方法。它强调了集群力量在产生经济活动和收入跨空间不均衡分布的作用。该方法已被应用于城市经济学，用于解释区域差异的出现以及国际不平等现象的根源（Bogart，1998；Brueckner，2005；Coe，Kelly，Yeung，2007；Strange，2008；Venables，2008；Moretti，2013）。

参考文献

Bogart, W. T. 1998. *The Economics of Cities and Suburbs*. Upper Saddle River, NJ: Prentice Hall.

Brueckner, J. 2011. *Lectures in Urban Economics*. Cambridge, MA: MIT Press.

Center for Neighborhood Technology. n.d. H+T® Index. Available at http://htaindex.cnt. org.

Chorus, P., and L. Bertolini. 2011. “An Application of the Node Place Model to Explore the Spatial Development Dynamics of Station Areas in Tokyo.” *Journal of Transport and Land Use* 4 (1): 45–58.

Coe, N. M., P. F. Kelly, and H. Yeung. 2007. *Economic Geography: A Contemporary Introduction.* Oxford: Blackwell Publishing.

CTOD (Center for Transit-Oriented Development). 2011. *Portland Transit-Oriented Development Strategic Plan /Metro TOD Program*. Available at http://www.oregonmetro. gov/sites/default/files/tod_final_report.pdf

Fan, J. 2007. "Industrial Agglomeration and Difference of Regional Productivity." *Front. Econ. China* 2: 346–61.

Haughwout, F. 2009. "How Should Suburbs Help Their Central Cities? Growth and Welfare-Enhancing Intra-Metropolitan Fiscal Distributions. "*Annals of the American Academy of Political and Social Science* 626: 39–52. Available at http://ann.sagepub.com/content/626/1/39.abstract.

Higgins C. D. 2015. "A Value Planning Framework for Predicting and Recapturing the Value of Rapid Transit Infrastructure." Ph.D. thesis, School of Graduate Studies, McMaster University. Available at https://macsphere.mcmaster.ca/bitstream/11375/18280/2/CD%20Higgins%20-%20Dissertation.pdf.

ITDP (Institute for Transportation and Development Policy). 2014. TOD Standard 2.1.

Jacobs, A. B. 1995. *Great Streets.* Cambridge, MA: MIT Press.

Jacobs, J. 1961. *The Death and Life of Great American Cities.* New York, Random House.

Lee, K., and L. Y. Lee. 1998. "A New Algorithm for Graph-Theoretic Nodal Accessibility Measurement, *Geographical Analysis* 30 (1).

Moretti, E. 2013. *The New Geography of Jobs*. New York: First Mariner Book.

Roth C., S. Kang, M. Batty, and M. Barthelemy. 2012. "A Long-Time Limit for World Subway Networks." *Journal of the Royal Society*. Available at http://rsif.royalsocietypublishing.org/content/early/2012/05/15/rsif.2012.0259.

Salat, S., and L. Bourdic. 2015. *L'économie spatiale du Grand Paris: Connectivité et création de valeur.* Caisse des Dépôts and Urban Morphology Institute and Complex Systems Institute, Paris.

Salat, S., with F. Labbé and C. Nowacki. 2011. *Cities and Forms. On Sustainable Urbanism*. Paris: Hermann.

Sorensen, A. 2001. "Subcenters and Satellite Cities: Tokyo's 20th Century Experience of Planned Polycentrism." *International Planning Studies* 6 (1): 9–32.

Strange, W. C. 2008. "Urban Agglomeration." In *The New Palgrave Dictionary of Economics*, 2nd. ed. London: Palgrave MacMillan.

UN-Habitat. 2014. "A New Strategy of Sustainable Neighborhood Planning: Five Principles." Discussion Note 3. Available at http://unhabitat.org/a-new-strategy-ofsustainable-neighbourhood-planning-five-principles/.

UN-Habitat, and International City Leaders. 2015. *The City Prosperity Initiative, 2015 Global City Report.* Available at http://unhabitat.org/wp-content/uploads/2016/02-old/CPI_2015%20Global%20City%20Report.compressed.pdf.

Venables, A. 2008. "New Economic Geography." In *The New Palgrave Dictionary of Economics*, 2nd. ed. London: Palgrave MacMillan.

World Bank, and Chreod Ltd. 2015. *Spatial Transformation of Shanghai to 2050.* Washington, DC: World Bank.

START
EXPLORING

第 3 章
价值间的动态交互作用及其对价值捕获的贡献

城市公共交通系统和城市更新对于促进城市经济增长、改善生活品质至关重要，可以提供岗位、教育、公共服务和休闲场所及活动的机会。为了建立可负担的高品质交通系统，城市必须确保其交通系统在财政上具有可持续性。来自使用者、间接受益者和公共来源的收入必须足以支付基础设施新的投资，并为现有设施和服务的维护和运营提供资金。

发展中国家的许多城市都面临着城市交通资金不足的问题。在这些城市中，新的交通基础设施所需的前期投资与财政水平相比差距是巨大的，而且来自规模仍然较小且通常质量较差的交通系统收入，以及其他来源的收入并不足以支付维护和运营成本，更不用说新的投资了。

通过选择最合适的融资工具并专注于精明投资，城市可以为所有类型的城市交通项目设计综合融资方案，使用创新的、多层次的收入来源，促进实施有效的定价方案，增加整体收入，推动可持续交通，并涵盖公共交通系统所有部分的资本投资、运营和维护（关于实现全面和可持续城市交通融资的框架，见 Ardila Gomez 和 Ortegon Sanchez，2016）。

Suzuki 等人（2015 年）描述了城市如何利用土地

对面页：
圣地亚哥－卡拉特拉瓦的世贸中心公共交通枢纽的高经济密度和连通性创造了价值。
资料来源：Francoise Labbé。

价值捕获来资助和鼓励更具包容性的城市增长。通过将所获价值的一部分投资于公园、步道、路灯和自行车道，城市政府可以与公共交通机构、开发商和社区合作，开发高效、有吸引力和安全的公共场所，提高财产价值。通过提供额外的容积率（FAR）和其他监管激励措施，可以要求开发商在其新设施中提供可负担住房和日间护理中心（第 5 ~ 7 章描述了纽约和伦敦是如何使用这些机制的）。

本章在 3V 框架的背景下介绍了价值捕获，描述了价值（尤其是节点和场所价值）的动态相互作用，以及如何创造经济价值并促进价值捕获，从而为城市发展和公共交通的投资提供资金。公共交通导向型发展（TOD）是将节点 – 场所动力机制转化为市场成功案例的关键，如第 5 章和第 6 章所述的伦敦国王十字车站和纽约哈德逊广场。解决价值之间的不平衡可以释放出发展潜力。

3.1 价值之间不平衡的动态作用力

3V 框架允许政策制定者以主动、动态的方式评估发展潜力。不仅车站的价值分布呈现不均衡；每个车站不同类型的价值也可能有很大差异。最有希望发展的领域是那些通过公共投资增加连接性的地区，这些地方有进一步发展的空间。

Bertolini（1999）的节点 – 场所模型考虑了场所和节点的价值[1]。它包括对场所和节点价值动态相互作用的分析，来创造市场潜力和经济价值。根据 Bertolini 的观点，通过提高可达性，改善一个地点的交通供应（节点价值）将为该地点的进一步发展创造有利的条件。反过来，一个地区的发展（场所价值的增加）将为交通系统的进一步发展创造有利条件，从而启动一个正向反馈的发展循环。这个模型强调了同一站点区域内价值不平衡的动态潜力（示例 3.1）。

不平衡的节点和不平衡的场所创造了巨大的发展机会，因为它们是没有得到充分利用的资产。在利用这些发展机会时，应制定具体政策以确保公平，如为当地居民提供专业培训或提供多样性住房。

国王十字车站是一个不平衡的节点，在高速铁路、国家和区域铁路、城市铁路和地铁网络方面，是欧洲可达性、连接性水平最高的中心性枢纽之一（图 3.2）。该地区存在很强的不平衡性，27hm^2 的土地利用效率不高。通过高质量的公共空间（40% 的土地）创造场所价值：20 条新的连接性街道、10 个广场和花园，以及包括谷歌全球第二总部、数字初创企业、包容性住房、艺术学校、

示例 3.1　贝托里尼“节点 – 场所”模型中的价值相互作用

贝托里尼的“节点 – 场所”模型根据站点的节点和场所价值划分为五种情况（图 3.1）。

1）平衡型。节点和场所都很强大。交通基础设施和当地土地使用相互支持，使市场价值最大化。

2）压力型。基础设施和土地使用的强度和多样性已接近最大值。尽管车站地区可能被认为处于压力范围和最大的发展阶段，但国际经验表明，在连接性和土地使用强度达到顶峰的地区，其发展趋于持续增长，如东京新宿，那里的房地产仍在蓬勃发展，新线路不断增加。

3）依赖型。不存在对自由空间的竞争，而且对基础设

施的需求也很低。节点和场所价值都相对较弱，需要“节点 – 场所”动力以外的因素（例如，补贴）干预该地区的自我维持。

4）不平衡节点。基础设施的供给强于土地使用。

在提高场所价值方面，可以利用连接

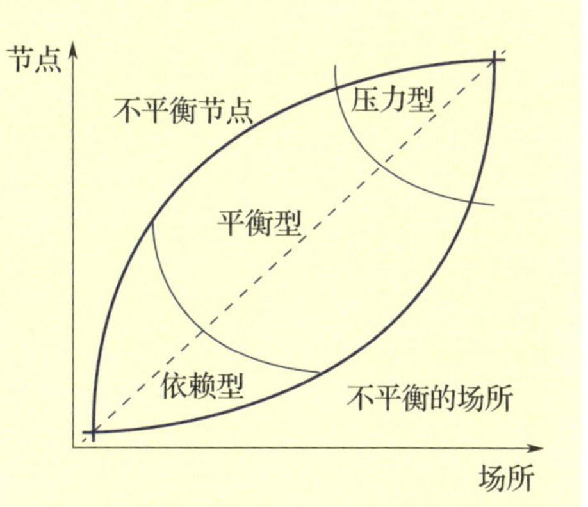

图 3.1　贝托里尼的“节点 – 场所”模型

资料来源：Francoise Labbé。经 Francoise Labbé 许可使用。重新使用需要进一步许可。

基础设施的相对过度供应。一个例子是国王十字区（第 6 章）。

5）不平衡的场所。土地使用强度超过了基础设施的承载。应该通过提供支持性的基础设施来鼓励发展潜力，以增加连接性。一个例子是哈德逊广场（第 5 章），通过提高容积率来鼓励预期的密集房地产开发，并要求延长地铁 7 号线。更高的连通性鼓励了现有的经济活动，增加了市场价值潜力。

资料来源。改编自 Bertolini 1999。经 Luca Bertolini 许可使用。重新使用需要进一步许可。

咖啡馆和零售店在内的混合用途项目，提高了场所价值，增加了市场潜力。

哈德逊广场（图 3.3）是一个主要的高密度、混合用途土地的更新项目，其规划和设计旨在捕捉知识和创意经济中的就业增长。作为一个未被充分利用的土地资产，其位置靠近曼哈顿中城的创意和金融产业的最高集聚地。大规模的交通基础设施投资（7 号线延长线）和高质量的公共空间增加了场所和节点价值，提高了市场潜力。

图 3.2　国王十字车站的高连接性

资料来源：Francoise Labbé。经 Francoise Labbé 许可使用。重新使用需要进一步许可。

图 3.3　帝国大厦和哈德逊广场

资料来源：相关牛津。经相关牛津大学许可使用。重新使用需要进一步许可。

本书选择的案例研究强调了衰退的、未被充分利用地区的潜力，当增加连接性（增加节点价值）并通过高品质的公共空间对城市肌理再更新进行足够的投资时，这些地区就会成为创造市场潜在价值的动力。国王十字车站是一个再更新的前铁路工业用地。哈德逊广场则建在一个铁路场段之上。马尔默和哈马比（瑞典）对郊区的码头区进行了改造。这些经验表明，如果与核心城市建立了良好的联系，并对该地区进行了良好的规划和设计，也可以在郊区创造出高市场潜力。马尔默和哈马比强调了城市设计的质量对创造价值的重要性（第 4 章）。Crossrail 沿线城市重建的例子也证明了边缘地区的潜力（第 7 章）。

3.2　TOD 中的价值创造和获取的反馈循环

新的公共交通基础设施项目或规划决策（如以更高的价值重新规划或投资于公共领域）增加了公共交通站点周边的土地价值。对这一价值的捕获可以为基础设施的融资和支持包容性的住房创造一个积极的反馈循环[2]。由于公共部门的介入（重新区划或提供交通基础设施），未被充分利用的资产（土地和 / 或结构）的潜在价值被释放出来，激发了私营部门的需求。私营部门随后的投资和发展确保了潜在的资产价值增长得以实现（Huxley，2009）。图 3.4 说明了这个反馈循环。

价值反哺融资可以被定义为“将公共部门介入和私营部门投资产生的与未使用资产（土地和 / 或结构）有关的价值划归地方再投资，以产生公共利益和潜在的私人利益”（Huxley，2009）。它可以采取从私人到公共行为者的货币或实物捐助的形式。本地价值回收是指在同一开发场地或计划中，对私营部门的货币或实物贡献进行再投资。这种再投资可以支付最初的公共部门介入资金，但往往会加剧进一步的干预。

价值反哺融资通过创造一个双赢的局面，提高了公共部门介入和私人投资的积极性。它将城市发展的成本在公共和私营部门之间进行分配，而公共部门不一定要承担很大一部分的初始投资。图 3.4 反映了价值捕获的正反馈循环。

3V 框架通过识别当地发展的不平衡性，从而确定了未被利用的资产（或是

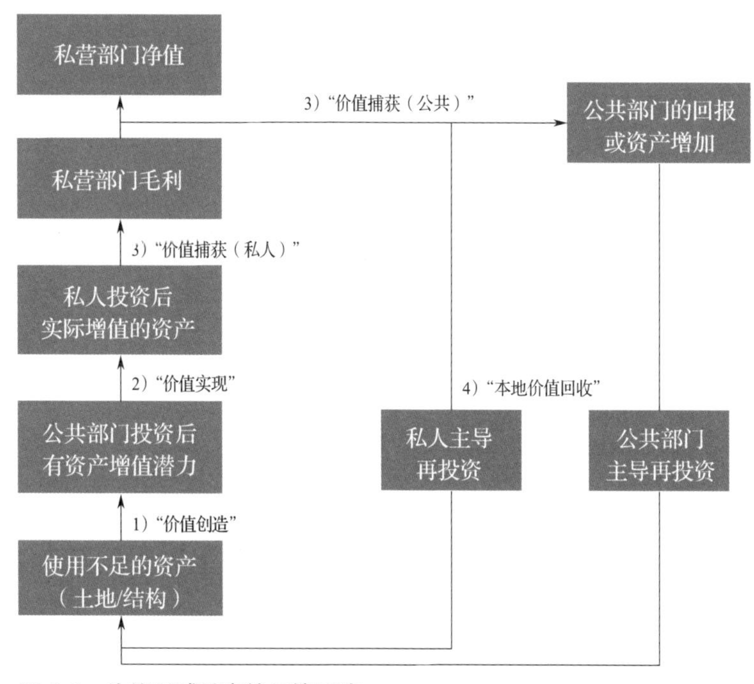

图 3.4　价值反哺融资的反馈回路

资料来源：Huxley 2009。经 ULI 许可使用。重新使用需要进一步许可。

因为与基础设施的公共投资相关的连通性的增加要求再开发，或是因为高场所价值要求投资于连通性以创造市场增长的正向反馈循环）。它允许公共投资根据市场反馈的潜力进行微调，以启动这些正向的价值捕获反馈循环。

后面几章的案例研究说明了纽约和伦敦通过公共和私人部门的协调行动所创造的正向反馈循环。下面将按照 3V 框架和 Huxley 提出的框架，讨论启动这些正向反馈循环的不同策略。

3.2.1 价值创造

价值创造策略包括增加节点、场所和市场的潜在价值，这些价值互为支撑。以国王十字车站和哈德逊广场所使用的策略概述来说明，公共部门的介入增加了节点和场所的价值，从而创造了潜在的资产价值。对公园、大容量公共交通和基础设施的公共投资有助于使这些场所成为所在城市中最宜居的地区。

在这两个项目中，交通基础设施可支持更高的节点价值。当地交通基础设施的主要投资（迄今已达 25 亿英镑）使国王十字车站 / 圣潘克拉斯成为伦敦本地、全国和国际旅行最重要的交汇点。在哈德逊广场，对基础设施的投资包括将 7 号地铁从既有时代广场的终点站向西和向南延伸。在第 34 街和第 11 大道正在建造一座新车站。7 号线延长线耗资 24 亿美元，由纽约市的市政税收增量融资（TIF）债券销售提供资金，预计这些资金将由延长线所服务地区的未来开发财产税收偿还（Fitzsimmons，2015）。

通过环境和社会的改善以及投资提高了这两个地区的城市品质和形象，支持了更高的场所价值。国王十字车站的开发将物质空间更新（开发场地、翻新建筑）与社区活动更新（提供技能、培训、社区设施）结合起来。在哈德逊广场，公共部门翻新了贾维茨中心（4.65 亿美元）。这两个地区都对高质量的公共空间和标志性建筑给予了很大关注。纽约的三个主要公园（高线的第三区、哈德逊河公园、哈德逊公园与大道）在哈德逊广场汇聚。它们得到了 6.3 亿美元的公共空间和公园的公共投资支持。

通过使用规划和监管工具，允许人口增加和土地使用变化，以支持更高的市场潜在价值。国王十字车站和哈德逊广场都创造了非常密集的混合用途社区，其人口密度（或预测密度）约为每公顷 1750 人。这种转变是通过规划优化调整为较高的容积率来促进的，有透明的机制来购买高于基本容积率的额外容积率，并有一定的灵活性来适应市场变化。这使得公共部门能够获取部分增值以支持所需投资（示例 3.2）。

加强目的地品牌建设和营销，可以营造新区域。国王十字车站和哈德逊广场正在从废弃的工业铁路场区转变为创意专业人士的灯塔，成为时尚、设计、交流和艺术的中心。这两个地区正在成为谷歌和其他快速增长的技术和数字媒体公司所在地。

示例 3.2　曼哈顿中城通过灵活的容积率获取价值

市规划局正在提议对更大的中城东区进行重新区划，大中央车站周围有 78 个街区，那里的人口密度已经是纽约市最高的地区之一（图 3.5）。重新区划的目的是为了确保该地区未来成为世界级商业区和主要就业承载地。

这项提案是一个有针对性的规划，涉及多个机构。在符合条件的场地上新建的商业建筑可以超过基本的容积率，以换取该地区公共领域的改善或转让该地区地标性建筑的未使用建筑面积。容积率奖励可以通过预先确定的对轨道基础设施的改善来获取。从以前对该地区进行重新区划的尝试中吸取经验教训，开发商为获得额外的容积率而需要进行的公共交通或公共改善投资将在重新区划的目录中明确指出，以增加透明度。一些地标建筑将有资格向开发商出售可转让的开发权，并获得部分收益（城市将保留部分收益）。

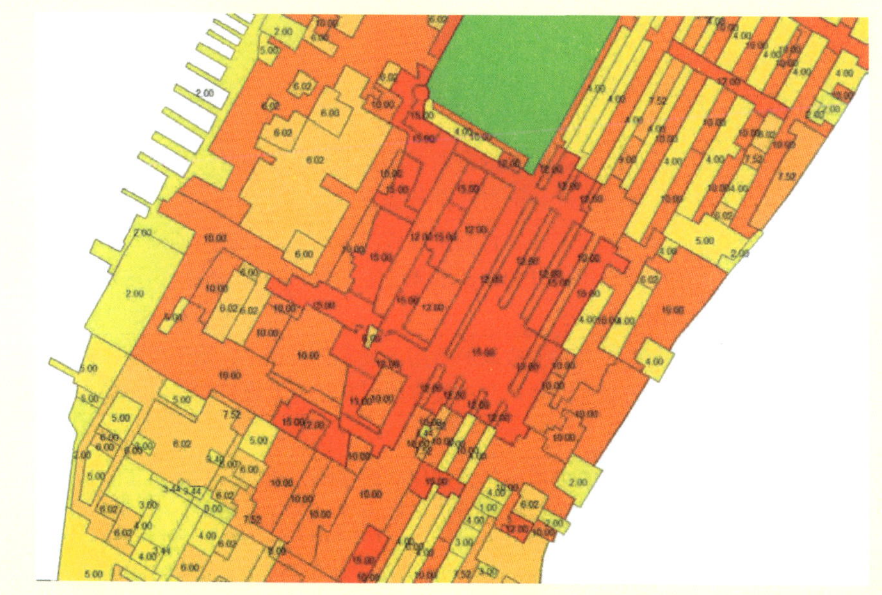

图 3.5　纽约市中城东区的高容积率

资料来源：Alain Bertaud。经 Alain Bertaud 许可使用。重新使用需要进一步许可。

3.2.2 价值实现

私营部门的投资、全面的总体规划以及地区推广，都会增加潜在的资产价值。例如，纽约新西区的增长可以归功于高线公园的成功，自 2009 年 6 月开放以来，它刺激了 20 亿美元的初始投资、12000 个新的就业机会和 29 个开发项目。在哈德逊广场和国王十字车站，开发商提出了创新总体规划，包括高质量的公共空间和局部连通。这两个项目都涉及公共和私人参与者之间的对话。在国王十字车站的开发中，公众参与度很高。

3.2.3 价值获取

为私人资本和公共利益获取更高的资产价值。私人价值的获取主要是通过租赁或出售新的或改善型住房、零售或办公单位实现的。公共部门使用一系列的机制来获取由私人参与者创造的更高资产价值，包括使用税收增量融资（TIF）和代缴税款（PILOT）融资，两者都允许市政当局出售债券，用未来的税收收入来偿付。表 3.1 概述了价值获取的主要机制。

表3.1　部分土地价值捕获工具的主要特点

工具	描述
基于税收或收费	
财产和土地税	对土地或土地和建筑物的估计价值所征收的税收。该税收通常纳入预算，用于一般用途
改良税与特定评估	政府对公共投资创造的估计收益所征收的附加税，以便要求直接从公共投资中受益的财产所有者支付其费用
税收增量融资(TIF)	对通过公共投资再开发区域内房产所征收的附加税，由市政债券提供资金，用于抵扣预期增加的房产税，并进行质押。这是主要在美国使用的工具
征收/影响费	向私人开发商收取的费用（或实物贡献），用于反哺额外公共基础设施与服务的费用，以及容纳因其新开发项目产生的额外人口
基于开发	
土地出售或土地租赁	政府向开发商出售土地以获取报酬，或向开发商出售土地使用权，以换取预付租赁费或在租赁期内支付年度土地租金
空中权（可以被转移的土地开发权）出售	政府出售超出土地使用法规（如 FAR）规定的限制的开发权，或通过修改法规来筹集资金以资助公共基础设施和服务

（续）

工具	描述
土地调整机制	土地所有者将其土地集中起来，拿出一部分土地出售，以筹集资金，部分支付公共基础设施开发成本
城市再开发融资	土地所有者与开发商一起建立一个合作实体，将零散的地块整合成一个场地，然后开发（例如，高层建筑和/或混合用途建筑），并提供新的通道和公共开放空间。地方政府修改分区划编码，提高目标重建区（通常在轨道交通站点周边）的最大容积率。主要在日本使用

资料来源：铃木等，2015 年。

3.2.4　本地价值反哺

捕获的价值可以通过公共或私营部门主导的再投资，在同一发展中循环使用，或重新投资。在公共部门主导再投资的情况下，通过提高地方税收、收费和收税，从私营部门获取的公共收入提升部分，用于支付同一开发地区额外的政府介入所消耗的资金，提升资产价值并产生正向的社会经济影响。公共部门为私营部门提供了直接面向社区的基础设施机会，进一步提高资产价值和正向的社会经济影响。

由于这些正向反馈循环，哈德逊广场周边地区的增长速度是整个曼哈顿的五倍。2016 年 5 月发布的一份报告（*Related Companies and Oxford Property Group* 2016）介绍了哈德逊广场开发对纽约市的经济影响。它声称，一旦全面投入运营，该项目每年将为纽约市的 GDP 贡献近 190 亿美元（占该市产出的 2.5%），每年产生近 5 亿美元的税收收入。

3.3　TOD 的不动产收益

TOD 提高了场所价值，反过来又增加了市场潜在价值和不动产收益。跨国证据表明，当站点周边的密度和步行得分较高时，房地产价格要高得多。Renne（2014）研究了美国 4000 个火车站周边房屋的价格，发现 TOD 地区（高密度和高步行性）的平均房屋价值约为美国平均房屋价格的 3.5 倍，1996 年至 2013 年期间，这些地区的房价上涨幅度是全国房价的两倍（示例 3.3）。因此，城市肌理的特征，如密度、用途和步行水平，决定了一个地方的宜居性，定义了它的场所价值，并对房地产价格有很大影响。

示例 3.3　以公共交通为导向的发展是如何影响房价的?

Renne（2014）计算了美国 TOD 和交通毗邻发展（TAD）地区的房屋价格差异（TOD 地区被定义为距离火车站 800m 以内可步行的、混合使用的、密集的社区。TAD 地区被定义为车站周围以低密度、汽车导向的土地使用为特征的地区）。研究表明，在车站周边 800m 的范围内，总的住房密度应该至少有 4000 套住房，以支持公共交通乘客。Walkscore.com 将 70 分以上的社区（满分 100 分）评为“非常适宜步行”，将 90 分以上的地区评为“步行者的天堂”。

Renne 的 TOD 指数提供了一个新的基准来跟踪美国各地车站区域的房屋和租金价格。它涵盖了 TOD 地区、TAD 地区和混合地区中的车站。每个类别都以全国 Zillow 房屋价值指数（ZHVI）或全国 Zillow 租金指数（ZRI）为基准。

该研究分析了 4000 个客运火车站，其中 1441 个符合密度和步行分数的 TOD 标准。另外 1180 个是混合型的，符合密度或步行分数的标准，但不是二者都符合。约有 1775 个车站被归类为 TAD 地区，它们都不符合标准。

假设 1996 年的价格指数为 100，2013 年位于 TOD 区的房屋指数为 400，而位于 TAD 区的房屋指数为 225（图 3.6）。假设 2012 年的租金指数为 100，位于 TOD 区的房屋租金价格上涨了 18%，位于 TAD 区的租金仅上涨了 11%（图 3.7）。

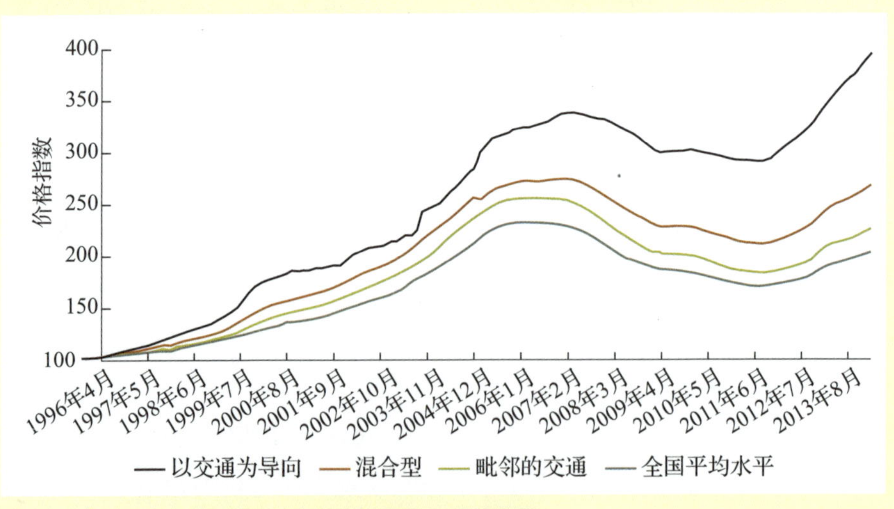

图 3.6　1996—2013 年各类地区的房屋购买价格指数

资料来源：Renne 2014。

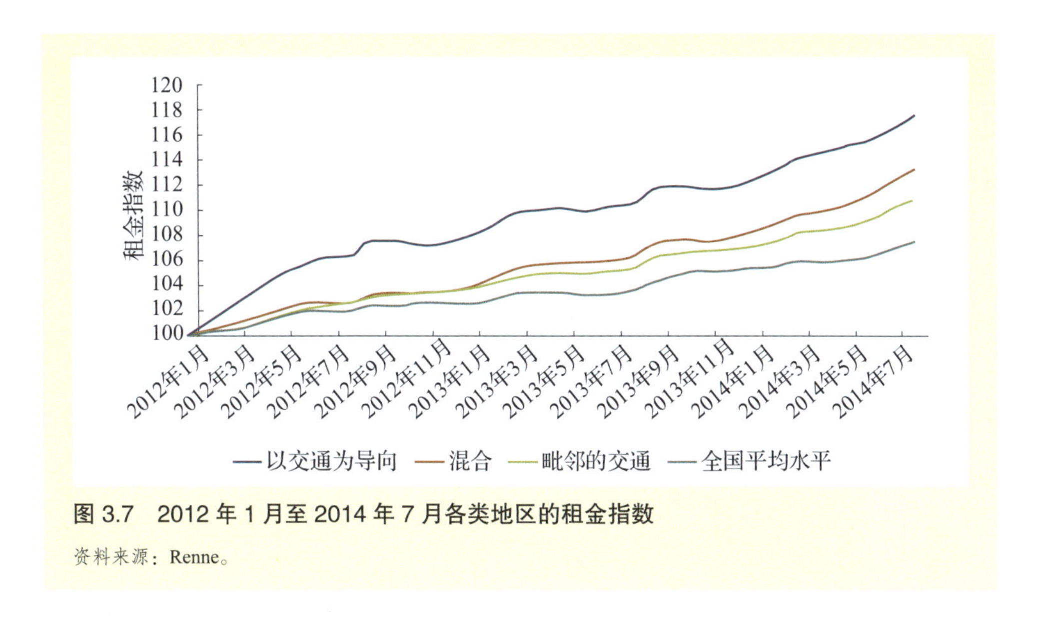

图 3.7　2012 年 1 月至 2014 年 7 月各类地区的租金指数

资料来源：Renne。

注释

1　巴尔的摩、丹佛和波特兰等城市在其公共政策中明确考虑市场潜在价值。

2　本章借鉴了 Huxley（2009）中提出的价值框架和政策建议。

参考文献

Ardila-Gomez, A., and A. Ortegon-Sanchez. 2016. *Sustainable Urban Transport Financing from the Sidewalk to the Subway: Capital, Operations, and Maintenance Financing.* Washington, DC: World Bank. Available at https://openknowledge.worldbank.org/handle/10986/23521.

Bertolini, L. 1999. "Spatial Development Patterns and Public Transport: The Application of an Analytical Model in the Netherlands." *Planning Practice and Research* 14(2):199–210.

Fitzsimmons, E. G. 2015. "Subway Station for 7 Line Opens on Far West Side." *New York Times*, September 13.

Huxley, J. 2009. *Value Capture Finance. Making Urban Development Pay Its Way.* London: Urban Land Institute. Available at http://uli.org/wp-content/uploads/ULI-Documents/Value-Capture-Finance-Report.pdf.

Department of City Planning. 2016. *Greater East Midtown Planning Proposal.* New York City. http://www1.nyc.gov/site/planning/plans/greater-east-midtown/greater-eastmidtown.page

Related Companies and Oxford Property Group. 2016. "New Report Details Substantial Economic Impact of Hudson Yards Development," May 2. Available at http://www.hudsonyardsnewyork.com/press-releases/new-report-details-substantial-economicimpact-of-hudson-yards-development/.

Renne, J. L. 2014. TOD Index. Available at www.TODindex.com.

Suzuki, H., J. Murakami, Y. H. Hong, and B. Tamayose. 2015. *Financing Transit-Oriented Development with Land Values: Adapting Land Value Capture in Developing Countries.* Washington, DC: World Bank. Available at https://openknowledge.worldbank.org/handle/10986/21286.

Hôtel de la Couronne

第 4 章
高品质公共空间规划设计创造更高的场所价值

高水平的城市设计创造了场所价值，促进了城市经济的增长。它支持密度的增加，并确保人们不会觉得拥挤和密集压迫。它补充了第 2 章中提出的规划方法，包括重大的街道景观改善，使街道成为人们的生活场所，创造场所精神，使城市更具辨识性，并唤起围合感、人本尺度、协调性、形象（图 4.1）和联系。

本章重点讨论创造场所价值的城市品质。前两节描述了这些品质。第三节通过三个高水平的城市设计案例研究来说明这些品质，这些案例有助于市场价值的显著提升。

4.1　积极和消极的空间

对品质的感受影响人们对一个场所的反应。这些感受包括步行体验、安全感、舒适感和兴趣水平。为了实现可步行性，城市设计师应该实现“场所精神”、围合感、人本尺度、空间层次感、丰富性、连贯性、可辨识性和连接性，这就是下面要研究的八项品质。

城市设计塑造了人们对场所和空间秩序的感知。消极空间是留在建筑物之间的空隙，没有形状、方向感，也没有目的。即使提供了长椅和便利设施，它们也不能维持人们的兴趣。高水平的城市设计提供积极的空

对面页：

在卡拉特拉瓦的比利时列日－吉列明斯火车站，交通和城市之间的联系创造了很高的场所价值。

资料来源：Francoise Labbé。经 Francoise Labbé 许可使用。重新使用需要进一步授权。

图 4.1　大英博物馆的大法庭

资料来源：Francoise Labbé。经 Francoise Labbé 许可使用。重新使用需要进一步许可。

间——具有可识别形状和方向的空间。“当户外空间有着明显和明确的形状，就像一个房间的形状一样明确，并且当它的形状和它周围的建筑形状一样重要时，它就是积极的”（Alexander、Ishikawa 和 Silver-stein，1997）。传统上，积极的空间不仅包括街道、广场和花园，还包括大型建筑的内部，如宫殿的庭院和教堂的内部。街道和建筑之间没有跳脱，而是一个连续的公共空间、城市生活的舞台。

图 4.2 对比了 18 世纪罗马的积极公共空间和巴西利亚割裂的公共空间。Giambattista Nolli 在 1748 年绘制的罗马地图（图 4.2a）显示了公共空间的连续性和积极性如何创造了传统欧洲城市的高场所价值。它显示了内部和外部空间之间或建筑体和空白空间之间没有分隔。黑色区域显示了街道、广场、大型教堂和宫殿庭院等连续的公共空间，白色区域显示了私有建筑的紧凑体量。在巴西利亚的地图上（图 4.2b），连续的公共空间被建筑物之间无形的空白空间所取代——一个被剥夺了积极性的空间，成为纯粹的消极空间，没有创造任何场所价值。

街道和广场是城市应该被组织起来的基本要素；对大多数人来说，它们构成了“城市”的本质。近年来，规划师很好地利用了街道（基于人类移动的线性模式）和广场（基于视觉对一个区域的观察能力）来改善城市设计。在当代的开发项目中，如金丝雀码头、国王十字街和贝丁顿零能耗开发项目（伦敦），哈德逊广场（纽约），以及哈马比 - 斯约斯塔德和马尔默（瑞典），公共空间的积极品质促进了场所价值。

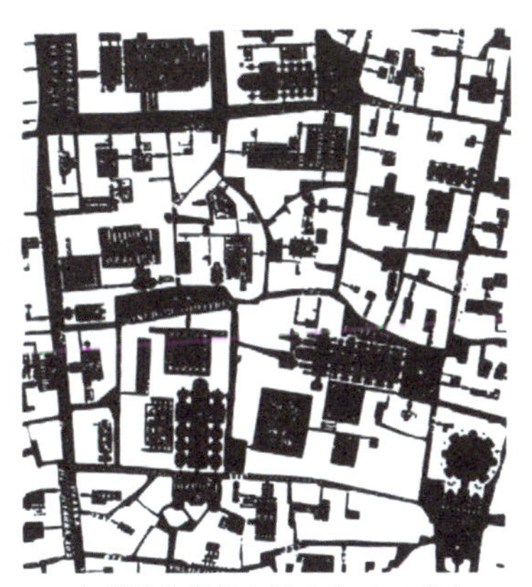

a）罗马的积极空间（约 1748 年）

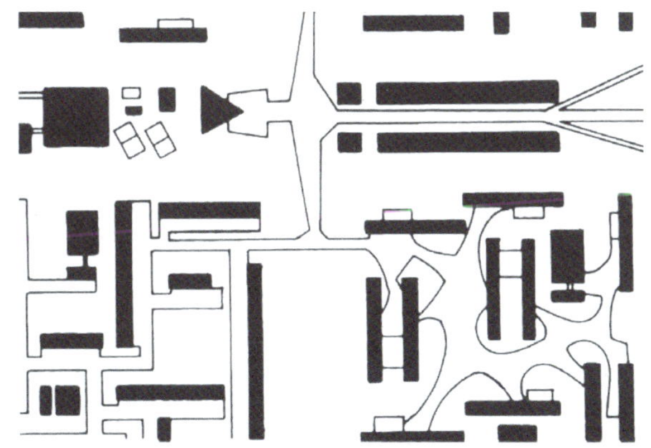

b）巴西利亚的消极空间

图 4.2　积极和消极的城市空间的例子

资料来源：Salat, Labbé 和 Nowacki 2011。

4.2　创造高场所价值的八种城市品质

多国经验和对大量积极公共空间的分析显示，无论是传统的还是当代的，都表明当城市设计师赋予空间以 8 个关键的城市设计品质时，积极空间是可以实现的[1]。

4.2.1 场所精神 (Genius Loci)

Genius Loci 是一种使其与众不同、可被辨识的、可被记忆的场所品质。其形象能唤起人类与生俱来的观察和记忆模式的能力。当独特的元素很容易被识别并被组合成一个整体模式时，一个令人难忘的场所就产生了（Lynch，1960）。

地标是场所精神的一个组成部分。重要的是它们的独特性和选址与历史文化脉络和城市的传承演进关系。地标在城市设置中扮演着视觉终止点、定位点和对比点的作用（图 4.3）。它们为周围的城市空间提供了身份和结构。

图 4.3 在瑞典马尔默用地标创造场所识别性

资料来源：Francoise Labbé。经 Francoise Labbé 许可使用。重新使用需要进一步许可。

注：Turing 塔是一座新未来主义的住宅楼，是斯堪的纳维亚半岛最高的建筑。

场所精神与场所感有关。视觉主题有助于形成共同的场所感，激发人们进入并在那里休憩（Cullen，1961）。标志性的建筑和人本尺度的通道是伦敦贝丁顿零能耗开发项目和大英博物馆中心的、欧洲最大的有盖广场——伊丽莎白二世女王大法庭的共同特点。图 4.4 和图 4.5 所示为场所精神示例。

4.2.2　围合感

围合感指的是建筑物、墙壁、树木和其他垂直元素界定街道与其他公共空间的程度。这些垂直元素打断了观众的视线。当视线被果断地阻挡，使室外空间看起 来像室内空间时，就会产生一种围合感。当垂直元素的高度与它们之间的空间宽度成比例时，空间就会有一种类似房间的品质。

“在所有传达位置感、与周围环境认同感的装置中，围墙和户外空间也许是最有力、最明显的……它体现了‘这里’的概念。”（Cullen，1961）。在城市设计中，围合度是通过在街道或广场上排列不间断的、高度大致相同的建筑面来形成的。建筑物成为室外房间的“墙”，街道成为“地板”，如果建筑物的高度大致相同，天空则成为无形的天花板。街道的总宽度（从建筑到建筑）不应超过建筑的高度，以保持一种围合感。示例 4.1 说明了这种围合对公共空间质量的影响。

围合感会被街道墙体的不连续性所侵蚀。由非活动用途（空地、停车场、车道）和大型建筑退线造成的不连续填充创造了空间死角。“从街道后退的建筑实际上为街道作为社交空间带来了不小的破坏作用”（Alexander、Ishikawa 和 Silverstein，1977）。

4.2.3　人本尺度

人本尺度是指物质元素的大小、质地和衔接，与人体的大小和比例相匹配，并与人的行走速度相关联。对于行人来说，公共空间所提供的信息领域的尺度应该是在每小时 5km 的速度下提供丰富而连贯的信息。

建筑物的细节、步道的质地、街道上的树木和街道上的家具都贡献于人本尺度。中等规模的建筑、狭窄的街道和小空间创造了一个亲密的环境；大型建筑、宽阔的街道和大面积的开放空间则会创造相反的效果。

距离在人际交互中起着重要作用。在 300~500m 范围内，人们可以把其他人当作人而不是物体来识别。在 25~100m 范围内，人们可以识别个体特征和身

图 4.4　瑞典马尔默转体塔周围的人本尺度

资料来源：Francoise Labbé。经 Francoise Labbé 许可使用。重新使用需要进一步许可。

图 4.5　伦敦贝丁顿零能耗开发项目（BedZED）的标志性建筑

资料来源：Francoise Labbé。经 Francoise Labbé 许可使用。重新使用需要进一步许可。

体语言。在小于 25m 的范围内，细节的丰富性和交流的激烈程度会以米为级别逐步强化（Alexander、Ishikawa 和 Silverstein，1977）。这些距离设定了人本尺度和人本空间可感知质量的极限。大尺度（城市和区域规划）、中尺度（场地规划）和小尺度（直接环境）的决策是密不可分的。这种相互关系很重要，因为小尺度是人们集聚和评估各级规划决策的地方。在欧洲，几乎所有最受瞩目的公共广场都小于 $10000m^2$；大多数都小于 $8000m^2$（示例 4.1）。城市必须在更小的尺度内赢得与建筑项目的品质之争。

示例 4.1　公共空间的围合和尺度：马德里马约尔广场对比南昌八一广场

马德里的主要公共空间——马约尔广场（建于 17 世纪初），是一个精心设计的、122m×91m 的长方形，大小相当于一个城市街区。广场两旁是整齐划一的房屋，每栋房屋在街道上都有一个石头拱门，三个砖砌的门面，还有一个阁楼。这些街道在广场建成之前就已经存在，以不规则的方式通向广场，但这种不规则被这些街道通向广场的、不间断的门廊所掩盖（图 4.6~ 图 4.8）。这个广场现在是马德里的一个主要旅游景点。

中国南昌的八一广场缺乏边缘界定，周围的主要道路消除了所有围合感（图 4.9）。广场未能给过宽的道路和差异化

图 4.6　马德里马约尔广场的围合感

资料来源：Francoise Labbé。经 Fran-coise Labbé 许可使用。重新使用需要进一步许可。

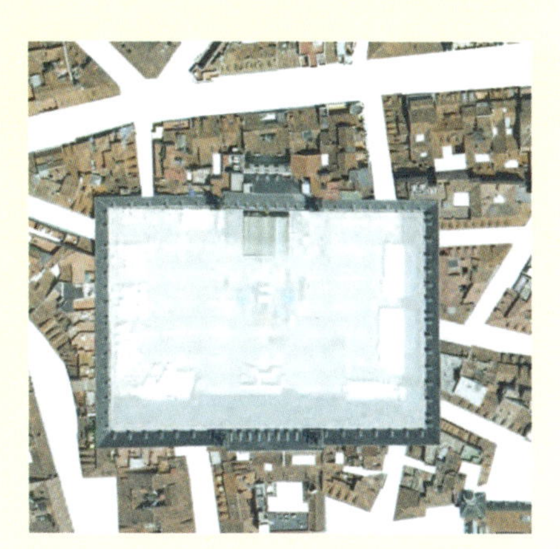

图 4.7　马德里马约尔广场的街道连接

资料来源：Salat, Labbé 和 Nowacki 2011。

图 4.8　前往马德里马约尔广场的街道连接线

资料来源：Francoise Labbé。经 Francoise Labbé 许可使用。重新使用需要进一步许可。

的建筑提供一个连贯的秩序。广场的尺度（515mx255m，相当于一个中国超大街区的尺度）削弱了人本尺度，与马约尔广场相比（图 4.10），可以在 800m 的方形城市肌理中看到同样的尺度。

图 4.9　南昌八一广场缺乏定义和围墙

资料来源：Serge Salat。经 Serge Salat 许可使用。重新使用需要进一步许可。

a）马德里的马约尔广场

b）南昌八一广场

图 4.10　马德里马约尔广场和南昌八一广场的周边地区

资料来源：城市形态学和复杂系统研究所。经 UMCSII 许可使用。重新使用需要进一步许可。

4.2.4　空间层次感

空间层次感是指人们可以看到或感知的街道或其他公共空间边缘以外内容的程度。影响空间层次感的物质元素包括墙壁、窗户、门、栅栏、景观和进入街区中间空间的开口。由理查德 · 迈尔设计的巴塞罗那当代艺术博物馆（图 4.11），通过衔接两个公共广场和历史与现代建筑、材料和体量的复杂组合，说明了透通性和分层的概念，具有很强的空间层次感。

图 4.11　巴塞罗那当代艺术博物馆的透通性和分层

资料来源：Francoise Labbé。经 Francoise Labbé 许可使用。重新使用需要进一步许可。

公共环境是吸引人们还是排斥人们，取决于其围合感和透通性的程度，以及边界区域的设计方式。过渡区形式的灵活边界作为连接纽带，使人们在生理和心理上更易于进出移动。通过将公共环境中发生的事情和邻近的住宅、商店、办公和公共建筑中发生的事情之间建立体验联系，可提供一种延展和丰富的可能性。

4.2.5　丰富性

丰富性是指一个场所的视觉丰富性。它取决于物质环境的多样性——建筑的数量和种类、景观元素、街道家具和人类活动。丰富性与人们在单位时间内接触到显著差异元素的数量有关。狭窄的建筑在不同的布置下增加了丰富性，宽大的建筑则减少了丰富性。人们需要许多不同的界面，让光线在上面持续流动，以保持眼睛的注意力。建筑物的质地、宽度和高度的变化，以及建筑物的形状、衔接和装饰的变化，都会增加丰富性。

丰富性支持步行（图 4.12）。行人需要高水平的丰富性来保持他们的兴趣。一个有趣的步行网络通过将步行划分为可管控的多种阶段，使步行距离看起来更短。在特定情况下，决定可接受的距离的关键不仅是物理距离，而且是体验距离。人们发现沿着一条无趣的主干路走 500m 是非常长和累人的；如果将路线设置成分段感知，同样的步行距离，感受却是非常短的（Ewing 和 Bartolomew，2013）。

图 4.12　巴塞罗那当代艺术馆的广场

资料来源：Francoise Labbé。经 Francoise Labbé 许可使用。重新使用需要进一步许可。

丰富性不仅是城市肌理的一个物理属性[1]，它也是人们互动的一个社交过程，是会自我强化的（Gehl，2008）。当一个人做某事时，其他人往往参与或观察，个人和事件因此相互影响和刺激。一旦这个过程开始，总的活动几乎总是比各组成部分的活动之和更大、更复杂。

人和事在时间和空间上集合在一起，使个别活动有机会一起成长，成为更大、更有意义和鼓舞人心的事件序列。一些事情的发生是因为另一些事情的发生。更大、更复杂的社区活动从许多小的日常活动中自然发展出来（示例 4.2）。

4.2.6　连贯性

连贯性是指一种视觉秩序感。连贯性的程度受建筑物、景观、街道家具、步道材料和其他物质元素的规模、特征和安排的协调性影响（图 4.15）。“几何一致性是一种可识别的品质，它通过形态将城市联系在一起，是城市肌理活力的一个重要前提”（Salingaros，2000）。

示例 4.2　建筑物之间的丰富性和生命力

巴黎乔治·蓬皮杜中心（现代艺术博物馆）周围的广场系统包括一个中心主门前宽阔的倾斜广场、一个深邃的广场（Igor Stravin-sky 广场）、Eglise SaintMerri 以及 Stravinsky 喷泉（图 4.13 和图 4.14）。第三个小广场（埃德蒙·米歇尔广场）在塞巴斯托波尔大道和博物馆前的广场之间形成一个过渡。这个由三个环环相扣的广场组成的系统支持了许多社会活动，包括定期演出。

图 4.13　巴黎乔治·蓬皮杜中心的广场系统

资料来源：Salat，Labbéand Nowacki。

图 4.14　巴黎乔治·蓬皮杜中心的广场系统实景

资料来源：Francoise Labbé。经 Fran-Labbé 许可使用。重新使用需要进一步许可。

图 4.15　维也纳建筑肌理的连贯性

资料来源：Francoise Labbé。经 Francoise Labbé 许可使用。重新使用需要进一步许可。

4.2.7　可辨识性

当面对一个新的场所时，人们会自动创建一个心理地图，将其分为路径、边缘、区域、节点和地标（Lynch，1960）。可辨识性是指人们创建这种心理地图的难易程度，从而使一个场所的空间结构能够被理解并作为一个整体进行导航。能够提供方向感和相对位置的街道或行人网络以及作为参考点的物理元素可以提高可辨识性（图 4.16）。

图 4.16　奥斯陆歌剧院

资料来源：Francoise Labbé。经 Francoise Labbé 许可使用。重新使用需要进一步许可。

4.2.8　连接性

连接可以被定义为促进场所之间的相互联系，并在它们之间提供方便可达的特征。建筑与街道之间、建筑之间、空间之间、街道一侧与另一侧之间的物理和视觉联系，可以将分隔的元素统一起来。连接可以沿着街道纵向发生，也可以横向跨越街道。事实上，想要在 25~100m 的距离内看到其他人和事件的可能性对连接程度有很大的要求（尤因和巴托洛缪，2013）。纽约的 High Line、新加坡的 Marina Bay East Gar-dens 和伦敦的 St Paul 桥（图 4.17）都是这种连接的案例。

a）纽约高线

b）新加坡滨海湾东花园

图 4.17　纽约、新加坡的连接品质

资料来源：Francoise Labbé。经 Francoise Labbé 许可使用。重新使用需要进一步许可。

4.2.9　应用所有八项设计元素的实例

中国的一个主要港口城市天津，其规划的“绿色三角区”项目阐述了如何应用所有八项设计元素。该项目的概念设计是作为 2014 年 6 月世界银行研讨会的一部分而编制的，目的是通过一个实际案例说明本章提出的概念。在概念设计阶段，该项目预计不会被建造。

绿色三角区位于天津市中心，这里的绿地被北部的住宅区、东部的混合用途地区和南部的商业中心所包围。该地区规划有两条地铁线和一条快速公交线。项目占地 1.6hm^2，允许最大容积率为 4.1，建筑密度为 60%。

绿色三角区的愿景是将新的建筑空间与绿色空间相结合（图 4.18）。该区域将具有高度的渗透性，相当于在一个中等规模的街区设有六个出入口，都通向一个内部公共空间，行人可以在那里实现汇合与会面。一个花园屋顶将连接不

a）从上面看

b）从东南方向看

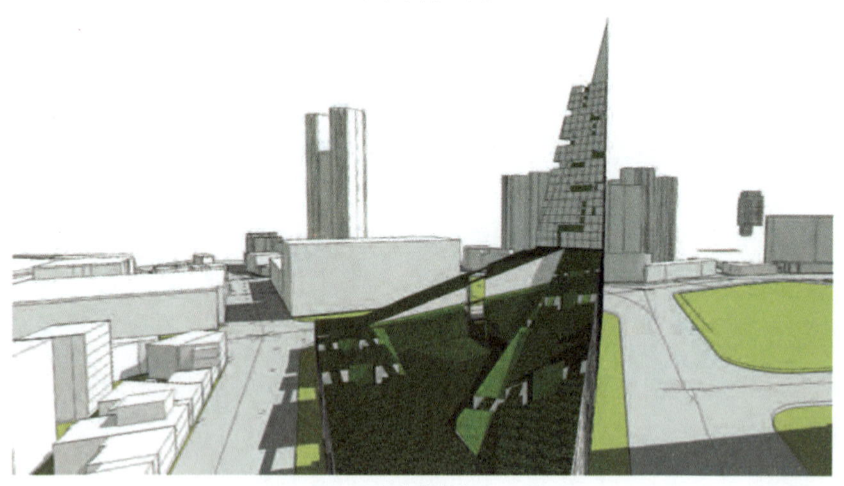

c）从北边看

图 4.18 天津绿色三角区的建筑师草图

资料来源：世界银行。Serge Salat，建筑师，代表世界银行。

同的楼层。花园屋顶和内部的绿色三角广场重新创造了与原址相同数量的绿色空间。

“绿色三角区项目”的独特组合，包括一条高架花园长廊、一个绿色露天剧场和一个绿色三角广场，这将为在整个城市范围内创造一个参考点提供机会：一种将移动空间（公共交通站点）和人的场所（街道、绿色屋顶、绿色露天剧场和封闭广场、尖锐的三角塔）联系起来的城市体验，成为 21 世纪绿色天津的一个标志。该项目将避免孤立的建筑、主干道和其他无联系的无生命物体，而是通过场所营造和多元体验将人们连接起来，在一个结构化的场所中进行复杂的移动秩序组织，人们在这里进行各种各样的活动。

该项目通过在不同层面上连接室内和室外以支持社会交往结构。它将在各类公共空间之间提供流动的、温和的过渡。它的物质结构将反映和支持所期望的社会交往结构，鼓励创新和创造力，并有助于创造高场所价值。

天津“绿色三角区”项目的概念设计体现了创造高场所价值的八项城市设计品质。

1）场所精神。项目的三角形图案吸引了人们的注意力，并形成了一种持久的印记。三角形的地标塔通过它的独特性和区位与周围环境及整个城市的关系创造了一个强烈的形象。它是一个视觉终止点、一个定位点，也是城市环境中的一个对比点。

2）围合感：建筑、墙壁和街道界定了“绿色广场”。垂直元素的高度与它们之间空间的宽度成正比，这使得广场具有房间般的品质。建筑物是室外三角形房间的“墙”，广场是“地板”，而天空是看不见的“天花板”。

3）人本尺度。绿色三角形物质元素的大小、质地和衔接与人的大小和比例相匹配，并与人们的行走速度相一致。大小适中的建筑和一系列的小空间创造了一个亲密的环境。绿色广场在 100m 范围内，使人们能够看到所发生的一切。

4）空间层次感。绿色广场的许多出入口有助于感知街道以外的人类活动，并促进室内和室外的互动。天津“绿色三角区”项目在时间和空间上集合了人和功能。它是整合、邀请和开放，而不是封闭活动。

5）丰富性。该项目提供了复杂的步行通道，划分成几个阶段，沿着绿色广场的边缘在不同的层面上行走。在空间边缘的移动使人们有可能同时体验到大空间和建筑外立面，或者是人们行走时空间边界的小细节。

6）连贯性。该项目显示了高级别的形态和几何一致性，因为城市街区被雕刻成较小的组成部分，遵循一套协调原则。

7）可辨识性。项目的空间结构通过作为参考点的物理元素提供了一种方向感和相对位置。绿色三角区提高了城市景观的清晰度，使其各部分易于被识别并组织成一个连贯的模式。

8）连接性。天津“绿色三角区”通过高架桥梁和连续的建筑长廊紧密联系在一起，并在几个层面上展开（图 4.18c）。该街区被由开口分隔的建筑分隔开来，并由连续的高架花园及长廊连接起来。这些绿色的连接将人们和事件联系起来。

4.3 城市设计案例：创造更高的场所价值

本节介绍了三个案例研究（两个来自瑞典，一个来自新加坡）。这三个案例都通过增加连接性和高质量的城市设计来促进绿色发展。

4.3.1 高品质、生态友好的城市设计与公共交通连接：瑞典哈玛比 – 斯约斯塔德

斯德哥尔摩的哈玛比 – 斯约斯塔德实施了一种地区的综合规划方法，其中包括可持续资源利用、生态设计和低碳交通（图 4.19）。它的成功可以归功于塑造面向未来发展规划的有力的生态环境目标，其中包括土地使用、交通、建筑材料、能源、水和污水。

该区占地 160hm^2，建在哈玛比湖南侧的一个旧工业和港口棕色用地，位于斯德哥尔摩市中心以南 3km 处。以人的场所为角度设计的灵活的小街区网格包含了公共绿地和街道。

哈玛比 – 斯约斯塔德是将一个破旧的工业区改造成一个现代的、环境可持续的、具有良好的公共交通连接和高质量的城市设计的混合用途地区的典范，它体现了上一节所述的八项城市品质。这个工业滨水区的再开发利用了场所和节点价值增加的驱动力，提高了市场潜在价值。

该地块的更新规划于 1996 年开始，目标是建立一个可持续发展的社区，其能源和资源效率是一般社区的两倍。哈玛比模式（图 4.20）是一个独特的生态循环系统，将该地区的住宅、办公和其他建筑的能源、固体废物、水和废水进

图 4.19　瑞典哈玛比 – 斯约斯塔德不同层次的用水情况

资料来源：Francoise Labbé。经 Francoise Labbé 许可使用。重新使用需要进一步许可。

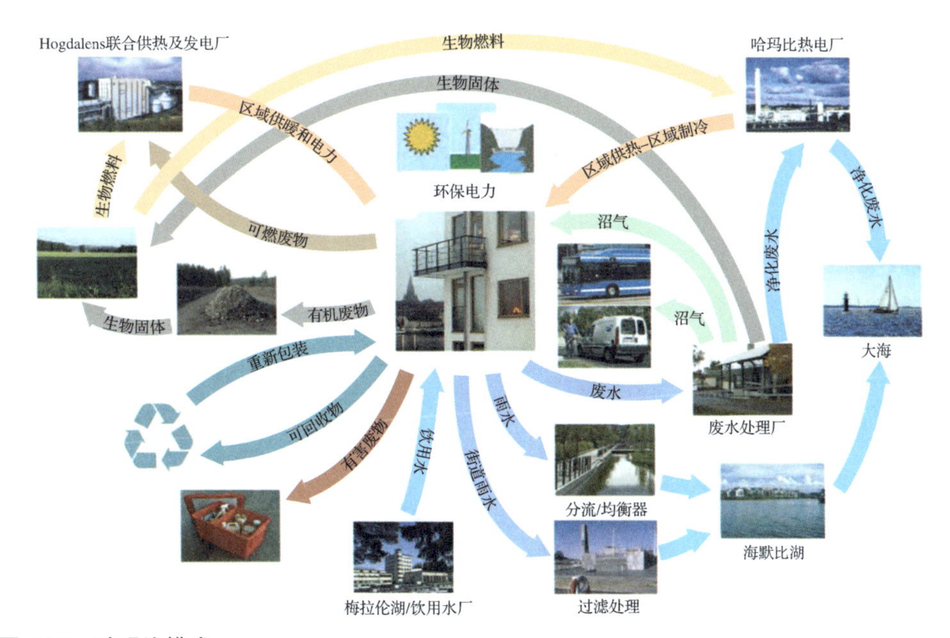

图 4.20　哈玛比模式

资料来源：斯德哥尔摩市，2011 年。经斯德哥尔摩市许可使用。重新使用需要进一步许可。

行综合再利用。这是该区在平衡“闭环城市新陈代谢”方面的尝试。城市新陈代谢是一个促进描述和分析城市内物质和能量流动的模型。它为研究人员提供了一个框架来研究特定区域内自然和人类系统的相互作用。在循环代谢中，几乎没有废物，几乎所有的东西都被重新使用（Wachsmuth，2012）。

城市尺度的密度、多种公共交通方式的可达性、减少对小汽车通勤的重视、加强对现有自然系统的保护和恢复，以及先进的建筑和住房政策，使哈玛比－斯约斯塔德成为综合规划的有效示范。通过城市在土地收购方面的深谋远虑，规划部门能够有效地协调交通、土地使用和开发建设。

1. 交通和土地使用整合规划

哈玛比－斯约斯塔德有三个交通目标。

- 80% 的居民和就业者的出行将采用公共交通、自行车或步行方式。
- 至少 15% 的家庭将拥有汽车共享会员资格，至少 5% 的工作场所将拥有汽车共享会员资格。
- 全部重型车辆运输将满足环境保护的要求（Fränne，2007）。

该地区的规划师认识到了交通和土地使用整合规划的重要性。因此，该区的扩张得到了交通投资的补充，包括增加公共汽车服务、自行车道、人行桥、渡轮服务以及有轨电车线路的延伸。

哈玛比－斯约斯塔德的设计是为了整合交通、便利公共服务设施和公共空间。该区的骨干通道是一条 37.5m 宽的大道和连接关键的交通节点和公共交通走廊，为活动和商业创造一个自然的焦点（Foletta，2011）。哈玛比－斯约斯塔德的有轨电车线路是作为通往斯德哥尔摩南部的主要通勤交通方式而建造的。地下停车场和低停车率意味着汽车不会主导城市景观。

2. 规划过程

规划的第一步是制定总体规划战略，由建筑师 Jan Inghe-Hagström 牵头，斯德哥尔摩城市规划局组织开展。该规划范围计划被分为 12 个子街区，目前正分阶段进行开发。一个被称为“平行草案”的程序被使用，在这个程序中，城市选择三到四个私人部门的建筑师 / 规划师来为一个子街区起草详细的规划建议。市政府对每个草案进行评估，并将最好的功能结合起来，形成一个总体规划。然后，城市规划和设计团队与开发商和建筑师合作，为每个子街区准备一个城市设计导则。这个城市设计导则被纳入到开发商和城市之间的开发协议中。城市设计导则通过地方当局的行政程序，以获得规划许可；该规范提供了每个街区的布局、形式和结构的概述，包括主要的地标建筑、公共空间和步行路线。

为了提供建筑的多样性，并通过竞争激发更高的设计标准，一个由开发商和建筑师组成的联合体被邀请按照城市设计导则开发每个地块或子街区的单个建筑。超过 60 个开发商和 30 个建筑师被邀请参与到规划过程中（Foletta，2011）。这种参与性帮助该项目在一个连贯的总体规划中实现了高度的多样性和丰富性。

3. 八项设计原则的应用

通过对斯德哥尔摩的城市形态、尺寸和比例的巧妙运用，在哈玛比－斯约斯塔德创造了场所精神。斯德哥尔摩的各种城市组织有助于指导城市设计。虽然哈玛比－斯约斯塔德位于斯德哥尔摩的中心之外，但规划设计有意采用城市而非郊区的方式，并遵循了斯德哥尔摩中心城区的城市肌理类型（图 4.21），有 4 种景观和 5 种公共滨水区，12 种不同类型的城市组织和同样多的街道轮廓（Assche 和 Meeus，2000）。斯德哥尔摩的传统城市结构与一种新的建筑风格相结合，这种风格重新响应了哈玛比－斯约斯塔德的滨水环境，促进了当代最好的可持续发展技术，并遵循现代化原则，最大限度地增加光线和水面及绿色空间的视野。

各种内部空间的围合感与开放性以及多种水环境和人行通道的联系巧妙地结合在一起。外立面形成了一个锥形的、复杂的、不规则的行人区域的围合，

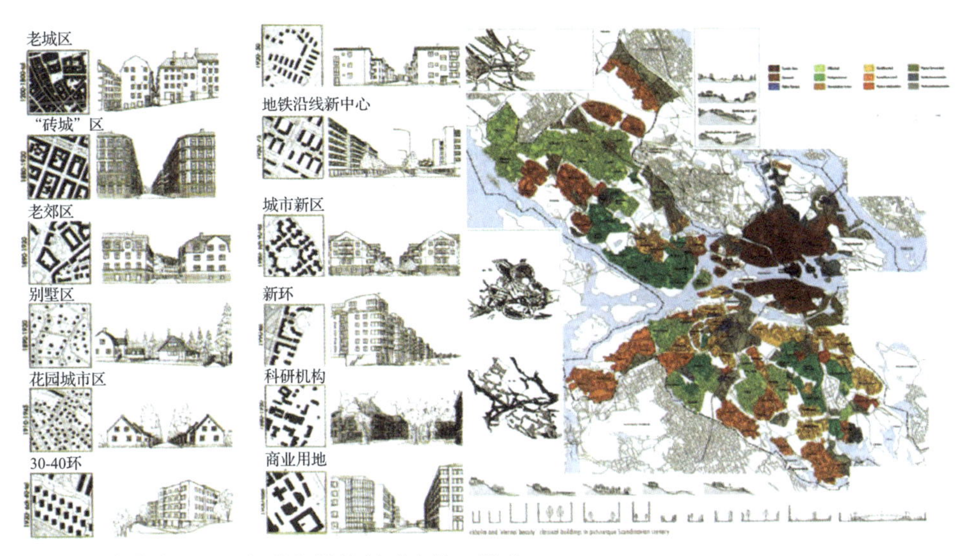

图 4.21　瑞典哈玛比－斯约斯塔德的城市街区模式

资料来源：Assche 和 Meeus，2000。经 van Assche 许可使用。重新使用需要进一步许可。

给人以节奏感、多样性和多样化的行人体验。桥梁的曲线给步行者的旅程带来了节奏感。

人本尺度是城市形态学（形态与结构）创造的，采用城市街区模式和中心城区的尺度。该区被规划为密集的住区结构，在一个紧凑的邻里之间有四到五层的建筑，并辅以宽敞的绿色庭院。该设计在街道宽度（18m）、街区大小（70m×100m）、密度和土地使用方面遵循斯德哥尔摩中心城区的标准。城市的街道维度、街区大小、建筑高度和密度混合与开放性、滨水景观、公园和阳光相结合。这种设计允许有遮风挡雨和阳光充足的内院，有充分的可能性和激励措施来开发友好的出入口和公共庭院绿地，并促进微型花园和小温室的小规模种植。

通过有限的建筑深度、内凹的顶层公寓、大阳台和露台以及面向水面的落地窗，确保了空间的层次感。大多数阳台都可以看到街道、滨水步道和开放空间。许多公寓也有一个半开放的街区形式，提供通往住宅区庭院的开放通道。

丰富性、连贯性和可辨识性是由规划过程创造的。一个总体规划是由多个子街区规划组合而成的，规划的实施促进了遵循城市设计导则的多样化设计。

这其中关键的组织原则是开发规模的多样性。开发规模从沿锡克拉运河的四至 五层建筑和沿主要走廊的六至八层建筑不等。面向水面的高层建筑采用了经典的城市风格，与大型设施和大型开放水域相得益彰。大型的、多功能建筑沿大道而建，小规模的背街小巷和庭院式住宅建在码头和公园步行道之间。运河沿岸的环境更加亲切和小尺度，开发规模逐渐向岸边递减（图 4.19）。

连接通过多种方式保证。水环境增加了附近的重要联系。主要的非道路连接创造了与建筑间距和高度相关的巨型开放区域。一个连接了公园、绿地空间和人行道组成的网络贯穿该区，为密集的城市景观提供了平衡。一条繁忙道路上的两座宽阔的桥梁已经被植被覆盖。这两座桥既是连接的纽带，也是通往自然的捷径，重新为城市外的自然服务。

4. 加强社区的社交生活

混合用途的开发创造了一个完整和平衡的社区。这个占地 200hm^2 的地区有大约 20000 人（9000 个住房单元）和 10000 个工作岗位（200000m^2 的商业空间），提供了广泛的教育、文化和娱乐项目。它平衡了私人和公共空间，确保优先考虑对社区有益的东西。高密度的生活通过促进社会互动和文化丰富的项目发展，以形成更大的社区认同感。家庭生活是哈玛比成功的关键，它为家庭提供高质量的住房和社区设施，包括学校、社区中心和教堂。

5. 开发过程和市场潜在价值

斯德哥尔摩市与 25 家建筑公司联手建设该地区，承担了当地 80% 的成本。其他资金来自两个政府机构：瑞典铁路管理局（铁路运输）和瑞典公路管理局（南环路的路线）。

几个关键特征确保了高效的开发实施，使其在规划和市场力量之间取得了良好的平衡（Leen.d）。整个场地由一个业主拥有，确保该规划可以有序地实施。它是基于一个反映长期愿景的总体规划。基础设施的主要公共资金是关键，电力、水和回收设施都提前建设。每个开发区域都被交给开发商和建筑师，他们提出了解决方案。在总体规划的范围内，不同的区域由不同的开发商交付，创造了多样性。要求开发商按每平方米的开发量来支付每块土地的费用，这使人们更加关注设计和质量。总体规划设想了一个非住宅用途的组合，但未做硬性约束。在某些关键的临街地区，底层区域必须是活跃的（比如包括商店在内），但对终端用户来说是灵活的。市场最终决定了什么是可行的。

哈玛比 – 斯约斯塔德现在是一个中产阶级的郊区，具有很强的住房价值（自第一部分建成后增加了四到五倍）。它还包括经济适用房、公共租赁房、私人租赁房和私人拥有的房产。

6. 汲取的经验教训

以提高连通性、高质量设计和强有力的环境目标为基础的综合规划方法，可以帮助塑造新的发展，并在破败的工业区创造市场潜力。这些原则应尽早采用，以便在规划过程中尽早将其纳入基础设施的每个部分。要实现街区的一致性、高度的丰富性和多样性，需要一个包括所有利益相关者的参与过程，以及对可能方案和规划的潜在结果的比选讨论。

4.3.2　TOD 与绿色增长：瑞典马尔默

和哈玛比一样，马尔默的 Bo01 区也是建立在旧工业区和港口，那里的地面曾被污染（图 4.22）。这个占地 $18hm^2$ 的开发项目代表了马尔默增长区之一西港 $160hm^2$ 的工业区和港口改造的第一步。密度为每公顷 122 人，但超过一半的开发区域用于开放空间，使 Bo01 成为一个城市住区的案例，并不会因为

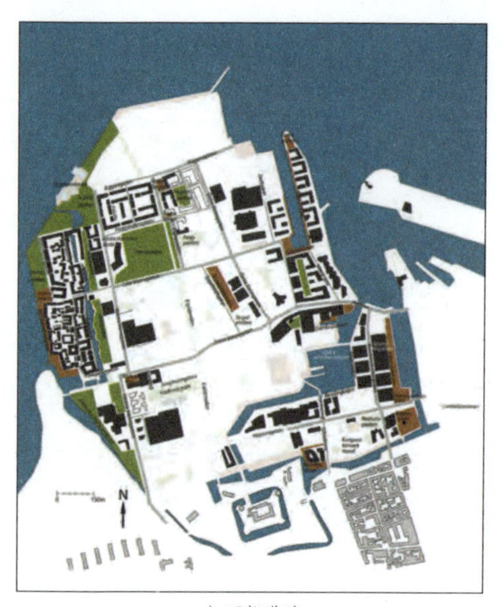

a）西部港湾

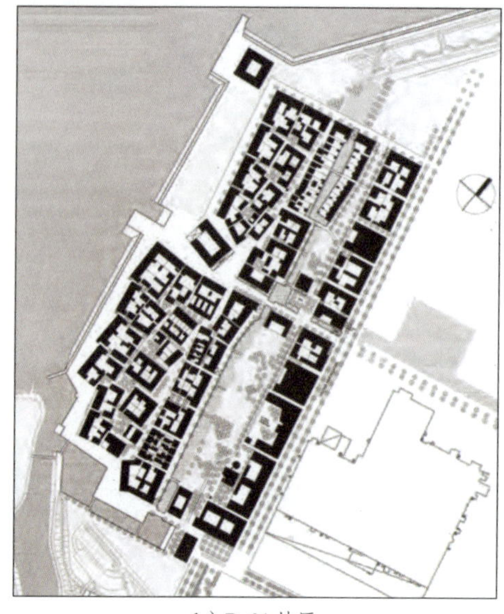

b）Bo01 地区

图 4.22　马尔默的结构规划

资料来源：马尔默市规划局。经马尔默市规划局许可使用。重新使用需要进一步许可。

密度而降低生活质量。

Bo01 是西港正在建设的启动区（2001 年为 Bo01 住房展览揭幕），它将公共交通导向型发展（TOD）的特征与绿色增长相结合。通过对能源、水和废物系统的全面规划使其显著改善，特别是在能源生产（所有这些都来自可再生资源）和固体废物管理方面。

Bo01 居民被鼓励使用环境友好的交通方式。该地区设置为无车区。该地区有专门用于行人和自行车且服务良好的道路。8km 多的自行车道从 Bo01 延伸到西部港湾。Bo01 的所有居民都居住在公交车站 450m 范围内，公交车每 7min 一班（马尔默市，2006）。

马尔默有超过 460km 的自行车道。40% 的通学或通勤出行是骑行，全部出行的 30% 是骑行（Reepalu，2013）。

1. 八项设计原则的应用

优秀的城市设计品质是通过一个创新的参与式规划过程实现的，在这个过程中，城市通过所有权、目标制定和规划，以及在利益相关者的参与下发挥了管控作用。市政府聘请了著名的建筑师和规划师 Klas Tham 为 Bo01 的规划和设计打下基础，并担任主要设计师和总监。Tham 将项目的技术目标与对社会环境的关心和提升发展的美学品质相平衡（Austin，2013）。据 Tham 说，该规划也被我们的雄心壮志所塑造：提供一个足够强大的城市结构，以满足不确定的未来需求（城市街区的网络结构和公私空间之间的清晰边界），为城市的本质、不同的人群和文化之间的相遇提供条件，逐步实现（小尺度的财产分割计划，随不同的住宅环境变化），可以让汽车穿过，但是在以保障行人为前提的条件下，提供一种城市环境保障，还提供丰富的信息、神秘、惊喜和许多独特和有希望的城市空间。在庄重和私密之间形成一种戏剧性的张力，以提供丰富的、各种形式的植被，从个人花园到贯穿该地区内部遮蔽的、树木茂密的公共运河公园。规划就是这样塑造空间的。网格被风吹得变形，除此之外，就像一张被晾晒的渔网。而且，作为一个结果，它实际上已经变得更加合理、更有价值，可以在其中生产、居住和漫步。（McCollumn.d.）

通过“创造性对话”实现了强调政府、设计师和开发商合作的创新规划方法，以便在时间限制下能够完成的工作达成共识。《质量计划》（1999 年）是主要的成果文件，概述了建筑、景观、能源、水、废弃物管理和生物多样性的最低标准。强调绿色空间，进一步加强了总体规划要求，并产生了多样性和有效的景观（马尔默市，2002）。对话促进了合作和创新的氛围。为该项目所选的 20 个开发商在出售任何地块前都承诺了材料、技术、环境和建筑质量措施。尽管这个过程很耗时，但开发商提交给城市的规划很快就得到了批准（Austin，2013）。

根据《质量计划》（1999 年），在 Bo01 中创造的场所精神是通过“感觉、情感和精神等不可量化的人文设计”和“突出场所精神——场所的独特性和品质——天空、海洋、风、地面及其形象性”实现的。根据 Klas Tham 的说法，该规划是由场地的庄重（海洋、广阔的天空、地平线、日落）、非常强烈的西风以及该区林荫道的宽广网格雕塑而成的。这确保了宏大规模的秩序和共鸣，同时也为在大广场内部发现一个繁华的、不那么具体的世界提供了空间（McCollum n.d.）。

水被纳入公园轴线，并在各类广场、街道和小巷中作为风格化的雨水流线。它创造了自然的限制，并构造了人们的移动。桥梁、运河和庭院通过水的景色来组织旅程。Turning Torso 塔（见图 4.1）作为一个地标，形成了场所的识别感。

各种半公共庭院和小广场的围合，由公园和街道等绿色空间连接起来，提供了活力、光线、出行空间和休憩空间。

人本尺度和人与环境的互动是《质量计划》（1999）的基本因素。

所有的设计和所有的规划提供的出发点是人们的需求，而不是其他需求，例如，机动车交通或技术的需求。一个地区需要的价值是无法用传统的方式来衡量的：视觉和声音的印象、绿色和水的体验、带有人本尺度的街道空间，以及对周围环境潜意识的理解、解释和体验，与我们的生物起源积极互动，即便在城市这个独特的人造环境中。

略多于一半的区域是开放空间；许多社交空间被设计在一个多样化的景观中，为人们创造广泛的体验。绿地和水环境的可达、自然光的运用，以及各种视觉印象创造了一种幸福感（图 4.23）。

空间层次感是由向外开放的中间透明构件来保证的，如门廊和阳台，以确保公共和私人区域之间的过渡。公共空间不是被设计成一个与私人空间相对立的同质实体，而是被设计成一系列中间的半私人和半公共界面。

丰富性在《质量计划》（1999）中被定义为“丰富的信息、神秘感、惊喜、

图 4.23 瑞典马尔默 Bo01 社区的水景整合

资料来源：Francoise Labbé。经 Francoise Labbé 许可使用。重新使用需要进一步许可。

迷失的可能性和意外的发现”。它是由不规则的街道及其丰富的相互联系，视觉多样性，模式、开放空间和建筑的多样性所创造的。

Bo01 计划制定了移动和停止相结合的韵律。它是为步行者和骑行者的慢节奏而设计的。网格的变化使内部区域免受天气的影响，使该区得到缓冲。不可预测的建筑朝向和布局创造了一个动态的特征，在一个步行环境中充满了令人惊讶的空间和景观。

多样性是该地区的特点。26 家建筑公司设计了这些房屋，每家公司都有广泛的表达自由。20 家开发商建造了不同规模和所有权类型的房屋和公寓。Bo01 创造了一个具有多样性、细节性和差异性的社区，而这些都是建筑师、景观建筑师和开发商较少参与的总体规划类型社区无法做到的。

该项目在公园设计中也显示出多样性和差异性。斯堪尼亚门户（Scaniatorget）包括蚀刻的小路，能使雨水流向大海，其简洁和克制让人联想到禅宗花园。与典型的海滨公园相比，铁锚公园具有坚硬的保护性边缘，与西部景观（达尼亚公园、斯堪尼亚门户、长廊和斯堪尼亚公园）的戏剧性景观和规模相比，铁锚公园提供了更多的细节和内敛的特征。

高度多样性中的连贯性是由详细开发计划中强有力的总体秩序把控来保证的，“不同的区域，被认为是公共和私人、半私人和私人、私人和私人之间的明确界限”（Bo01，马尔默市和开发商代表，1999）。建筑设计与公共空间的结构融为一体，并对其提供支持。俯瞰码头、公园和主要街道的外墙设计宣告了这些建筑是非常重要的城市空间的墙壁。街区周边的高大房屋形成了一个围绕着小规模和绿色内部空间的避风港。

在 Bo01 中，可辨识性被定义为“部分和整体住宅、街区、街道、广场、公园、邻里之间强烈的内在认同；结构、形式和功能的可理解性，有利于当地居民的参与”（Bo01，马尔默市和开发商代表，1999）。城市边缘确保了这种可理解性（图 4.24）。该社区有一个清晰的界限，大海形成了一个自然边界。

连接是在许多尺度上发展的。它既是正式的也是非正式的，包括街道、人行道、小巷、广场和水岸的组合。正如《质量计划》（1999）中所说，该计划“为亲近和探索该区提供了许多不同的机会。一个穿过不同的、精心平衡的公共空间的轴线网络将为许多不同的方向和体验选择提供机会。”。一条中轴线由城市城堡向大海延伸。这条绿树成荫的大道是西部码头的象征性主入口；它在

图 4.24　瑞典马尔默 Bo01 社区的可辨识性

资料来源：Francoise Labbé。经 Francoise Labbé 许可使用。重新使用需要进一步许可。

城堡和大海之间创造了视觉接触。在这条轴线的直角处，一条运河和街道通道将 Wihlborg 地区的码头与 Bo01 范围内的新住房联系起来。这个交叉点连接并衔接了四个具有不同特点和内容的城市象限。

另一层连接是各种非正式的路径，人们可以在那里散步和骑行。它们以丰富的人行连接网络来补充街区的街道模式。这些不同的内部开放空间的使用促进了许多社交互动，对创造整个地区的特色具有重要意义。

2. 汲取的经验教训

富有远见的规划师对可持续发展的整体定义带来了与高水平的技术性能相匹配的美学和社交机遇。该项目通过提供直接的开放空间、可步行的社区和社交互动的机会来支持身体和心理健康。城市环境提供了自然的交汇点，以及居住活动、学校和绿地的均衡组合，创造了一个充满活力的社区，满足了人们对美、尺度、自然、水和安全的需求。

4.3.3　高节点、场所和市场价值的正向反馈循环：新加坡滨海湾

新加坡希望成为一个全球金融中心经济体，这意味着它需要建设新的、高质量的商业空间[2]。中央商务区需要城市更新和“呼吸空间”（CBRE，2012）。

滨海湾成为新的增长区（图 4.25）。在 20 世纪 70 年代和 80 年代，为了迎接市中心的发展，这个占地 360hm^2 的区域开展填海造陆。该地区的全面发展预计将使新加坡的办公面积翻一番以上，达到 480万m^2。

图 4.25　从东方看新加坡滨海湾天际线

资料来源：陈思源。GNU 免费文档。

1. 高节点价值

滨海湾被规划为一个充满活力的混合用途区，在可持续发展战略的基础上可进行全天候的活动。到 2018 年，该地区将有四条大运量公共交通线路和九座地铁站；滨海湾的所有地点最终都将在一个公共交通节点的 5min 步行范围内。新加坡城市重建局预计，为该区服务的丰富多样的公共交通线路、自行车道和人行道网络将使该城市的这一地区对汽车的需求变得不再必要。这是新加坡第一个在前期就规划了专用自行车道网络的地区。一个全面的步行网络，包括阴凉的人行道、设置顶棚的人行道以及地下和地上两层的连接，将确保全天候的保护以及发展项目与公共交通站点之间的无缝连接。水上出租车也将运营。

2. 高场所价值

为了提供良好的连通性和无缝延伸，开发地块的规划基于城市网格模式，从中央商务区的现有街道网络延伸，容积率为 8~25。这个网格创造了一个灵活的框架，有一系列的地块可以合并或细分，以满足新的要求或不断变化的需求，并允许分阶段开发。

滨海湾的愿景是“海湾边的花园城市”。它是新加坡第一个举办水上活动的地方，也是一个大型活动的焦点。与滨水长廊及其环形景点和充满活力的酒吧空间一起，滨海湾花园在定义滨海湾的特征方面发挥了关键作用，它拥有枝繁叶茂的街道景观、郁郁葱葱的公园和空中花园。

滨海湾花园是一个自然公园，横跨 $101hm^2$ 的填海土地，毗邻码头水库。该公园由三个海滨花园组成，其中最大的花园面积为 $54hm^2$。它是将新加坡从“花园城市”转变为“花园中的城市”战略的一部分。其目的是通过加强城市的绿化和植物来提高生活质量。滨海湾花园包括“超级树”——25~50m 高的树状结构。这些垂直花园具有各种功能，如提供树荫、排放热空气和循环冷却水（图 4.26）。

3. 高市场潜在价值

公共部门的投资一直是滨海湾发展的关键。这种投资已经从私营部门的回报中得到了补偿。根据世邦魏理仕（2012）的估计，城市重建局从地块的销售中获得了超过 45 亿美元的收益（不包括滨海大道一号和 M+S 滨海一号开发用地的收益）。公共部门对基础设施的投资吸引了本地开发商以及来自澳大利亚、中国香港特别行政区、马来西亚和美国的开发商。据报道，英国公司占据了该项目 29% 的空间，美国公司占 19%，新加坡公司占 18%。大多数用户来自总

图 4.26　新加坡滨海湾花园“超级树”

资料来源：Serge Salat。经 Serge Salat 许可使用。重新使用需要进一步许可。

部在欧洲（51%）、亚洲（22%）和北美（20%）的跨国公司。用户包括法律、信息技术、商品、能源和保险公司以及金融服务公司。

灵活性对开发商和企业用户来说是优势。被划分为白色区域的开发用地被赋予了高度的开发灵活性。这些区域的开发商拥有自主权，可以为各种用途开发房地产，并对不断变化的市场需求做出反应。

滨海湾的建筑拥有优越的海滨位置、高端的规格和较大的楼板（一层楼的可出租面积），促进了市场平均租金的增长。在 2006 年至 2012 年期间建成的六座总面积为 51万m^2 的办公大楼中，竣工时的平均预租承诺水平为 82%；六座大楼中的四座在竣工时基本实现了 100% 的预租（世邦魏理仕，2012）。2012 年，超过 180 亿美元的投资被用于开发。世邦魏理仕表示，滨海湾看起来是新加坡有史以来最丰厚的投资之一。

4. 汲取的经验教训

新开发项目的成功建立在高节点价值、高场所价值（由海湾花园的未来主义景观创造）和高市场潜力价值的正向反馈循环之上。该项目是一个公私合营项目，由国家进行基础设施投资，并向私营部门释放开发用地。城市设计和规划目标通过对这些场地施加的条件来阐述和实现。事实上，城市重建局既是总体规划者，也是场所管理者，这确保了中央管理机构能够协调从概念到运作的基础设施发展（CBRE，2012）。

注释

1　城市肌理是城市化的物理方面，强调建筑类型、大道、开放空间、临街面和街道景观。

2　本章的这部分内容是基于新加坡城市重建局的资料。

参考文献

Alexander, C., S. Ishikawa, and M. Silverstein. 1977. *A Pattern Language: Towns, Buildings, Constructions.* Oxford: Oxford University Press.

Assche, K., and J. H. A. Meeus. 2000. “Stockholm and ‘Eternal Beauty’: Classical Buildings in Picturesque Scandinavian Scenery.” *Archis* 2: 38–50.

Austin, G. 2013. “Case Study and Sustainability Assessment of Bo01, Malmö, Sweden.” *Journal of Green Building* 8 (3): 34–0. Available at http://www.collegepublishing.us/jgb/samples/JGB_V8N3_a02_Austin.pdf

Bo01, the City of Malmö, and Developers’ Representatives. 1999. *Quality Programme: Bo01 City of Tomorrow.*

CBRE. 2012. *Marina Bay: A Garden City by the Bay. A Global Business Hub*. Available at http://www.cbre.co.jp/AssetLibrary/CBRE_Singapore_Marina_Bay_Special_Report_August_2012.pdf.

City of Malmö. 2002. Miljöredovisning för Malmö stad 2002. Malmö, Sweden. http://malmo.se/download/18.af27481124e354c8f1800012984/1383643804365/Miljöredovisning+för+Malmö+stad+2002.pdf.

——. 2006. *Västra Hamnen: The Bo01 Area. A City for People and the Environment*. http://malmo.se/download/18.7101b483110ca54a562800010420/westernharbour06.pdf

City of Stockholm. 2011. *Hammarby Sjöstad: A New City District with Emphasis on Water and Ecology.* Available at http://contemporarycity.org/wp-content/uploads/2014/04/HS-komb-eng-april-2011.pdf.

Cullen, G. 1961. *The Concise Townscape*. London: Reed Educational and Professional Publishing.

Ewing, R., and K. Bartolomew. 2013. *Pedestrian & Transit-Oriented Design*. Urban Land Institute and American Planning Association.

Foletta, N. 2011. *Hammarby Sjöstad, Stockholm, Sweden*. ITDP Europe.

Fränne, L. 2007. *Hammarby Sjöstad: A Unique Environmental Project in Stockholm*. GlashusEtt, Stockholm.

Gehl, J. 2008. *Life between Buildings: Using Public Space. Life between Buildings: Using Public Space*. London: Island Press.

Lee, N. *UK Planning: What We Can Learn from Hammarby*? NJL Consulting. Available at http://www.njlconsulting.co.uk/news-and-blogs/news/13-reasonswhy-every-planner-should-go-to-hammarby/.

Lynch, K. 1960. *The Image of the City*. Joint Center for Urban Studies, Cambridge, MA.

McCollum, A. n.d. "Bo01 City of Tomorrow. Västra Hamnen, Malmö, Sweden." http://allanmccollum.net/amcnet/bo01.html.

Reepalu, I. 2013. *Malmö: From Industrial Waste Land to Sustainable City*. Climate Action. Available at http://www. climateactionprogramme.org/climate-leader-papers/ilmar_reepalu_mayor_city_of_malmoe_sweden.

Salat, S., with F. Labbé and C. Nowacki. 2011. *Cities and Forms, on Sustainable Urbanism*. Paris: Hermann.

Salingaros, N. 2000. "Complexity and Urban Coherence." *Journal of Urban Design* 5 (3):291–317.

UN-Habitat. 2014. "A New Strategy of Sustainable Neighborhood Planning: Five Principles." Discussion Note 3. Available at http://unhabitat.org/a-new-strategyof-sustainable-neighbourhood-planning-five-principles.

第 5 章 基于更高场所价值和可达性实现市场潜在价值的提升：纽约哈德逊广场

本案例介绍了哈德逊广场的再开发，它作为曼哈顿西区发展（图 5.1）和保持曼哈顿中城高水平集聚经济综合战略的一部分[1]。本研究使用 3V 框架对该项目进行分析，测度其节点、场所和市场潜在价值，并介绍了一些溢价捕获的方法。

瑞联集团（Related Companies）和牛津房地产集团（此项目开发商）发布的一份报告阐述了 11.3hm^2 的哈德逊广场开发对纽约市经济的巨大影响（Appleseed，2016）[2]。该项目将有助于实现纽约商业办公空间的现代化，提高全球竞争力，创造就业机会，并对纽约的 GDP 和城市税收做出重大贡献（示例 5.1）。

5.1 纽约市对更多办公空间的需求

在 20 世纪 90 年代，纽约市的经济飞速发展。2001 年的规划预估，纽约市到 2020 年可以增加近 60 万个工作岗位，但前提是需要建造更多的办公空间。在规划中，这些工作岗位将越来越多地来自于“创意经济”的相关企业。在这种经济模式中，价值是由“活跃的思考而非物理上的移动”所创造的（35 人报告，2001）。

图 5.1　纽约市密集的垂直城市景观

资料来源：Francoise Labbé。经 Francoise Labbé 许可使用。重新使用需要进一步许可。

为了适应办公空间需求的增长，纽约市估计到 2020 年将需要新增约 600万m^2 的办公空间。如果没有新增空间，纽约将流失数以千计的工作机会和相关联的经济活动。如果这些工作岗位转移到新泽西和长岛，将对纽约和该地区产生很大影响，降低原本可以在曼哈顿地区形成的集聚经济效益。人们不期

示例 5.1　哈德逊广场的预期影响

目前，纽约市超过 64% 的办公场所位于至少有 50 年历史的建筑中。哈德逊广场的开发是纽约应对新增办公空间需求的最重要举措之一，以使纽约在全球市场的激烈角逐中保持竞争力（图 5.2）。哈德逊广场将为纽约市带来 100 万 m^2 的新增办公空间，这一数字超过了得克萨斯州奥斯汀市中心或加利福尼亚州圣地亚哥市中心的办公空间供应总量。

哈德逊广场开发项目一旦全面投入运营，每年将为纽约市国民生产总值贡献近 190 亿美元（基于 2018 年数据），占全市 GDP 的 2.5%。项目完成后，将每年为纽约市带来近 5 亿美元的税收。

哈德逊广场范围内的企业和建筑空间将为位于曼哈顿西区的新社区带来超过 55000 个就业机会。瑞联集团和牛津房地产集团的哈德逊广场开发项目只是更广阔的哈德逊广场地区的一部分，该地区计划可容纳 460 万 m^2 的开发，包括新的公园、办公、酒店和零售空间，以及 20000 套公寓，其中包括 5000 多套社会保障住房。预计在 13 年内，哈德逊广场每年将创造 7030 个全职工作，支付约 7.61 亿美元的工资。哈德逊广场是纽约市建筑业复苏的主要贡献力量，项目初期（2011—2014 年）约占建筑业就业总增幅的 16%。

在纽约市历史上，没有一个项目能像哈德逊广场那样对交通运输管理局（MTA）做出如此大的贡献。该项目在开发和建设期间的收入为 17.84 亿美元。竣工后，哈德逊广场预计每年将为 MTA 带来 8930 万美元的收入。

资料来源：Appleseed 2016。

图 5.2　从哈德逊河看哈德逊广场

资料来源：渲染图由 Volley 工作室提供。经瑞联牛津公司许可使用。重新使用需要进一步许可。

望出现以下负面影响：就业机会减少和竞争力下降；作为纽约城市运营预算的主要贡献力量——曼哈顿办公场所产生的税收降低；由于小汽车出行分担率提升带来的与通勤模式变化有关的环境成本。

纽约市办公用地容积率差异很大，从低于 0.25 到超过 30 不等（图 5.3）。纽约市约 60% 的办公空间集中在该市 1% 的土地面积上（$9km^2$，总面积为 $780km^2$）。居住密度低于就业岗位密度（图 5.4）。从数学规律上看，整个城市

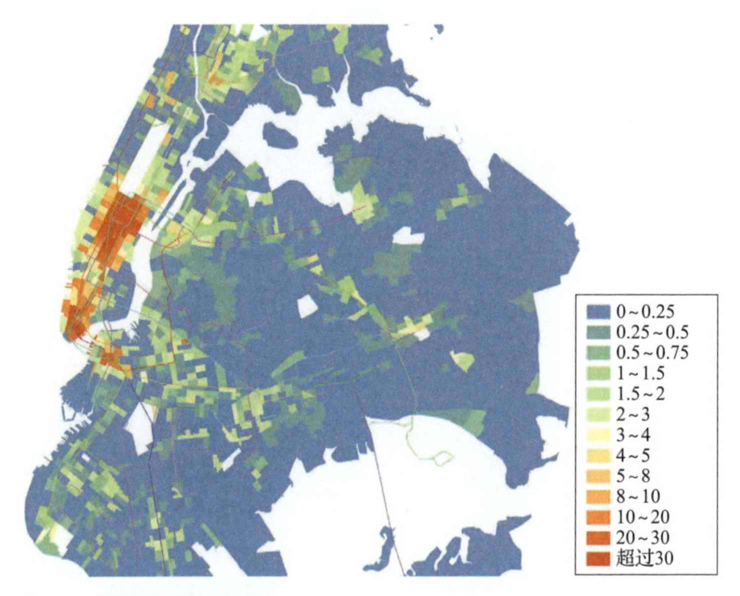

图 5.3　纽约市办公容积率

资料来源：城市形态学和复杂系统研究所。经城市形态学和复杂系统研究所许可使用。重新使用需要进一步许可。数据来自纽约市开放数据。

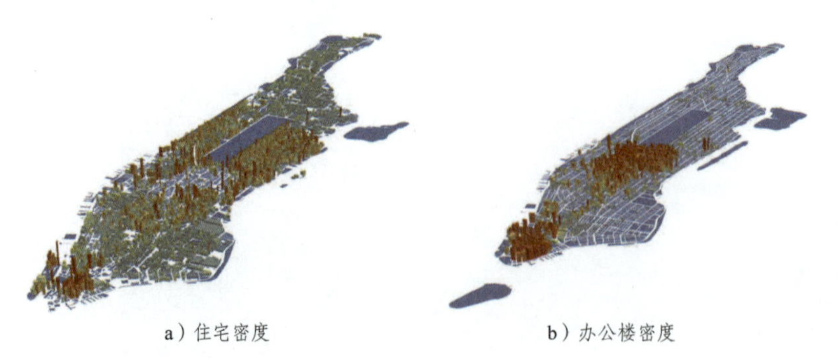

a）住宅密度　　b）办公楼密度

图 5.4　曼哈顿的住宅和办公场所密度

资料来源：城市形态学和复杂系统研究所。经城市形态学和复杂系统研究所许可使用。重新使用需要进一步许可。数据来自纽约市开放数据。

空间办公用地的容积率遵循逆幂律分布的特征，约为 −1.7 的变化梯度非常陡峭（见附录 A）。

中城和下城是纽约的经济引擎。中城的办公用地市场为 2740万m^2（占纽约市所有办公用地面积的 44%）。与下城相结合，这个市场的总面积为 3600万m^2（占纽约市办公用地总存量的 59%）。

曼哈顿的中央商务区（CBD）通过重新区划为新建办公空间提供了机会，但没有足够的空间来满足预计的需求。潜在的开发用地无法满足预计 2025 年中城 420万m^2 的办公空间需求。

为了满足这些需求，35 人小组（由美国参议员组织的小组，包括主要的开发商、土地所有者和商务官员）呼吁新建三处泛中央商务区：曼哈顿远西区、布鲁克林市中心和长岛市。经过延长的 IRT 法拉盛线将为曼哈顿远西区的新中央商务区提供服务，将该地区与奥克兰港公交车站、时代广场和中央车站连接起来。该地区的发展计划将提供至少 200万m^2 的办公空间。

对于每个地区，核心战略是创建一个“城市商业园区”作为发展的推动力。由于仅凭私营部门的努力不足以创造出新的经济增长所需的城市空间，因此每个新建中央商务区（CBD）的发展战略都提出由公共部门率先启动规划一个城市商业园区。该战略旨在解决私营部门初期对于落户在新建中央商务区意愿不高的情况，因为新区往往缺乏成熟的开发场地、设施和商业服务。

为了启动开发进程，公共部门（纽约市和纽约州）规划了三处城市商业园区，每个新建中央商务区各配置一个。城市商业园区包括以下内容：30万~50万m^2 最先进的办公设施；公园般的环境，开放空间和行人友好的街景；零售和餐饮场所、商业服务、酒店和娱乐场所等便利设施，并且可方便地获取当地文化和学术资源。

市政府和州政府合作完成了一系列的任务。在新建中央商务区明确了园区的选址方案。然后，整理开发用地（面向公共资源的不动产），必要时提供财政支持。通过适当高密度商业用途分区来划分场地。邀请开发商建造 30万~50万m^2 的新办公空间。最后，积极推广宣传开发项目，并提供财政奖励，以吸引企业进入新建发展地区。

哈德逊广场定位城市商业园区，将在中央商务区创造出一种场所感，并作为推动力促进私营部门在邻近地区的持续发展。一些公共部门的投资将在土地出售给私营开发商时回收。

5.2 新开发对高可达性场所的选址需求

几个世纪以来，纽约市一直通过重大的公共投资来刺激私人市场。1811 年的网格规划谋定了曼哈顿岛的未来发展，当时很少有人认为开发范围会扩展到休斯敦街以北。纽约市的成功部分是基于其战略性公共投资的能力，从而在未来收获高额回报。

35 人小组报告确定了纽约未来的新建中央商务区，包括远西区、布鲁克林市中心和长岛市，这些地区表明了公共交通可达性与人口、土地使用和建设开发强度之间的密切联系（示例 5.2）[3]。这些地区受益于或将受益于纽约市居民乘坐公交车 30min 内的高可达性。从布鲁克林高地出发，乘坐公共交通不到 30min 就可到达覆盖约 280 万个就业岗位的地区。通过延长地铁 7 号线，远西区将实现与曼哈顿中城更加便捷的联系，达到与其他地方相同的交通便利程度。

示例 5.2 纽约市公共交通可达性的集中化

纽约市的公共交通可达性在特定区域内高度集中，为集聚经济创造出高效的城市形态。在一个 780km^2、拥有 850 万人口的城市中，400 万个工作岗位距离公共交通站点不到 1km。曼哈顿工作岗位的高度集中和纽约市地铁基础设施的密集供应，创造了一个具有综合劳动力市场的高效城市格局：如果包含步行时间，居民在 30min 公共交通通勤出行范围内，覆盖约 135 万个工作岗位（图 5.5），就业地雇主在 30min 公共交通通勤出行范围内，覆盖约 70 万名就业人口（图 5.6）。

如果不包含步行时间，曼哈顿居民在 30min 公共交通通勤出行范围内，平均覆盖约 260 万个工作岗位，超过 75% 的通勤者选择使用公共交通；就业地雇主在 30min 公共交通通勤出行范围内，覆盖约 100 万名潜在职工的居住地。可达性最集中的地区是中城，该地区正在以更高的密度进行重新区划：居民在 30min 公共交通通勤出行范围内，平均覆盖约 330 万个就业岗位，就业地雇主在 30min 公共交通通勤出行范围内，平均覆盖约 160 万名潜在就业人口的住所。相比之下，在芝加哥（一个拥有 270 万人口的城市），居民在 30min 公共交通通勤出行范围内，平均覆盖约 53.5 万个工作岗位，28% 的通勤者选择使用公共交通；在洛杉矶（一个拥有 400 万人口的城市），居民在 30min 公共交通通勤出行范围内，覆盖约 56.7 万个工作岗位，只有不到 12% 的通勤者选择使用公共交通（CTODn.d.）。

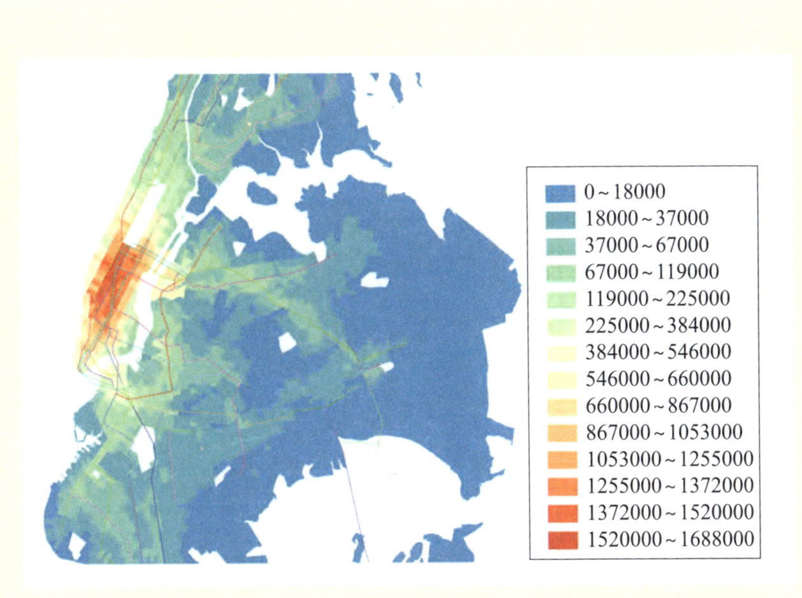

图 5.5　2015 年门到门 30min 以内公共交通可达的工作岗位规模，含步行时间

资料来源：城市形态学和复杂系统研究所。经城市形态学和复杂系统研究所许可使用。重新使用需要进一步许可。数据来自纽约市开放数据。

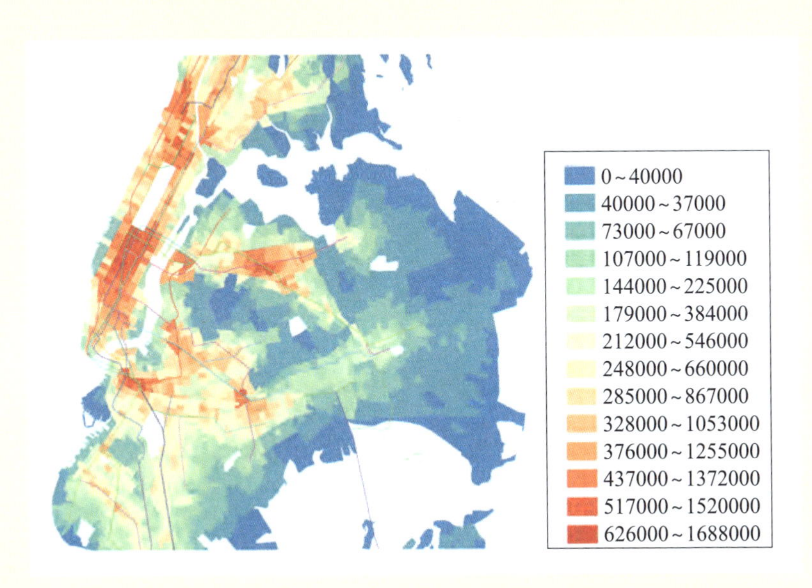

图 5.6　2015 年门到门 30min 以内公共交通可达的居住人口规模，含步行时间

资料来源：城市形态学和复杂系统研究所。经城市形态学和复杂系统研究所许可使用。重新使用需要进一步许可。数据来自纽约市开放数据。

这三个地区的选择与纽约市地铁站接近中心性的峰值相关联［网络中最容易到达的区位（见第 2 章）］（图 5.7）。哈德逊广场和布鲁克林市中心毗邻或本身就是介数中心性的峰值。这三个新建中央商务区有很高的节点价值，其中大部分是未被充分利用的。35 人小组报告的策略是提高它们的场所价值，以提升潜在市场价值。

5.3 哈德逊广场项目

曼哈顿远西区靠近中城的中央商务区，区域内劳动力的高可达性，以及大量的空置和未开发的土地，使得曼哈顿远西区成为一个创建新的中央商务区的理想地点。正如哈德逊广场总体规划的首选方向所指出的：

在哈德逊广场的规划中，预计广场地区的再开发将持续数十年（图 5.8 和

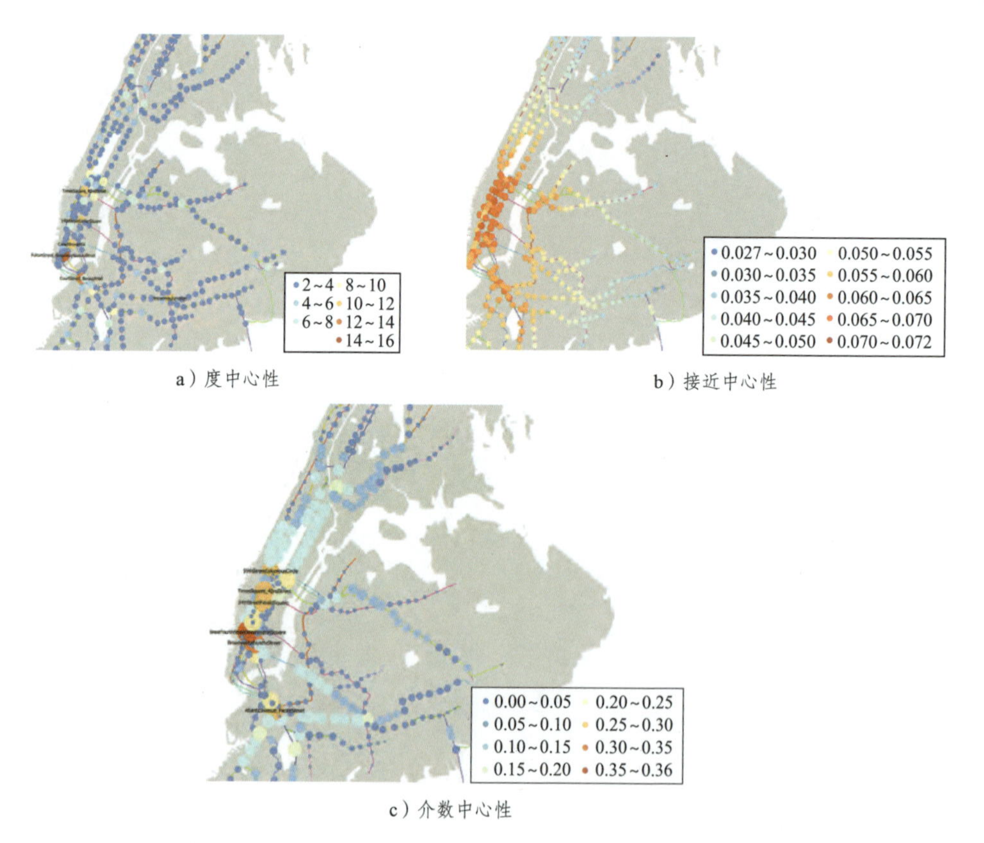

a）度中心性

b）接近中心性

c）介数中心性

图 5.7　纽约地铁站的度中心性、接近中心性和介数中心性

资料来源：城市形态学和复杂系统研究所。经城市形态学和复杂系统研究所许可使用。重新使用需要进一步许可。

图 5.9）。该地区的开发是保持本市在未来全球市场经济地位的绝佳机会之一。在计划中，通过果断的公共部门行动，如扩建公共交通，创造具有特色的开放空间，以及重塑该地区的区划，将刺激私人投资，以维持未来几代纽约人的经济社会生活。

哈德逊广场重建项目是纽约市和纽约州的一个合资项目，由交通运输管理局（MTA）管理，鼓励曼哈顿远西区沿着哈德逊河发展。该项目包括将远西区重新区划为一个新的高密度混合用途街区；延长地铁 7 号线；创造新的开放空间；翻新雅各布·贾维茨会议中心。该项目的核心是由瑞联集团和牛津不动产公司在 JohnD. Cammermayer 铁路站场（服务于长岛的通勤列车在不运行时

图 5.8　哈德逊铁路站场（西院和东院）鸟瞰图

资料来源：Related Oxford。经 Related Oxford 许可使用。重新使用需要进一步许可。

图 5.9　哈德逊广场施工场地

资料来源：Related Oxford。经 Related Oxford 许可使用。重新使用需要进一步许可。

停放）上开发一个占地 11.3hm^2 的综合房地产项目，分为东、西两个站场。站场的最初设计显示，在市场存在足够需求的情况下，可以在站场顶部建造一个平台。

为了完成占地 11.3hm^2 的哈德逊广场的开发，必须建造两个平台，以承接 30 条尚在使用中的长岛铁路轨道。两条地下铁路隧道将由美国铁路公司和新泽西运输公司使用。在哈德逊河靠近曼哈顿的一侧建造了一个隧道，以预留未来建造过河通道的可能性。已建成建筑物的地基穿过并高于平台。平台将覆盖广场大约 3/4 的东部和西部。在整个施工过程中，长岛铁路、美国铁路公司和新泽西运输公司的列车将保持运行。

东部和西部铁路站场将成为一个拥有 160万m^2 建筑面积的街区。开发区域的一半将成为开放空间。这是美国历史上最大的私人房地产开发项目，也是纽约市自 1939 年洛克菲勒中心建成以来最大的开发项目。预计在公园、公共交通和基础设施方面的额外公共投资将使其成为纽约最宜居的地区之一。

对哈德逊广场项目来说曾有一个先例：公园大道。1903 年，州议会通过了一项法律，要求铁路公司“覆盖其轨道”，以回应公众对纽约中央铁路在曼哈顿中部造成污染和市民的不满情绪。作为回应，铁路公司在从麦迪逊大道到列克星敦大道的新电气化铁轨上，在第 42 号东街和第 56 号东街之间建造了一个平台。盖板的中间建起了一条宽阔的林荫大道。它的顶端是一座宏伟的崭新火车站——纽约中央火车站（也叫中央火车总站）。在接下来的三十年里，新的酒店、办公楼和公寓沿着公园大道兴起，形成了后来世界上最大的中央商业区的核心地带。100 年后，火车仍然在公园大道下运行，16 万人在轨道上方的街区生活（纽约市规划局）。

5.3.1 增加节点价值

公共交通网络结构以及人与人的连接方式完全改变了人们对距离的感知以及商业与就业空间的认知。哈德逊广场，位于第 10 大道和第 12 大道之间，以及第 30 号西街和第 34 号西街之间，地理位置优越，靠近大都市中心区。

大都市中心区提供了与通勤铁路、地铁系统、西区高速公路、林肯隧道和哈德逊河沿岸渡轮的连接。位于附近的宾州车站是美国最繁忙的交通枢纽，在 2015 年每天承载超过 60 万新泽西运输公司、长岛铁路公司和美国铁路公司的乘客。港务局巴士站是美国最繁忙的巴士站，2015 年每天有 7200 辆巴士为 20

万乘客提供服务。巴士将该地区与区域内三个主要机场联系起来。来自纽约和新泽西部分地区的通勤者可以通过渡轮到达远西区，通过延伸计划允许哈德逊跨河渡轮服务增长为每天 60000 人次。小汽车出行者可以通过林肯隧道到达远西区（图 5.10）。

尽管地理位置优越，但是哈德逊广场在第八大道以西缺乏直接的大运量公

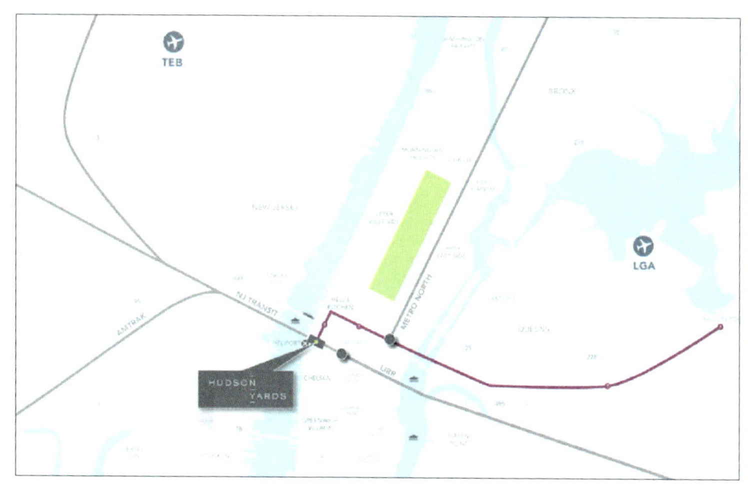

a）地区交通设施地图

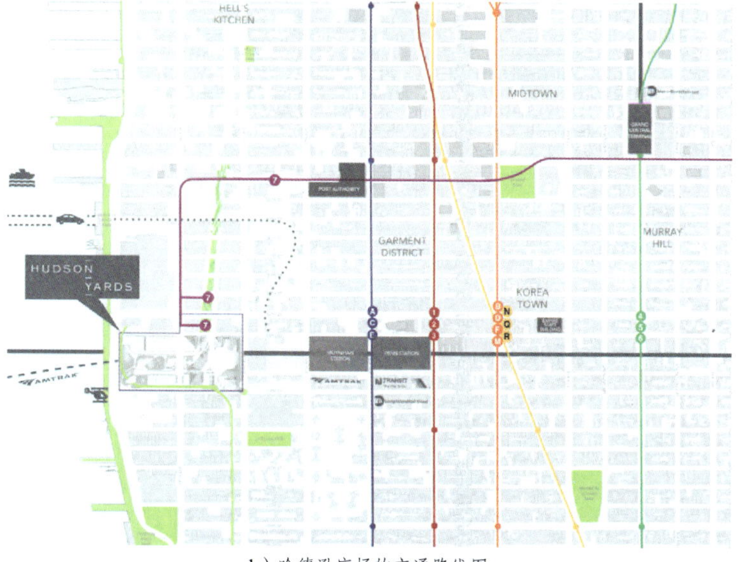

b）哈德逊广场的交通路线图

图 5.10　通往哈德逊广场的交通设施

资料来源：Related Oxford。经 Related Oxford 许可使用。重新使用需要进一步许可。

共交通连接。地区的发展战略需要通过改善关键的基础设施来解决该问题。这些改善措施包括延长地铁 7 号线以连接港务局巴士总站和中央火车站；将地铁北线引入宾州车站；缓解林肯隧道周围的交通压力；在铁路上建造平台，用于房地产开发和行人通行。在地铁 7 号线延长线终点站时代广场西侧和南侧，在第 34 号西街和第 11 大道投资 24 亿美元，增加了一座新车站（图 5.11）。

5.3.2 增加场所价值

哈德逊广场附近的众多服务设施，包括麦迪逊广场花园、贾维茨中心和百老汇剧院区，已经吸引了数百万的游客。发展战略建立在这些服务设施以及附近三个公园的基础上。

1. 三个充满活力的公园和高线公园效应

哈德逊广场场所价值的塑造主要是基于公共空间设计。该场地的一半被预留为公共开放空间（图 5.12）。

该场地直接与高线公园相连，这个高架公园很快成为纽约第二大旅游景点，成为高端房地产开发的动力，也是一个标志性的建筑项目（图 5.13 ~ 图 5.16）。

图 5.11 位于第 34 街和第 11 大道的新建 7 号地铁站

资料来源：Related Oxford。经 Related Oxford 许可使用。重新使用需要进一步许可。

图片来源：BY-ENCORE。

图 5.12　哈德逊广场的公共广场

资料来源：Related Oxford。经 Related Oxford 许可使用。重新使用需要进一步许可。

图 5.13　纽约的高线公园

资料来源：Francoise Labbé。经 Francoise Labbé 许可使用。重新使用需要进一步许可。

高线公园是一个革命性的公共空间和城市复兴项目，是由一条长期废弃的货运铁路线改造而成的种满植物的景观路，蜿蜒在曼哈顿西区。由 Diller Scofidio 与 Renfro 设计的 2.4km 长的景观路，高于街道水平面 9m，围绕着哈德逊广场，并向哈德逊河弯曲，在其北端展现出广阔的海滨景观。高线公园将原有的铁路元素与本地化的动植物相结合。原有铁路具有平坦、漫长、经常穿过历史区域的特点，对各种开发项目都具备吸引力。西区的新增长可以归功于高线公园的成功，自 2009 年 6 月开放以来，已经刺激了 20 亿美元的私人投资、

图 5.14　从高线看哈德逊广场

资料来源：Related Oxford。经 Related Oxford 许可使用。重新使用需要进一步许可。

图 5.15　从哈德逊广场到高线公园的入口处

资料来源：Related Oxford。经 Related Oxford 许可使用。重新使用需要进一步许可。
图片来源：BY-ENCORE。

12000 个新的就业机会和 29 个开发项目。

该场所将成为城市中最绿色的街区之一（图 5.17 和图 5.18），它连接到哈德逊河公园（一个 8km 长的滨水公园），提供开放空间、滨水通道以及步行和自行车道。该场所与哈德逊公园和林荫道公共公园（耗资 3000 万美元建造），

图 5.16　从高线公园看哈德逊广场和 520 W. 28 号的情况

资料来源：Related Oxford。经 Related Oxford 许可使用。重新使用需要进一步许可。
图片来源：视觉屋。

共同形成了一个公共开放空间的网络。同时，还可以方便地进入一个用于举办文化活动的六层楼建筑（Shed）和一个大型公共广场（图 5.19）。

2. 混合用途的开发

到 2024 年，当该项目完成时，每天将有 125000 人在哈德逊广场工作、参观或居住。该项目形成的社区将包括超过 160万m^2 的商业和住宅空间、5 个最先进的办公楼、约 5000 户住宅、一所 750 个学位的公立学校、一个独特的文化空间、5.6hm^2 的公共开放空间、一个有 175 个房间的豪华酒店、100 多个商店和众多餐馆（图 5.20）。

图 5.17　哈德逊广场向西看

资料来源：Related Oxford。经 Related Oxford 许可使用。重新使用需要进一步许可。

图 5.18　从 7 号地铁站向南看哈德逊广场

资料来源：Related Oxford。经 Related Oxford 许可使用。重新使用需要进一步许可。
图片来源：BY-ENCORE。

3. 智慧城市系统使开发变得互联、可靠、高效、响应迅速

瑞联集团对该地区的设计旨在为未来城市做好准备。通信系统将由光纤环

图 5.19　哈德逊广场的开放空间

资料来源：哈德逊广场网站。经 Related Oxford 许可使用。重新使用需要进一步许可。

图 5.20　尼曼·马库斯，在第十大道上

资料来源：Related Oxford。经 Related Oxford 许可使用。重新使用需要进一步许可。

路支撑，移动、蜂窝和双向无线电通信，旨在提升屋顶通信的数据速度和服务的连续性。这将允许在场地内的任何设备都能持续获得有线或无线宽带的访问能力。无论受到任何干扰，哈德逊广场都会有现场发电能力，以维持建筑、住宅和餐厅的基本运行服务。哈德逊广场的建筑通过一个微型电网实现连接，使其能够通过自己或邻近的设备进行供暖和制冷。

4.社会多样性

当地的可负担能力是纽约早期制定可转让开发权规划策略的主要关心内容，因为以往商业密集化很少注意保障当地社区的利益，这些社区将遭受成本上升和越来越难以负担的生活成本。在哈德逊广场的特定背景下，尽管哈德逊广场的市场化住宅单位预计将以每平方米 20000~35000 美元的价格出售，并且零售和商业空间也将非常昂贵，但社会多样性仍被强调为一项原则。

为提供可负担的住房，政府向开发商提供了一定的灵活性政策和开发奖励。2016 年通过抽签分配了一些可负担的租赁公寓。更多的可负担住房将会在后期实施中交付，但是前期瑞联集团主要专注于商业开发，并将其所有的房产都租给了高端租户。

5.3.3 增加市场潜在价值

1. 通过位置条件优越的未开发地区来响应市场需求

通过识别站区周围未实现的市场价值，并通过城市层面的市场需求分析来评估该站区的市场潜在价值（见第 2 章）。纽约市，特别是曼哈顿，在交通便利的地区对新增办公空间有着强烈的需求。曼哈顿也是美国住房市场最紧张的地区之一，2015 年 11 月的预计空置率为 2.87%（卡米尔，2015）。纽约市居民在就业高可达性地区高密度集聚，在 30min 内就可到达曼哈顿。根据人口普查数据，曼哈顿在 2000 年至 2014 年间增加了约 10 万居民（人口从 154 万增加到 164 万）。人们对于新住房的需求是十分巨大的，而且预计还会增长。

远西区节点价值和场所价值的提升将释放出该地区更高的市场潜力。增加哈德逊广场的连接度和创造就业机会将成为整个远西区发展的推动力。可达工作机会的数量将大大增加，甚至超出项目本身的影响范围，进一步提高人口综合密度（居住及岗位密度），增加土地及房地产的开发。

靠近曼哈顿中城的地区是远西区最引人注目的市场潜在价值资产，因为该地区可以被视为既有市场的自然扩展，为客户和中城的其他商业服务提供便利，并在弥合影响企业选址的心理障碍方面具有巨大的优势。通过对该地区的重新区划可以将这种未开发的市场潜在价值释放出来。以前的区划用于低密度的工业用途，最大容积率仅有 5，不足以鼓励商业发展的私人投资。

远西区有足够的空间来容纳一个大规模的办公区。作为曼哈顿内明显欠发达的地区，拥有 128 块未建土地和 27hm^2 的空置空间资源。在重新区划后，该地区可以容纳至少 200万m^2 的新办公区，以及其他商业、住宅和零售用途建筑。

在编制哈德逊广场总体规划时，纽约市确定了整个地区的发展愿景和优先发展启动的方向（优先方向，2003），包括适当地对密度和用途进行重新区划。这个“优先方向”将最高密度放在最能受益于地铁可达性的地区，即第 42 街和第 34 街区域以及贾维茨会议中心的对面。重新区划的策略旨在通过设定接近现有密度的水平来维持第九大道的强度水平。第九大道被中等密度的区域与高密度的区域分开（图 5.21 和图 5.22）。2009 年，广场西部被重新区划。

2. 灵活的区划和税收减免

哈德逊广场的灵活性区划主要为商业、混合用途和住宅设定了不同的容积率，以便引入灵活性并实现价值捕获。可以通过向哈德逊广场改善基金支付地区改善捐款（DIB）（每平方米约 1350 美元）、转让开发权或提供包容性住房（图 5.23）等方式，让哈德逊广场的商业或住宅项目开发商获得区划奖励，使其项目容积率得以超过区划条例规定的基本最高容积率（或“权利”）。对开发项目特定部分的包容性住房奖励要求开发项目的 10%~15% 对于中低收入家庭

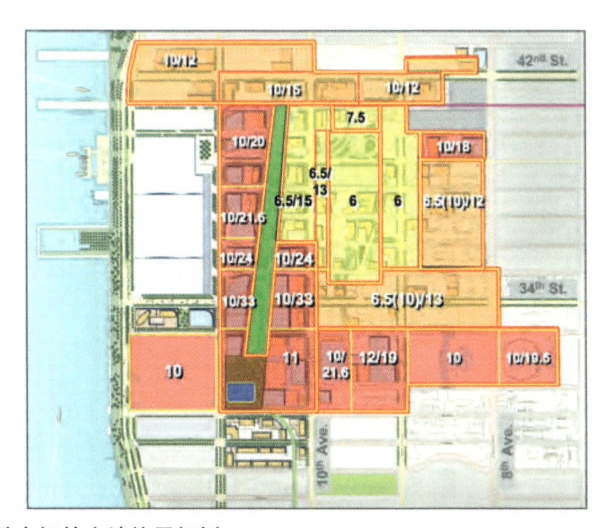

图 5.21　哈德逊广场的土地使用规划

资料来源：哈德逊广场开发公司。经哈德逊广场开发公司许可使用。重新使用需要进一步许可。

资料来源：哈德逊广场总体规划，纽约市，2003 年。

图 5.22　哈德逊广场总体规划，2016 年

资料来源：Related Oxford。经 Related Oxford 许可使用。重新使用需要进一步许可。

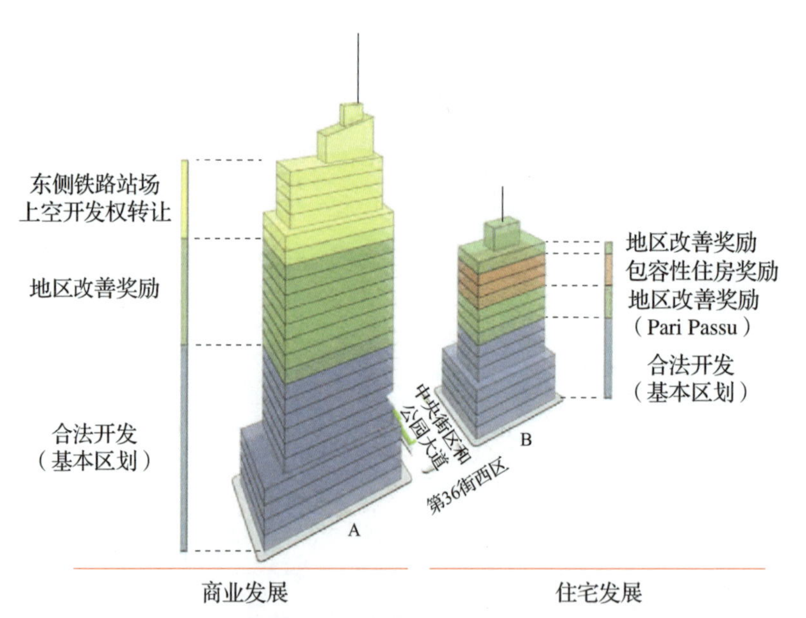

图 5.23　增加容积率的选项，以抵偿捐赠

资料来源：图片由纽约市城市规划局许可使用。所有权利保留。

是可负担的（图 5.24 ~ 图 5.26）。纽约市工业发展局（NYCIDA）的统一免税政策（UTEP）也可以作为财政奖励，对哈德逊广场地区商业开发项目的房地产税进行抵扣[4]。

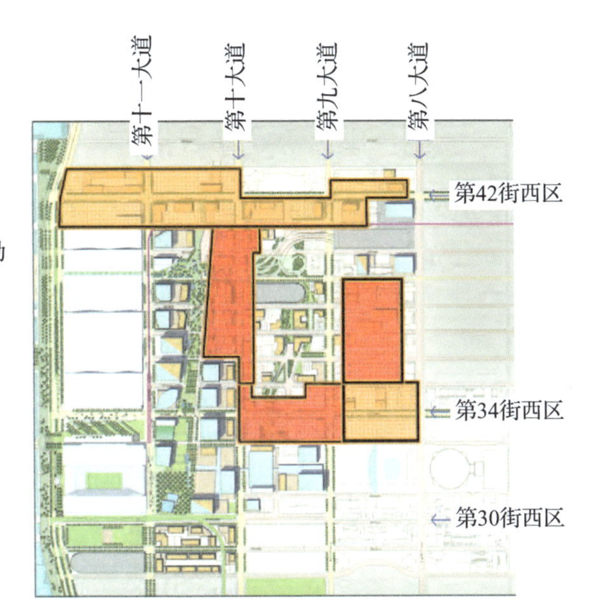

图 5.24　哈德逊广场的包容性住宅区

资料来源：图片由纽约市城市规划局许可使用。所有权利保留。

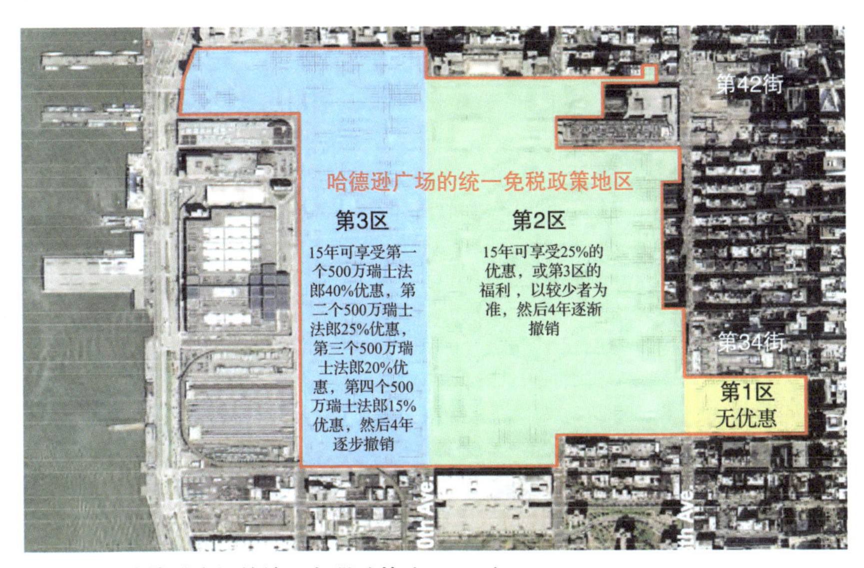

图 5.25　哈德逊广场的统一免税政策（UTEP）

资料来源：哈德逊广场开发公司。经哈德逊广场开发公司许可使用。重新使用需要进一步许可。

3. 公共空间和交通基础设施的融资结构

第一阶段基础设施建设成本最初估计为 17.63 亿美元用于 7 号地铁延长线、3.51 亿美元用于广场的东侧平台，以及 3.61 亿美元用于开放空间和街道

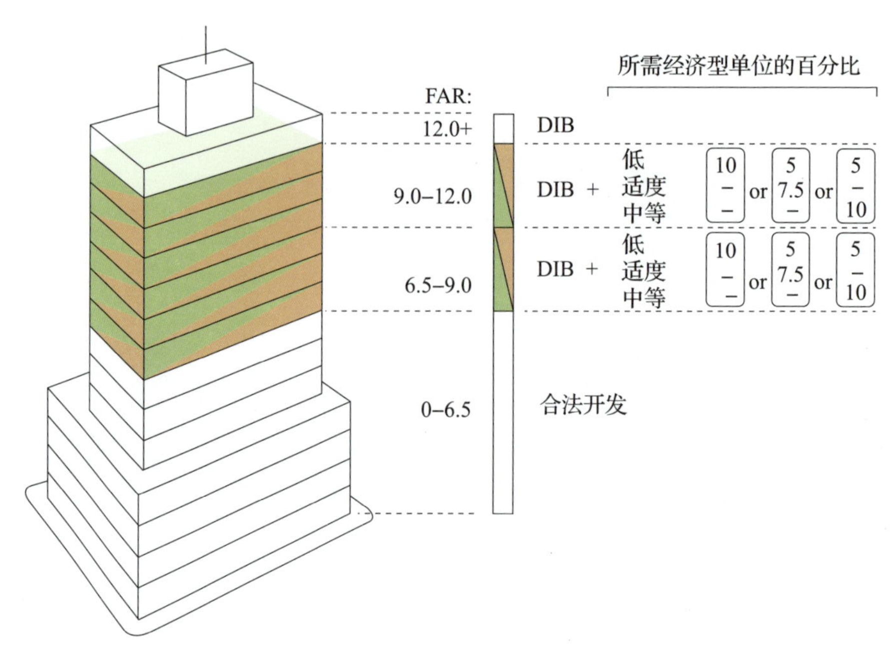

图 5.26　可负担住房百分比与容积率奖励的关系

资料来源：图片由纽约市城市规划局许可使用。所有权利保留。

（HYIC，2004）。第二阶段的成本估计为 2.5 亿美元用于 7 号地铁第 41 街站、2.71 亿美元用于街区中的林荫道和公园。这两个阶段的公共空间总成本估计为 6.32 亿美元，用于地铁线路延长的基础设施总成本估计约为 30 亿美元。新的哈德逊广场第 34 街七号线车站已于 2015 年 9 月 13 日启用。虽然在第十大道和第 41 街的新车站是最初规划的一部分，但由于成本超支，该中间站于 2007 年 10 月被取消，只留下位于第十一大道和第 34 街的终点站，成为该延长线上唯一的新建车站。

哈德逊广场投资公司（HYIC）是一家本地开发公司，于 2005 年依据纽约州非盈利公司法成立，它为特定地产收购和基础设施建设提供资金，包括 7 号地铁延长线。哈德逊广场开发公司（HYDC）是一个由城市创建的地方开发公司，负责管理和实施该项目。这两个公司有独立的财务报表。

哈德逊广场投资公司获取各种营收，包括来自私人开发商的代缴税款（PILOT）和地区改善捐款（DIB），以及来自市政府的拨款；并负责支付其债券的本金和利息，提取债券收益以支付项目成本。其收入来源包括城市的利息支持付款、私人开发商的代缴税款、项目区域内新住宅开发的财产税的等值支付、针对密度奖励的地区改善捐款（DIB）以及代替抵押贷款记录的支付（PILOMRT）。根据哈德逊广场投资公司、哈德逊广场开发公司和市政府之间的支持和发展协议，市政府同意在每年拨款的情况下，支付足够的资金，加上哈德逊广场投资公司的其他收入，以支付未偿还债券的利息（HYIC，2015）。

哈德逊广场投资公司获得了广场东部可转让开发权（TDR）50% 的收益，允许开发商建造比区划法规允许的更高容积率。哈德逊广场投资公司出售可转让开发权（TDR）所获得的收益不得超过投资金额（包括总购买价格和利息费用），可以用于支持其运营和偿还债务。

到 2006 年底，已经售出 30 亿美元的哈德逊广场债券，使该项目获得了全部所需的资金。其中，在 2011 年 10 月售出的 10 亿美元被标普和惠誉评为 A 级，被穆迪评为 A2 级。另外，2006 年 12 月售出 20 亿美元的债券，也获得了类似的评级。

2008 年，商业房地产市场崩盘。大都会运输局（MTA）在崩盘前就开始与选定的开发商进行谈判（瑞联不是第一个被选中的团队；最初是铁狮门被选中）。房地产的崩盘推迟了项目实施，这是因为开发商无法获得融资。最终，市议会不得不投票决定再支付几年的偿债费用。

新的开发将产生各种收入流，预计随着时间的推移将覆盖这些成本。该项目将在 2005 年至 2035 年期间为城市和国家带来累计 670 亿美元的增量收入（图 5.27），预计这些收入流将在很大程度上覆盖所需偿还的债务。

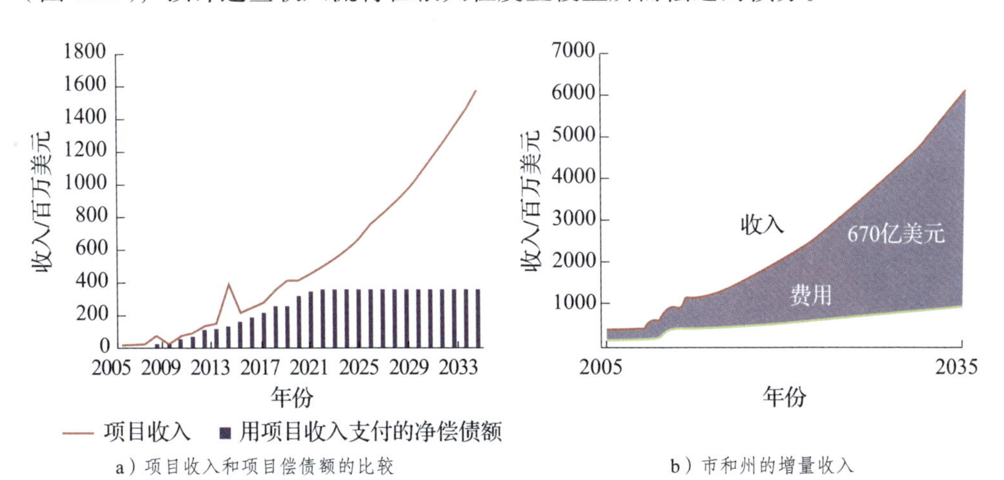

图 5.27　2005—2035 年与哈德逊广场相关的收入和偿债额

资料来源：哈德逊广场开发公司。经哈德逊广场开发公司许可使用。重新使用需要进一步许可。

注释

1 本章基于公共信息以及瑞联哈德逊广场开发商瑞联集团和牛津地产的信息。

2 该报告由 Appleseed 编写，Appleseed 是一家位于纽约市的咨询公司，为政府、非营利组织和企业客户提供经济研究和分析以及经济开发规划服务，报告显示哈德逊广场在建设期间和之后都将对纽约市和大都会运输局（MTA）的收入做出重要贡献。

3 一份关于巴黎的报告记录了某特定地点的可达人数与公司密度之间的相关性。它显示了公共交通可达性对企业选址的影响（Salatand Bourdic,2015）。一份关于伦敦的报告显示，在 45min 内乘坐公交车到达某区的人数与该区的就业密度之间存在类似的关联（GLA，2004）。

4 要了解该计划的更多信息，请参考完整的 NYCIDA 统一免税政策（见附录 F 中的哈德逊广场奖励措施）。

参考文献

Appleseed. 2016. Summary available at http://www.hudsonyardsnewyork.com/press-releases/new-report-details-substantial-economic-impact-of-hudson-yardsdevelopment/.

Carmiel, O. 2015. “Manhattan Apartment Vacancies Rise to the Highest in Nine Years.”Available at https://www.bloomberg.com/news/articles/2015-12-10/manhattanapartment-vacancies-rise-to-the-highest-in-nine-years.

Center for Transit Oriented Development. n.d. TOD database. Available at http://toddata.cnt.org.

GLA (Greater London Authority). 2004. *The Case for London.* Available at https://www.london.gov.uk/sites/default/files/gla_migrate_files_destination/archives/mayor-case_for_london-docs-cfl_submission.pdf.

Group of 35. 2001. *Preparing for the Future: A Commercial Development Strategy for New York City.* Final Report. Available at https://www.scribd.com/doc/118950748/Group–of–35–Report–June–2001.

HYIC (Hudson Yards Infrastructure Corporation). 2004. Presentation to City Planning Commission,July 12. New York. Available at: http://www1.nyc.gov/assets/planning/download/pdf/plans/hudson-yards/financing_for_cpc.pdf

New York City. 2005. Special Hudson Yards District Zoning Text Amendment, as adopted by City Council, January 2005. Available at http://www1.nyc.gov/assets/planning/download/pdf/plans/hudson-yards/zoning_text_011905.pdf.

New York City Planning Department. 2003. *Hudson Yards Master Plan Preferred Direction.*Available at http://www1.nyc.gov/assets/planning/download/pdf/plans/hudson-yards/prefdir.pdf.

Related Companies, and Oxford Property Group. 2016. “New Report Details Substantial Economic Impact of Hudson Yards Development,” May 2. Available at http://www.hudsonyardsnewyork.com/press-releases/new-report-details-substantialeconomic-impact-of-hudson-yards-development/.

Salat, S., and L. Bourdic. 2015. *L’économie spatiale du Grand Paris: Connectivité et création de valeur.* Caisse des Dépôts and Urban Morphology and Complex Systems Institute,Paris.

第 6 章

创造高节点和高场所价值：伦敦国王十字车站

本案例研究显示了节点价值和场所价值之间不平衡的动态驱动力是如何触发一个旧工业区的大规模再生，从而创造出一个新的主要经济节点。国王十字车站位于伦敦中心区，是一个混合用途的城市更新项目（图 6.1），也是一个主要的交通枢纽。该用地有一个换乘站，包括六条伦敦地铁线，两个国家火车站（国王十字车站和圣潘克拉斯车站（图 6.2），还有一条连接巴黎的国际高速铁路（HS1），是伦敦中部连通度最高的交通枢纽。该地块在高品质公共空间、本地步行连接以及混合用途开发等方面的投资引发了强烈的市场反响，提升了市场潜力。

1996 年，伦敦战略规划指南将国王十字确定为五个“中心区域边缘的关键机会”之一。该指南提出进行混合用途开发，加强车站附近的密集度和商业用途，以及对城市复兴和当地社区的支持，包括一个住房计划（其中一些是经济适用房）和社区设施。规划师呼吁保持和加强具有历史和保护意义的地区特征，以创造一个独具特色、身份和形象的社区。

在交通枢纽北部和两个火车站前的旧铁路和工业设施所在地上，有超过 27hm^2 的零碎土地和旧工业建筑区可进行城市更新（图 6.3）。更新包括修复历史建筑和建

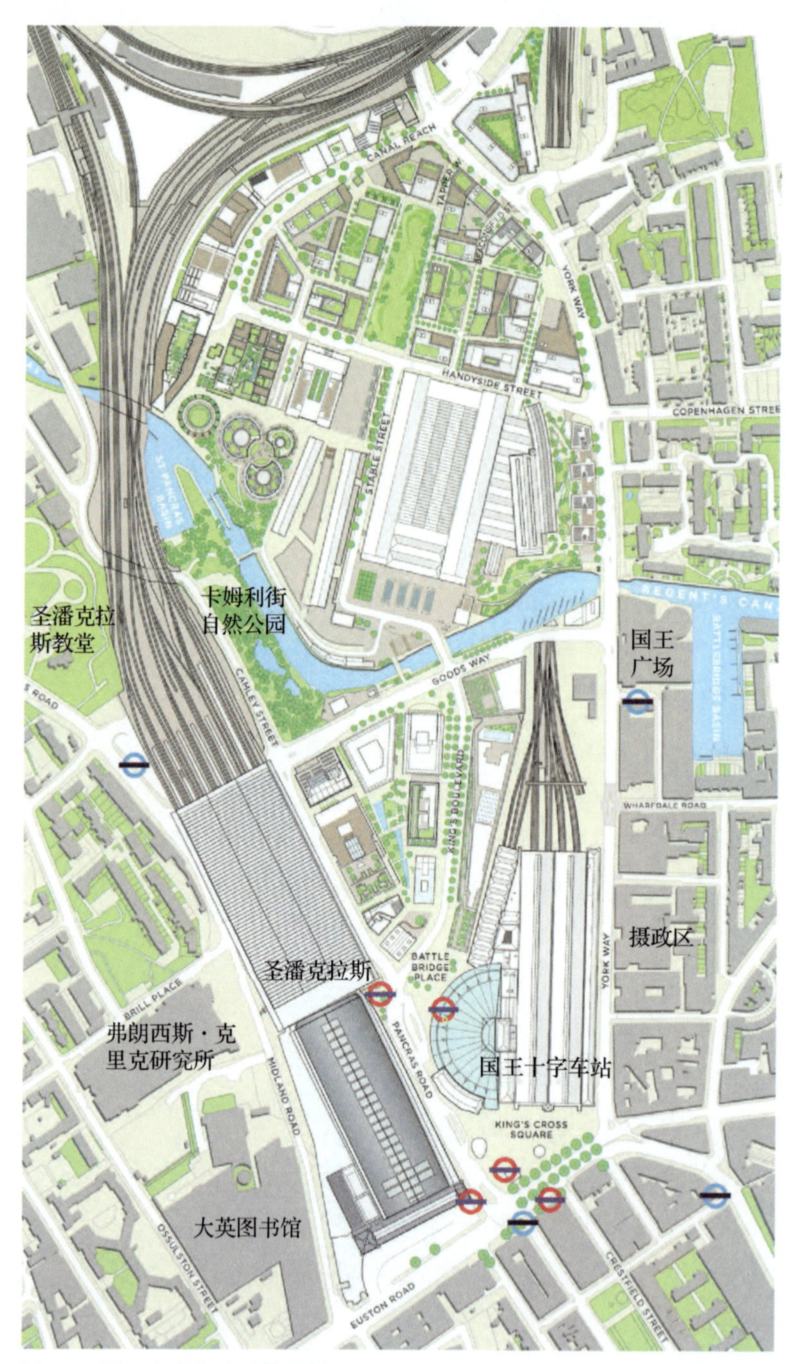

图 6.1　国王十字车站总体规划

资料来源：King's Cross Central Limited Partnership。经 King's Cross Central Limited Partnership 许可使用。重新使用需要进一步许可。

图 6.2　圣潘克拉斯车站的改造

资料来源：John Sturrock。经 King's Cross Central Limited Partnership 许可使用。重新使用需要进一步许可。

图 6.3　圣潘克拉斯和国王十字车站前空间重建

资料来源：King's Cross Central Limited Partnership。经 King's Cross Central Limited Partnership 许可使用。重新使用需要进一步许可。

设新的建筑。通过提供充足的公共空间，地块通过改造提升吸引力。该规划指南通过高密度街道格局，实现当地的连接性、可达性和渗透性的提高。该地可提供 10.5hm^2 的开放空间、31.6万m^2 的办公空间、近 2000 个住宅单位（其中 42% 是经济适用房）、4.64万m^2 的零售和休闲空间、酒店及教育设施，创造了很高的场所价值。

本章以 3V 框架为基础，对国王十字车站进行分析，主要对该地区的节点、场所、市场潜在价值，以及获取价值增长的方法进行回顾。

6.1 增加节点价值

位于内伦敦的国王十字车站是伦敦、英国和欧洲范围内的主要换乘站（图 6.4），是欧洲范围内节点价值最高的地点之一，具有非常高的连接性和可达性。可在 1h 内到达五个国际机场，其中三个机场与国王十字车站可实现直达。国王十字车站也是伦敦最大的市内交通枢纽，连接着 6 条地铁线和 17 条公交线路。

国王十字车站和圣潘克拉斯车站、尤斯顿车站将成为伦敦主要的交通中心。根据 2004 年伦敦规划，随着英吉利海峡隧道高速铁路（HS1）、泰晤士联线 2000 和跨河有轨电车的建成，国王十字站将成为大伦敦地区最便捷的车站。1996 年，英国第一条高速铁路——英吉利海峡隧道高速铁路从伦敦滑铁卢站移至圣潘克拉斯站，这带动了土地所有者 LCR 和 Exel（现为 DHL）对国王十字车站的开发。

国王十字站和圣潘克拉斯车站之间的西部大厅被设计成一个具有清晰、连接、通透的公共广场（图 6.5）。就如同大英博物馆的庭院一般（图 6.6）。该广场被设计为一个具有内部化特征的外部空间，建筑物正面被作为一面墙，通过令人印象深刻的建筑结构，将天空具象化。

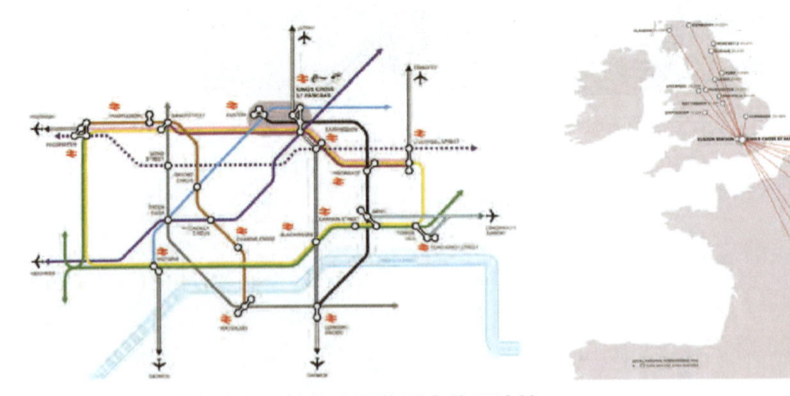

图 6.4　国王十字车站在伦敦和欧洲范围内的可达性

资料来源：King’s Cross Central Limited Partnership。经 King’s Cross Central Limited Partnership 许可使用。重新使用需要进一步许可。

图 6.5　国王十字车站和圣潘克拉斯车站之间的西区大厅

资料来源：Francoise Labbé。经 Francoise Labbé 许可使用。重新使用需要进一步许可。

图 6.6　热闹的国王十字广场

资料来源：Francoise Labbé。经 Francoise Labbé 许可使用。重新使用需要进一步许可。

6.2　增加场所价值

20 世纪 90 年代末，在国王十字车站被纳入 HS1 开发项目后，为该地区的重新开发提供了真正机遇。此前几十年，由于缺乏市场需求，此类开发计划曾被多次推迟。两个火车站北部主要为 $27hm^2$ 的旧铁路和工业设施，这意味着在即将出现的高连接性和低强度的土地使用之间存在着强烈的不平衡。通过重新规划设计，将重塑和创造两个车站北部旧铁路用地的价值，以及通过改造国王十字车站前广场（图 6.6）提升场所价值，将这种不平衡转换为一次发展机遇。

从规划视角来看，国王十字车站是一个独特的发展项目。其设计、谈判和获得规划许可持续了至少六年的时间。共进行了四轮公众咨询，约 3 万人参与。开发商和政府听取了意见，并根据反馈意见调整了方案。

6.2.1 保持总体规划的灵活性

两个总体规划团队和四个独立的设计审查小组设计了一个定制化方案，以满足多个利益相关者的需求。该规划平衡了开发商创造和管理长期资产的需求，以及地方政府通过城市改造来响应当地贫困社区的需求。开发商从一张白纸开始，根据原则和以往案例构建方案，并在总体规划中谋划其愿景（图 6.1）。

总体规划通过一个全面的愿景来统筹开发地块，具备足够的灵活性以适应各种变化。这种灵活性将使国王十字车站能够适应社会和技术趋势的变化。对用地功能的开发并不局限于现有的需求和技术，而是留有足够的余地，以随着需求和市场的变化而发展。为了应对市场条件的变化，用途比例的变化和建筑物的改造可能性被纳入规划中，以实现可持续发展，而不是一劳永逸。

为了平衡适应性，保持连续性、空间秩序和独特性，确定了场地的关键物质空间布局。街道和公共空间是社区中最有韧性的特征。为了保持空间视觉秩序，避免不协调的建筑阻碍景观和公共空间的清晰流动，规定了不同区域建筑高度的上下限，这确保了整个场所密度和规模的一致性。为了保证统一性、独特性和协调性，同时允许多样性和差异性，该规划指南还描述了建筑技术、材料以及材料的使用方法。

规划师一直小心翼翼地避免对该地区的基调、特征和感觉进行过多的干预。相反，在总体规划的指导下，新区的具体细节被允许随着时间的推移而演进，这为灵活性、协商、变化以及对居住者和活动的实验留出了空间（ULI, 2014）。

6.2.2 吸引高科技公司

高质量的开发项目吸引谷歌公司投入约 6.5 亿英镑，从开发商国王十字中心有限合伙公司手中购买 $1hm^2$ 的土地并进行开发，租期为 999 年。开发完成后（9.3万m^2）的土地价值将达到 10 亿英镑，这个低层建筑将容纳几千名员工，并成为谷歌在加州总部之外最大的办公室总部，同时该建筑还包括 $4650m^2$ 的底层零售。谷歌的入驻将吸引其他科技公司，特别是小型初创企业，并有助于租金的进一步提升。

6.2.3　高密度与中等规模建筑相结合

国王十字区域的高密度不是通过高层建筑实现的，而是通过 50 座按照宜人尺度设计的中等规模建筑来实现的。高密度、混合用途、填充式更新项目结合了传统建筑和新型建筑，街区尺度的平均容积率（FAR）为 4.6。

20 座遗产建筑被保留下来并被更新为商店和餐馆。其颜色和特征融合了历史和现代建筑元素，重新诠释了该地区的独特气质（图 6.7）。

图 6.7　国王十字路口的历史遗产与现代性的融合

资料来源：Francoise Labbé。经 Francoise Labbé 许可使用。重新使用时需要进一步许可。

6.2.4　重塑国王十字车站的形象

场所形象对开发具有很大的影响。本地便利设施、文化和休闲设施以及绿地空间的密度可提高场所价值。混合土地使用有助于一个场所的成功，并减少开发商的风险（图 6.8）。如果对土地用途的改变保留足够的灵活性，混合使用的方案将更能适应市场变化。这样的方案允许开发企业在一个新兴的城市社区中迅速建立自己的场所吸引力。

国王十字车站的公共空间战略：国王十字车站及其周边地区一直在不断发展，其特点是作为英国最早的“交通一体化”枢纽之一，拥有水路、铁路和公路多种交通方式。这些特征直接反映在地区历史文脉，形成最具风貌的维多利亚时代伦敦重要建筑群。这些现存建筑和结构给整个场地的使用布局带来了很大影响。

1/4 的国王十字车站地区被用于文化和休闲用途。历史的肌理不仅仅被保留

图 6.8　国王十字车站的混合用途开发

资料来源：King's Cross Central Limited Partnership。经 King's Cross Central Limited Partnership 许可使用。重新使用需要进一步许可。

下来，而是以一种复杂的方式被纳入规划中。每座建筑都有新的用途，并与相邻建筑以及之间的空间保持良好的呼应（图 6.9 和图 6.10）。

宁静的运河、卡姆利街自然公园的景色与煤炭卸货场（以前是铁路和马车与公路车之间的煤炭转运点）、格兰尼广场的新商店和咖啡馆形成了对比。为了“利用运河促进国王十字车站的积极发展，提高运河活力，增强其特色、生物多样性和休闲娱乐用途，改善交通和安全”（Argent，2002），建立了一座横跨摄政运河新的人行桥，并与其他通道相连接。

6.2.5　创造高品质公共空间

公共空间是一个物理和社会实体，包括建筑物之间的空间和在其间产生的

图 6.9　孩子们在国王十字车站的中心运河边的格兰尼广场玩耍

资料来源：Francoise Labbé。经 Francoise Labbé 许可使用。重新使用需要进一步许可。

图 6.10　摄政运河，国王十字区发展的一个要件

资料来源：Francoise Labbé。经 Francoise Labbé 许可使用。重新使用需要进一步许可。

活动，是国王十字车站规划概念的核心。

公共空间是指对路线和公共空间的布局——无论是传统的街道和广场，还是与其他周围城市的联系。

建立正确的框架十分重要。随着时间的推移，可以为建筑、新的土地使用和活动提供示范（EDAW 等，2004）。

设计的目标是营造一个富有吸引力的、具有清晰特征的公共空间："一个热闹的、繁荣的和令人兴奋的目的地；一个人和活动的交汇点；一个卓越的生活、工作场所"（EDAW 等，2004）。

国王十字街围绕公共空间的社会性、功能性和标志性的重要内涵，为人们提供了聚会和休闲活动的空间。高品质的公共空间不仅可以带来高租金，也意味着可以成为伦敦的开放性、示范性、可达性等方面的代表。

总体上，当地交通基础设施和公共领域的投资共花费约 20 亿英镑，其中 2.5 亿英镑用于更新 20 条新街道、10 个新公共空间和 5 个主要广场，总面积达 $3.2hm^2$。规划团队"花了很多时间思考建筑物之间的空间，以及人们将如何使用这些空间"（ULI，2014）。约 40% 的开发将用于开放空间（图 6.11）。一些建筑空间也将包括公共空间，如庭院和花园。

国王十字车站设计了一个连续的户外区域和一些大型室内区域，如国王十字车站的西广场，建立了人与人之间的联系。它包括街道、公园、广场、人行道、运河长廊、自行车道和小径，其宗旨是建立一个连贯的、相互连接的空间，支持各种各样的活动，以促进行人的运动和活动。

国王十字车站案例很好地阐释了高品质的设计和长期的管理策略是如何促

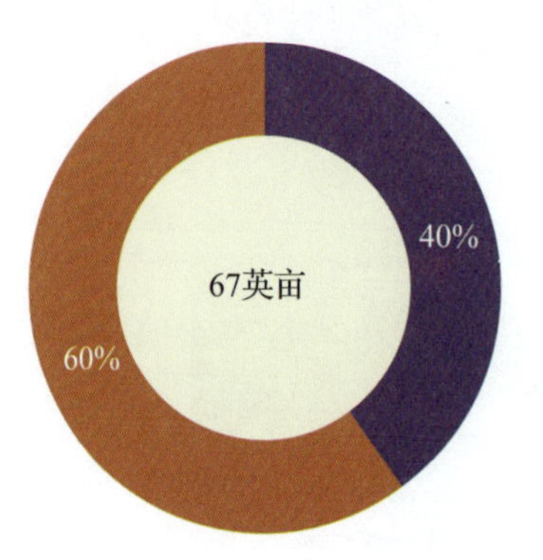

图 6.11　国王十字街的建筑和开放空间的比例

资料来源：King's Cross Central Limited Partnership。经 King's Cross Central Limited Partnership 许可使用。重新使用需要进一步许可。

㊀ 建筑空间包括相关的公共空间，如院子和花园。

进一个良好公共空间创造的。高品质精细化设计支持公共空间内的空间、路线、景观的连续流动，为行人创造了一个丰富、多变的信息和活动空间。由于聚焦于铺装、种植、方向、光影、遮蔽物、标志和街道家具等，使空间变得更加可达、安全和清晰（图 6.12）。

图 6.12　国王十字车站的高品质设计和新旧融合

资料来源：Francoise Labbé。经 Francoise Labbé 许可使用。重新使用需要进一步许可。

6.2.6 确保公共空间的使用不受限制

根据国王十字街公共空间战略（EDAW 等，2004）：

传统城市生活以城市广场、商业街和城市公园为中心，围绕这些公共空间里的元素组织社会生活，并形成市民的归属感、自豪感。传统的市民空间意味着一种行为模式，反映了空间的重要性或空间的用途，或每天的公共功能需求。因此，一个城市广场今天可能是一个市场，明天可能成为一个纪念场所。

开发商 Argent 试图通过效仿伦敦其他案例，创造不受限制的、可使用的公共空间，来实现公共空间的公民意义，这些公共空间由私人拥有和管理，以平衡访问规模和服务质量，但却采用以公众为导向的空间管理模式。

在国王十字车站，公共领域和私人领域之间的明确界定是通过建筑形式而不是墙壁、栅栏或绿植来实现的。在需要限制居民或工作人员进入或使用的地方，通过使用防震带、不同颜色或纹理的路面铺装、柱子和更窄的车道等特征来划分私人空间，提示人们该区域的私人属性更强，公共属性较低。

6.2.7 营造活跃的街道

国王十字项目通过将所有底层单位租给零售店、酒吧、咖啡馆和餐馆等商户来创造活力的街道，并保持街区的全日活跃性。不只是仅在国王十字站地区，还扩展建立了一个安全的步行道网络，在开发项目中连接了关键地点，并将开发与卡姆登和伊斯林顿的周边社区紧密连接起来（图 6.13）。

场地设计包括各种长廊，供不同时间和不同类型的人使用，每条长廊都有不同的重点或主题（如场地地图上的颜色表示，图 6.14）。这些步道为人们提供了散步或逗留的地方，石头座椅和台阶从格兰尼广场层层叠叠地延伸到摄政运河，增加了南向的纵深感，也加强了运河和格兰尼之间的历史联系。格兰尼是国王十字车站的位置中心和遗产灵魂（图 6.15）。

场地西部是卡姆利街自然公园（图 6.16）。在一个相对狭窄的空间内，规划平衡了伦敦市中心的密度、丰富的工业遗产、绿色空间和自然保护之间的独特融合。将建筑和自然更紧密地联系在一个空中平台，让人们能够欣赏到摄政运河和卡姆利街自然公园无与伦比的景色。建造该平台的灵感来自于北欧海岸线上的岩石岛屿，是一个重要的、值得学习的公园设施案例。

图 6.13　国王十字车站的活跃街道

资料来源：EDAW 等，2004。经 King's Cross Central Limited Partnership 许可使用。重新使用需要进一步许可。

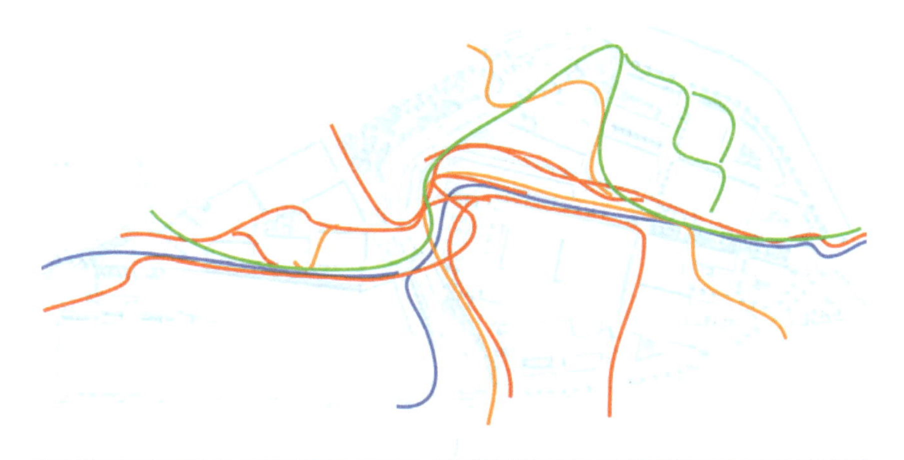

图 6.14　国王十字车站的长廊

资料来源：EDAW 等，2004。经 King's Cross Central Limited Partnership 许可使用。重新使用需要进一步许可。

图 6.15　从格兰尼广场到摄政运河的分层石椅和阶梯

资料来源：Francoise Labbé。经 Francoise Labbé 许可使用。重新使用需要进一步许可。

图 6.16　国王十字街的卡姆利街自然公园的浮动平台

资料来源：Francoise Labbé。经 Francoise Labbé 许可使用。重新使用需要进一步许可。

6.3 增加市场潜在价值

灵活的使用和对培育市场价值的明确关注，使得价值捕获成为可能，这是借鉴 Suzuki 等人（2015）的观点。

6.3.1 确保灵活使用以适应市场条件

国王十字车站的重建协议规定了建筑面积上限，促进了多样化场地的使用（表 6.1）。

表6.1 国王十字车站的最大建筑面积，按用途划分

用途	建筑面积 /m^2
混合用途开发，允许的总量	上限739690
办公	上限455510
零售业	上限45925
酒店/服务式公寓	上限47225
D1（非住宅机构）	上限74830
D2（集会和休闲）	上限31730
1900户	上限194575

资料来源：铃木等人，2015 年。

由于重建工作可能需要 10~15 年才能完成，该协议允许开发商在土地使用上具有一定灵活性，以根据市场情况进行调整。总建筑面积的 20% 可允许调整用途；分配给一种用途的建筑面积可以在有限的范围内与另一种用途进行交换。

6.3.2 融资和培育市场潜在价值

国王十字车站通过股权、债券和反馈收入的组合来实现融资。现金流管理使合伙企业的股权可被用于各种项目，以吸引潜在买家，并满足其需求。整个国王十字车站项目的总体价值（包括建筑、专业费用和利息），预计将达到 30 亿英镑（ULI，2014）。

自 2009 年以来，该合作伙伴已在公共领域的基础设施上投资了 2.5 亿英镑，释放了共 55.7万m^2 的开发空间。股权资金主要用于创建公共领域，包括新的道路（包括国王大道）、新的公共空间（包括格兰尼广场）、横跨摄政运河的新桥、运河两侧的改善、能源中心及其区域供热和分配网络。国王十字中心有

限合伙公司还与艺术大学签订了 1 亿英镑的建筑合同，带动大学在国王十字区建立一个校区（ULI，2014）。

自 2009 年以来，约有 3 亿英镑的债券被用于住宅和办公大楼的部分直接建设成本。这些债务来自四家主要银行，为三座商业大楼、最后阶段的基础设施和 272 套公寓提供贷款。英国住房和社区机构提供了 4200 万英镑的公共资金来支持可负担住房的建设（ULI，2014）。

开发完成后，整体租金和房地产将超过伦敦水平，实现高节点价值和高场所价值之间新平衡的构建，并有望提升市场潜在价值。

6.3.3 价值捕获

英格兰和威尔士的地方政府采用的一个关键土地价值捕获方法来自于 1990 年的《城乡规划法》第 106 条。该法案为地方当局提供了一种与土地所有者或开发商处理谈判协议或规划义务以换取规划许可、抵消开发负面影响的手段。

第 106 条协议在国王十字车站的公私融资和物业开发中纳入理想的规划原则具有重要作用。其强调了区域商业市场性、当地社区宜居性、基于 PPP 的基础设施资金和房地产开发之间平衡的重要性（Suzuki 等，2015）。

第 106 条协议包括开发商向地方当局（卡姆登委员会）提供资金和实物捐助，用于地方基础设施、公共空间和社区服务（图 6.17）。该方案包括通过建筑培训中心和技能招聘中心创造 2.4 万 ~2.7 万个当地就业机会，所花费的 2.1 万英镑，1900 套住房（其中超过 40% 为可负担住房），以及为社区、体育和休

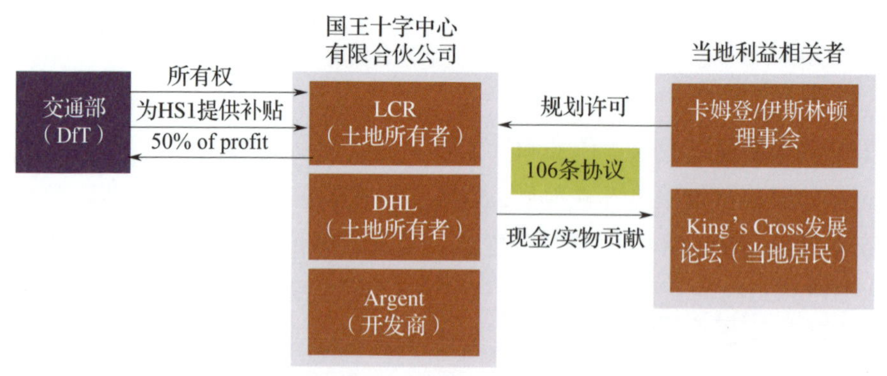

图 6.17 国王十字区土地价值捕获方案和第 106 条协议中的利益相关者

资料来源：铃木等人，2015 年。

注：HS1 表示高速 1；LCR 表示伦敦和洲际铁路公司。

闲设施提供现金和实物捐助；新的绿色公共空间、新的景观广场和精心设计的无障碍街道，占整个场地的40%，一个新的游客中心、教育设施和一座横跨运河连接街道的桥梁，以及用于改善附近街道、交通站和巴士服务提供的现金捐助（卡姆登委员会，2006）。

在交通部的监督下，伦敦和洲际铁路公司（LCR）已被授权将其长期资产价值最大化。其发展战略是将其主要站点作为股权，参与合资开发公司，通过改造HS1车站（主要是国王十字车站和斯特拉特福德车站）周边用地来获得长期利润。2006年，地方当局批准该计划，明确了机会区域，并进行更新改造，初步完成目标的日期为2016年。

作为LCR公司建设HS1项目的一部分，交通部向当时的私营LCR公司提供了财政援助，以支付部分建设费用、项目债券以及LCR公司及其子公司的运营补贴。LCR公司还获得了国王十字车站和斯特拉特福德车站周边的房地产开发权。该特许权将持续到2086年，届时资产将收回给政府所有。根据1996年政府和LCR之间的协议，交通部将获得LCR在扣除国王十字车站开发计划成本后的净利润的一半（Suzuki等，2015）。

2001年，开发商Argent被选为私人合作伙伴。它与土地所有者签订了一份集体所有权收购和开发协议，其中包括一项协议，即在获得规划许可并完成HS1开发项目后，对土地进行估值。估价后，Argent公司将有权选择从土地所有者手中收购土地，或者与土地所有者建立50/50的合作关系。Argent公司支付的费用将根据土地的公开市场价格进行折减，折扣率将随着土地价值的上升而增加。

这笔交易能有效激励Argent公司提升该方案的价值。根据该协议，若土地所有者（LCR和DHL）在HS1建成开放后完成交付，同时开发商完成了规划，提交了可行的商业计划，并获得了资金后，土地价值就会确定。该协议的目的是在所有各方都有把握的情况下达成交易。伦敦卡姆登区在2006年批准了重建规划许可，LCR、Argent和DHL在2008年联合成立了国王十字中心有限合伙公司（Suzuki等，2015）。

双方建立起一个长期的发展伙伴关系，其中Argent公司拥有50%的权益，政府拥有LCR 36.5%的权益，DHL供应链（前身为Exel）拥有13.5%的权益。Argent公司获得了大型养老基金（BTPS，由爱马仕投资管理）的支持，这对带动当地私人开发至关重要。

2009 年，交通部接管了 LCR 公司，后者在建造 HS1 的过程中积累了太多的公共债务。随着 HS1 项目获批，LCR 公司在 2011 年被重组为一家房地产开发和管理公司。目前，LCR 公司的业务核心是，在未来 5~10 年内，将其房地产权益的回报以资本增值的形式实现。

到 2014 年 3 月 31 日，在开发启动 6 年后，超过 57% 的重建建筑面积已经完成或投入使用。重建工作快速进行，并开始向 LCR 提供资金支持。根据 LCR 公司的审计报表，2015 年 1 月，LCR 在该项目中的股份以 3.71 亿英镑的价格出售给了一家澳大利亚养老基金。DHL 也做了类似的工作。利润贡献和投资持有价值的增加主要来自于投资物业的处置和重新评估。LCR 公司为国王十字中心有限合伙公司提供了重建资金。

参考文献

Argent. 2001. *Principles for a Human City*. July, London.

———. 2002. *A Framework for Regeneration*. September, London.

———. 2003. *Framework Findings*. July, London.

———. 2014a. *King's Cross Landscape*. March, London.

———. 2014b. *King's Cross Overview*. March, London.

EDAW, Townshend Landscape Architects, General Public Agency, Access Design Consultants for Argent, London & Continental Railways and Excel. 2004. *King's Cross Central Public Realm Strategy*. Available at https://www.kingscross.co.uk/media/35-Public-Realm-Strat.pdf.

Suzuki, Hiroaki, Jin Murakami, Yu-Hung Hong, and Beth Tamayose. 2015. *Financing Transit-Oriented Development with Land Values: Adapting Land Value Capture in Developing Countries*. Urban Development. Washington, DC: World Bank.

ULI (Urban Land Institute). 2014. ULI Case Studies. King's Cross. Available at http://casestudies.uli.org/kings-cross/.

第 7 章
增加公共交通线路的连接性和经济价值：伦敦的“穿心快线”

2009 年，英国和伦敦启动了“穿心快线”（Crossrail）的建设，这是欧洲最大的铁路基础设施项目之一。该网络的第一部分（伊丽莎白线）计划于 2018 年 12 月开通（图 7.1、图 7.2）。

新的线路将带来了迫切需要的铁路运力提升，但是它所带来的作用远不止是一条新的铁路。这是一个基础设施计划，将更新和更广泛的经济效益充分整合到其商业案例和活动中。通过将额外的 150 万居住人口带到距就业集群 45min 的交通范围内，“穿心快线”将提高包容性，拉动伦敦的就业市场。该项目有望成为城市关键地点复兴的推动力和伦敦经济增长的驱动力。“穿心快线”已经推动了其沿线 40 个车站地区的城市更新。

这个案例研究显示了新线沿线的节点和场所价值是如何变化的、并触发了不同的市场潜力和反应。最中心的车站区域，就业集中度和连通性已经非常高，是高市场潜力增长的主要受益者。只要有正确的发展战略，边缘地区也有可能出现市场机会。

7.1　伦敦繁荣的人口和经济

伦敦是世界领先的国际商业和商务中心，是全球经济的“指挥中心”之一。它是世界上第五大城市经济体

图 7.1　金丝雀码头，位于“穿心快线”上的加拿大广场

资料来源：Francoise Labbé。经 Francoise Labbé 许可使用。重新使用需要进一步许可。

图 7.2　伦敦伊丽莎白线

资料来源：TfL。经 TfL 许可使用。重新使用需要进一步许可。

（仅次于东京、纽约、洛杉矶和首尔）（Parilla 等，2015），2014 年的总附加值为 3640 亿英镑（人均 42666 英镑）。伦敦市的经济规模大致相当于瑞典一个国家水平。预计在 2025 年，伦敦将成为世界上第二大最具竞争力的城市（仅次于纽约）（Economist Intelligence Unit，2013）[1]。

伦敦蓬勃发展的人口将在未来十年内突破 900 万大关。2016 年伦敦预测，到 2036 年，该市将增加近 110 万适龄劳动人口和 90 万个新的工作岗位。到 2050 年，人口将达到 1320 万，几乎是 1991 年的两倍；到 2025 年，每天前往伦敦中心区的游客人数将超过 24 万人。预计公共交通出行将增长 35%，将给公共交通网络带来新的压力。

7.2　“穿心快线”对伦敦竞争力和增长的重要性

公共交通是伦敦经济增长的助推器，塑造了集中就业和集聚经济。城市的国际联系和城市内部网络的质量是其竞争优势的重要组成部分。伦敦在英国铁路出行中占主导地位：2012—2013 年期间，全国 62% 的铁路出行都是以伦敦为起点或终点的（GLA Economics，2016）。集中的经济密度创造了集聚经济效应，使得生产力大大提高。

为了保持顶端的全球竞争力，伦敦持续投资于公共交通连接。“穿心快线”计划于 2019 年 12 月全面开通，它是一条由东向西穿过伦敦的新铁路线，里程将超过 100km，并设有一条支线通往希思罗机场。该项目的主要特点是建造了 42km 的新隧道，以及连接伦敦中心区的车站，包括通往伦敦东部金丝雀码头的支线，和 10 座新建车站。“穿心快线”是欧洲最大的基础设施项目，预计成本为 148 亿英镑。该项目由英国交通部和伦敦交通局（TFL）共同发起。项目交付给伦敦交通局组建的特殊目的子公司“穿心快线”有限公司管理。项目建设成本由乘客（车票收入）、企业和开发商（比如英国机场管理局、金丝雀码头集团和伦敦金融城等对资本成本的直接贡献、开发商的贡献和商业利率补贴），以及国家纳税人（运输部的拨款）等分担。

“穿心快线”将大大缩短乘客出行时间（在某些路线上可达 40%），伦敦基于轨道的公共交通运力增加 10%，并使通往犬之岛（Isle of Dogs，伦敦东区的一个地区）的运力增加了 50%，那里的金丝雀码头商业区的就业密度在伦敦和欧洲都是最高的，只有华尔街和（建成后的）纽约新哈德逊广场开发项目可以与之媲美（见第 5 章），实现与伦敦地铁、泰晤士连线、国家铁路、码头区轻轨和伦敦地上铁的新交通联系。

预计每年将有超过两亿的乘客使用“穿心快线”。它将实现伦敦所有主要商业中心之间的直接连接，将希思罗机场与帕丁顿、西区边缘、伦敦金融城和金丝雀码头连接起来。根据 GVA（英国最大的独立房地产机构）预计，出行时间的改善、乘客体验的质量和铁路服务的频率所带来的改进将对伦敦的经济表现及新的住宅和商业投资产生重大影响，对沿线的关键地点产生变革性影响。

7.2.1 通过加强伦敦中心区高度连接的枢纽来提高节点价值

伦敦的公共交通系统一直是塑造单中心、向城市中心外辐射的网络结构，其枢纽高度集中在核心区[2]。在 19 世纪和 20 世纪上半叶，公共交通网络是其发展的核心，这个网络引导并控制着城市的发展[3]。

图 7.3 显示了按居住地（图 7.3a）和目的地（图 7.3b）划分的公共交通通勤出行占比。市中心的高公共交通可达性促进了工作机会在市中心的更高密度集中分布，而住宅密度则较为分散。其结果是，2/3 的通勤起讫于外伦敦。

推动伦敦的节点价值主要有两个机制：一是，公共交通枢纽集中在城市的核心区（大多数就业和 GDP 的创造都发生在这里）；二是，伦敦核心区的高可达性模式。图 7.4 显示了基于 3V 框架的伦敦中心区三类网络中心性水平（第 2

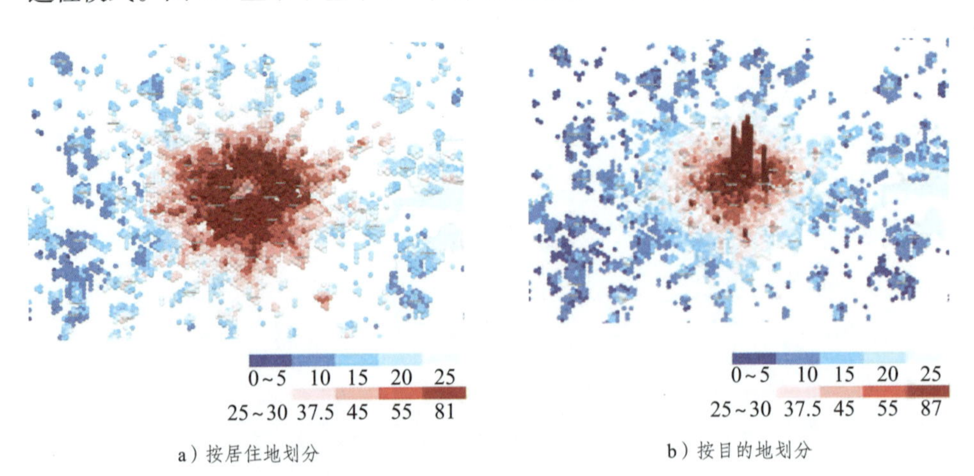

图 7.3 按居住地和目的地划分的公共交通通勤百分比

资料来源：Duncan A. Smith, CASA, Bartlett UCL, Luminocity, Urban Density 和 Dynamics explorer。经 Duncan A. Smith 许可使用。重新使用需要进一步许可。数据来源：2011 年人口普查，国家统计局。

注：网格单元的高度表示 2011 年的常住人口（图 7.3a）和就业（图 7.3b）的密度。在家工作的人不包括在总数中。

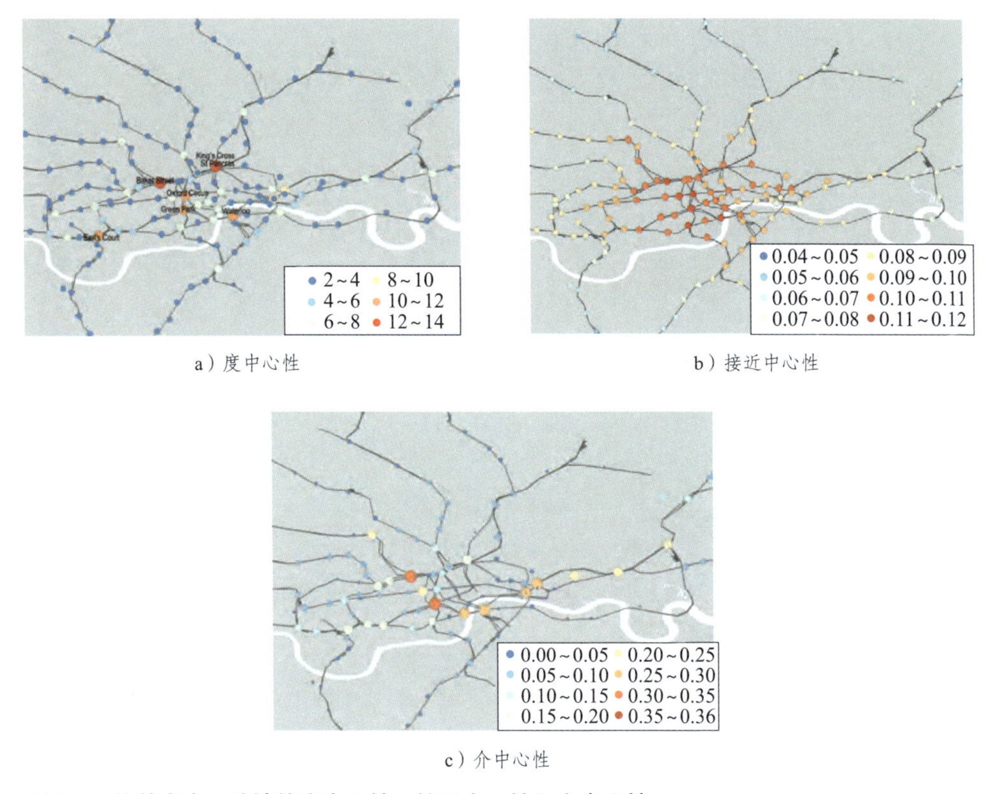

a）度中心性

b）接近中心性

c）介中心性

图 7.4　伦敦市中心地铁的度中心性、接近中心性和介中心性

资料来源：城市形态学和复杂系统研究所。经 UMCSII 许可使用。重新使用需要进一步许可。

章）。在网络中，中心性程度最高（也就是可达性最高）、增长潜力最大的是环线周围和中央线沿线，界定了伦敦中心区在西部的车站的密度较高，伦敦 1/3 的工作都在那里。

在环线所界定区域内的“穿心快线”站点将提高伦敦中心区主要枢纽的重要度、中心性和可达性。“穿心快线”车站与现有地铁站和高速铁路 1 号线（HS1）车站的换乘将创造非常高的节点价值，城市必将进一步发展，以使场所价值与最中心车站的高节点价值相一致。就业岗位所集聚的主要枢纽，在“穿心快线”之后将集中更多的线路，实现更多的连接。这些位于伦敦公共交通系统层次结构顶端的主要枢纽在空间上互相临近。“穿心快线”还将在国铁网络之间建立新的帕丁顿和利物浦街的直达连接，乘客将不再需要在国铁线路的终点站换乘。

“穿心快线”预计有三个主要好处：

- 穿心快线将缓解现有地铁和火车服务的拥挤状况，为伦敦增加 10% 的铁路运力，这是自第二次世界大战以来伦敦交通运力最大的单次增长。
- 穿心快线将加强与主要金融中心（希思罗机场、西区、伦敦金融城和金丝雀码头）的联系，以支持伦敦作为一个世界城市，并为伦敦主要商业区 45min 的通勤范围内带来额外覆盖的 150 万人口。
- 穿心快线将减少进入和穿越伦敦的出行时间，提供可靠和高效的服务，在高峰期每小时有 24 列火车通过伦敦市中心。

7.2.2 通过场所营造、再开发和公共空间提高场所价值

“穿心快线”为车站、上盖开发和公共空间开展了一体化规划设计[4]。每个元素都是对其他元素的补充，以创造场所和重塑空间。

承建新铁路的“穿心快线”有限公司，负责协调车站周围公共场所改善的总体规划。其目的是确保这些改善与更广泛地区的现有和规划的改进相结合，并反映其他规划的用途。总体规划是与主要利益相关者一起制定的，包括地方政府和私人开发商。通过这种工作方法可以看出，乘客不仅会根据服务和车站来判断铁路的成功，也会根据他们到达和离开车站的整体体验来判断。

“穿心快线”对公共空间的设计旨在使车站外的区域成为高效的交通枢纽，使人们更便捷地通过步行、自行车、公交车或出租车开始下一阶段的旅程，并成为具有吸引力和令人愉快的公共空间。这些设计旨在实现灵活性和可持续性，以便它们的使用可以随着时间变化而改变。所有“穿心快线”车站从街道到站台都将是可达的、安全的、可靠的。

站区设计还旨在保留当地的属性、多样性和特征，给当地社区和潜在投资者以信心（图 7.5）。为此，各区（地方行政单位）在资金筹集方面发挥了重要作用，以确保这种设计能够扩大改善和更新的影响。这些设计是与“穿心快线”、地方当局、TfL 和（“穿心快线”的地面部分）网络铁路合作完成的。

到 2014 年 3 月，31 座车站的城市景观设计已经完成，其中包括 27 个伦敦地区的车站和 4 个伦敦以外的车站。这些设计涵盖了 40 个场地、超过 100000m^2 的改良公共空间——相当于 19 个莱斯特广场。“穿心快线效应”已经在伦敦中心区显现，比如牛津街东端，同时开发商也对伦敦外围的 Abbey Wood 和 Southall 等地表现出兴趣。

图 7.5　金丝雀码头朱比利广场的优质空间

资料来源：Francoise Labbé。经 Francoise Labbé 许可使用。重新使用需要进一步许可。

在早期阶段合作伙伴就已达成共识，实施设计方案所需的资金将从多种渠道获得。“穿心快线”公司估计，沿线每座车站外的城市景观改善的总成本为 1.29 亿英镑。在“穿心快线”开通前需要筹集实施改善工程的 9000 万英镑资金。这些资金将由“穿心快线”、TfL 和第三方（主要是地方当局通过开发商的贡献）共同分担。

伦敦房地产价值分析家普遍认为，“穿心快线”支持开发活动和房地产市场价值能力的背后驱动力是对每个车站周围公共空间的范围、配置和品质的额外投资。GVA 认为，新的车站、车站上方的开发以及规划中的城市景观改善，都有可能使“穿心快线”的车站重新成为所服务社区的中心，成为拥有娱乐、公共艺术、餐馆和公共空间的有吸引力的场所，成为花时间停留而不仅是路过的场所。

以下是沿“穿心快线”自西向东改善城市景观的案例。它们显示了场所价值是如何被提高的。

1. 梅登黑德（Maidenhead）

梅登黑德站位于铁路线的西端，是通往该镇的门户，每年约有 350 万人经过。方案主要包括建立一个新的景观车站广场，以水池作为焦点，这将使空间充满生机，并使人们流连忘返（图 7.6）。植树、高品质的铺装材料、感知照明和座位将有助于为乘坐铁路到达的乘客提供积极的体验。

2. 帕丁顿（Paddington）

帕丁顿是一个历史悠久的伦敦中部铁路终点站和地铁站，是一个繁忙的综合体，由四条地铁线提供服务：贝克卢线（BakerlooLine)、汉默史密斯及城市

图 7.6　梅登黑德车站的水池焦点区

资料来源：Crossrail 有限公司。经 Crossrail Ltd. 许可使用。重新使用需要进一步许可。

线（Hammersmith & City Line）、区域线（District Line）和环线（Circle Line）。“穿心快线”将提高帕丁顿作为伦敦主要枢纽的地位。

在汉默史密斯及城市线新入口外离境路的运河边上，一个短期改善计划已经完成，对面是“穿心快线”的入口。一个永久性的城市景观设计方案旨在完成帕丁顿盆地内的临水公共空间（图 7.7）。“穿心快线”预期，“它将在运河、车站出入口和办公区旁边建立一条清洁、安全和无障碍的亲水路，这条亲水路将建在入口一侧。这将有助于从车站出口出来的行人移动与寻路，也有利于环境发展，同时通过尊重盆地的历史工业特征，保持该地区的特色和品质”（Crossrail，2015b）。

“穿心快线”还获得了威斯敏斯特市议会的规划准许，在帕丁顿三角区建造一个 32000m^2 的开发项目（图 7.8）。

3. 邦德街（Bond Street）

邦德街是伦敦一条重要的历史零售街。邦德街西区新的城市景观设计考虑到了行人使用的增加。它将新的“穿心快线”车站入口与周围环境巧妙地结合在一起。邦德街东的方案将为行人提供充足的空间，为车站入口创造一个突出的、宽敞的前院。高品质的花岗岩铺设将延伸到车站大厅。汉诺威广场上将引入四个对角线交叉点，相邻的人行道采用相匹配的材料。在广场的几个地方将提供自行车停车场（图 7.9）。

图 7.7　帕丁顿车站的城市景观

资料来源：Crossrail 有限公司。经 Crossrail Ltd. 许可使用。重新使用需要进一步许可。

注：这是建筑师对帕丁顿站城市景观建议的印象（左图）和运河边城市景观（右图）。

图 7.8　帕丁顿三角区的开发项目

资料来源：Crossrail 有限公司。经 CrossrailLtd. 许可使用。重新使用需要进一步许可。

图 7.9　邦德街站周边区域一体化

资料来源：Crossrail 有限公司。经 CrossrailLtd. 许可使用。重新使用需要进一步许可。
注：这是建筑师对城市景观方案的印象。

4. 托特纳姆法院路（Tottenham Court Road）

托特纳姆法院路站将西区与金丝雀码头之间的时距缩短至 12min 内，将西区与斯特拉特福之间的时距缩短至 13min 内，将西区与希思罗之间的时距缩短至 30min 内。在某些情况下，可以减少一半的出行时间。

“穿心快线”将投资 10 亿英镑改造该站，使其成为几十年来西区最大的交通投资。托特纳姆法院站建于 100 多年前，当时是两个独立的地铁站，设计时没有考虑到现在每天有近 15 万名乘客通过该站。在现有地铁站改造的一侧，“穿心快线”正在建造一个新的车站，长度相当于三个足球场，位于地下四层。

托特纳姆法院路（Tottenham Court Road）的上盖开发项目已经获得规划批准，该项目将涵盖四个街区。它包括十多年来第一个新的西区剧院和 50000m^2 的高品质零售、办公和居住空间（图 7.10）。位于迪恩街和查林克罗斯路的“穿心快线”综合售票大厅上方的站点上盖开发（OSD）将在伦敦的这一地区创造一个现代的新空间（图 7.11）

规划包括在中心点大厦周围建立一个新的公共广场，创造一个独特的西区新地标（图 7.12）。一个连接 Soho 广场和查林十字路的新开放步行空间将为广

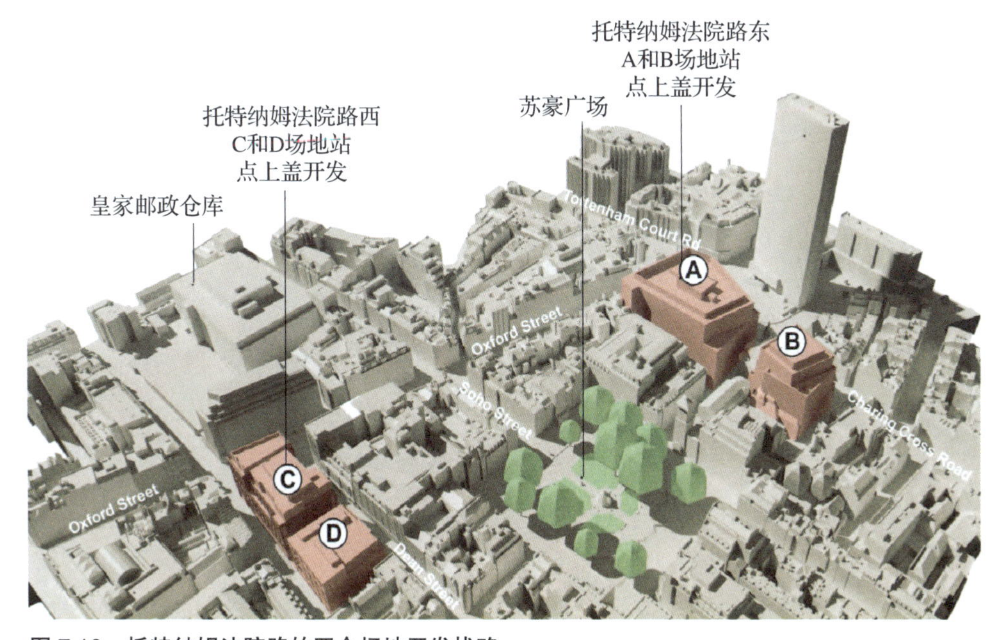

图 7.10　托特纳姆法院路的四个场地开发战略

资料来源：Crossrail 有限公司。经 Crossrail Ltd. 许可使用。重新使用需要进一步许可。

图 7.11　托特纳姆法院路西 / 迪恩街的车站上方开发

资料来源：Crossrail 有限公司。经 Crossrail Ltd. 许可使用。重新使用需要进一步许可。

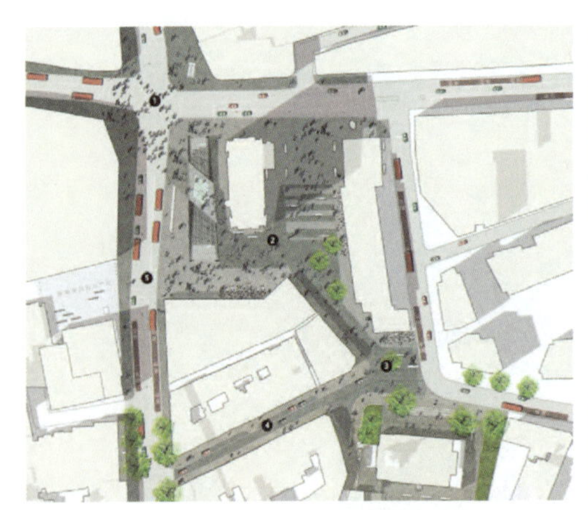

图 7.12　伦敦西区中心点大厦下面的新步行者广场

资料来源：Crossrail 有限公司。经 Crossrail Ltd. 许可使用。重新使用需要进一步许可。

场和圣帕特里克教堂以及其他开放空间提供新的景观。

5. 利物浦街东（Liverpool Street East）

利物浦街站是通往欧洲最大的金融中心——伦敦金融城（又称“一平方英里”）的重要门户。它既作为目的地（每年有 7300 万人使用地铁、6300 万人使用国家铁路通勤），又是金融城的游客或前往附近的斯皮塔菲尔德和肖尔迪奇地区的途经地区。一平方英里的紧凑性和密度意味着步行是在金融城中活动的最佳方式。“穿心快线”的建设将使行人和其他交通方式往返于车站的人数大幅增加（图 7.13）。

图 7.13　利物浦街东的人行道

资料来源：Crossrail 有限公司。经 Crossrail Ltd. 许可使用。重新使用需要进一步许可。

6. 白教堂（Whitechapel）

翻修后的白教堂车站出入口处将有一个更大的前院，并铺设独特的路面（图 7.14）。该地区的改进包括庭院式街道的慢行化，将车行道高度抬高以创造一个更安全的步行路线。

7. 阿比伍德（Abbey Wood）

“穿心快线”的建设是阿比伍德复兴的推动力。新车站将成为一座“城市桥梁”，为车站北部和南部地区提供直接和便利的联系。作为更广泛的城市景观方案的一部分，哈罗庄园路将从一个四车道的城市高速公路转变为一个更传统的道路，有人行道和专用自行车道。它将通过一个新的人行通道将南行的巴士

图 7.14　翻修后的白教堂车站入口处

资料来源：Crossrail 有限公司。经 CrossrailLtd. 许可使用。重新使用需要进一步许可。

站与车站连接起来（图 7.15）。

图 7.15　阿比伍德的复兴

资料来源：Crossrail 有限公司。经 Crossrail Ltd. 许可使用。重新使用需要进一步许可。

8. 金丝雀码头（Canary Wharf）

金丝雀码头（图 7.16）是伦敦就业和办公空间密度最高的地方，在 28.8hm^2 的土地上有大约 105000 个工作岗位。在过去的 20 年历史中，这个案例说明了对公共交通和场所营造的投资在支持和维持经济增长方面的巨大作用。三个价值的相互作用在金丝雀码头是很普遍的：场所营造和交通容量提升 50% 将使伦敦增长最快的商业中心的办公空间增加一倍。

码头区曾经是伦敦东部和东南部的伦敦港的一部分，随着 1999 年朱比利线的延伸，码头区经历了快速的扩张，使其达到了如今的就业水平（图 7.17）；落后的交通系统无法应对现在乘坐朱比利线到达金丝雀码头的乘客总量。连通性与高品质的公共空间的结合，使一个前工业用地成功转变为一个繁荣的商业区。

1985 年，建筑、工程和城市规划公司 SOM 开始为金丝雀码头制定总体规划，努力将一个废弃的工业区改造成一个繁荣的金融区。总体规划建立了一个清晰的城市框架，包括街道、公共广场和绿色空间。SOM 与当地的艺术家和

图 7.16　金丝雀码头的高品质空间

资料来源：Francoise Labbé。经 Francoise Labbé 许可使用。重新使用需要进一步许可。

图 7.17　通过朱比利线车站连接金丝雀码头

资料来源：Francoise Labbé。经 Francoise Labbé 许可使用。重新使用需要进一步许可。

景观设计师合作，创造了令人难忘和实用的花园、广场、喷泉、购物拱廊和海滨长廊，以及扩充了绿树成荫的林荫道（图 7.18）。为了保持美学上的连续性，SOM 提议增强设计元素，如檐线、石基和街道家具，在整个场地内保持协调。

“穿心快线”金丝雀码头站（图 7.19）将把到金融城（利物浦街）的出行时间从 21min 缩短到 6min，每个方向的高峰时段每 5min 就有一列火车经过。它将在伦敦两个最密集和增长最快的经济核心区之间引发高度的聚集经济。到帕丁顿的出行时间将从 33min 缩短到 17min，到希思罗的出行时间将从 55~90min 缩短至 39min。

这座耗资 5 亿英镑建造的、250m 长的车站被西印度码头的水域所包围。设计一个建在低于水位 18m 处的车站其实是重大的设计挑战，但效果却是打造了进出金丝雀码头庄园的最佳通道，同时为码头内的船只保留了一条可航行的通道。车站和拟建零售、公园区域将有七层楼高。七层中的三层为零售区，顶层为景观花园、餐厅和社区设施。

该项目包括一个位于三层楼高的零售项目之上的木格子屋顶和屋顶花园层，（图 7.20）。这种方案可以让光线和雨水自然灌入。连续的梁柱结构为金丝雀码

图 7.18　金丝雀码头令人难忘的绿色空间

资料来源：Francoise Labbé。经 Francoise Labbé 许可使用。重新使用需要进一步许可。

图 7.19　位于金丝雀码头的标志性“穿心快线”站

资料来源：Francoise Labbé。经 Francoise Labbé 许可使用。重新使用需要进一步许可。

图 7.20　金丝雀码头车站的格子屋顶

资料来源：Francoise Labbé。经 Francoise Labbé 许可使用。重新使用需要进一步许可。

头的玻璃和钢塔提供了一个温暖、自然的界面。

向东扩展金丝雀码头的决策使开发商能够建造多达 3610 个新住宅、190万m^2的办公空间、35000m^2 的零售楼层空间、一个社区中心和一个公共广场网络，其中第一阶段的公共空间为 3.6hm^2。新的办公空间将被设计用于媒体技术和电信部门，以及金融和专业服务公司。新车站是两个社区——金丝雀码头区和北部的白杨区之间的桥梁。该扩建项目将提供高街的零售单元，以补充金丝雀码头现有的零售产品。它还将包括经济适用房、大量新的绿色公园和码头边的步行道、图书馆、一个大型医疗设施、一所容纳 420 名儿童的学校、一个社区体育馆和社区空间。

7.2.3　增加市场潜在价值，特别是在关键地点

伦敦为英国创造了大约 22% 的 GDP（伦敦市议会，2011 年），并早于其他欧洲城市转向了以服务为基础的新经济模式。目前，大伦敦地区超过 85% 的就业人口（320 万）从事服务行业工作。

伦敦的经济优势在于其高度集聚的就业集群。这些最高价值的经济活动源自银行、保险、金融、专业和商业服务以及创意产业的集聚区。对于这些行业

的企业来说，相互之间的邻近为客户和劳动力市场的专业化创造了更多的机会，同时也增加了知识共享的潜力。这种集聚使伦敦的生产力明显高于英国其他地区。

在先进的服务经济体里，如伦敦，当地的就业密度和就业可达性是市场潜在价值的关键组成部分。一个地方越是便捷，其就业集中度就越高。外伦敦的就业率一直在大幅下降，而内伦敦和其最密集的地区的就业率却在上升。相反，在伦敦金融城，密度在 10 年内增加了 30%。只有在中心地区有广泛的交通连接网络和高密度的交通枢纽，才能实现极高的就业密度（图 7.21）。

大伦敦地区 2/3 的 GDP 是在其 20% 的土地面积上产生的（内伦敦）。大伦敦地区 56% 的私营企业岗位都在内伦敦[5]。内伦敦的大部分经济活动都集中在 10% 的面积上，即伦敦中心区。伦敦中心区集中了 150 万个工作岗位，占大伦敦地区就业人数的 30%，面积约为 $30km^2$，占伦敦土地面积的 2%（图 7.22 和图 7.23）[6]。

图 7.21　金丝雀码头一体化的经济集中度和公共交通可达性

资料来源：Francoise Labbé。经 Francoise Labbé 许可使用。重新使用需要进一步许可。

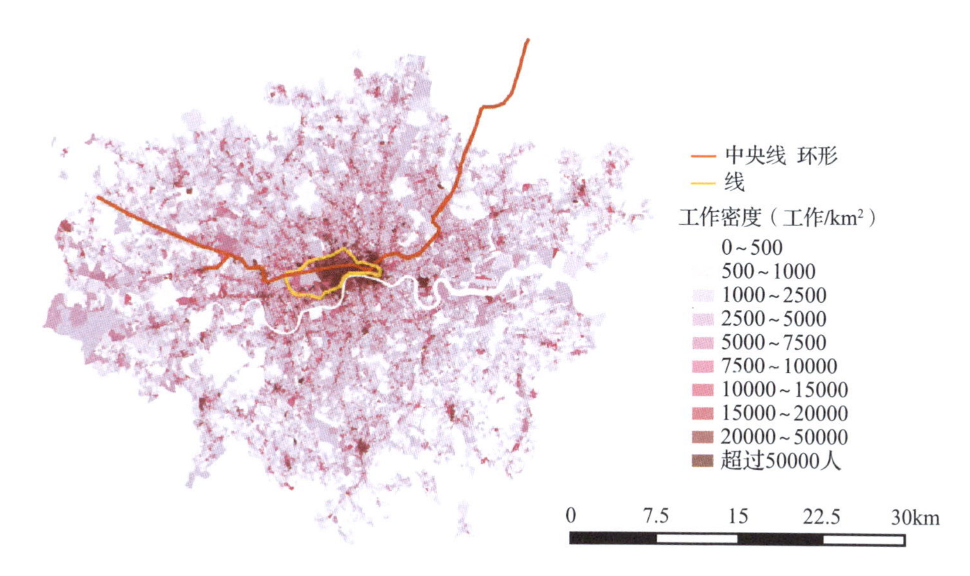

图 7.22　大伦敦地区的就业密度，2014 年

资料来源：城市形态学和复杂系统研究所。经 UMCSII 许可使用。重新使用需要进一步许可。这些数据来自大伦敦管理局的伦敦数据库。

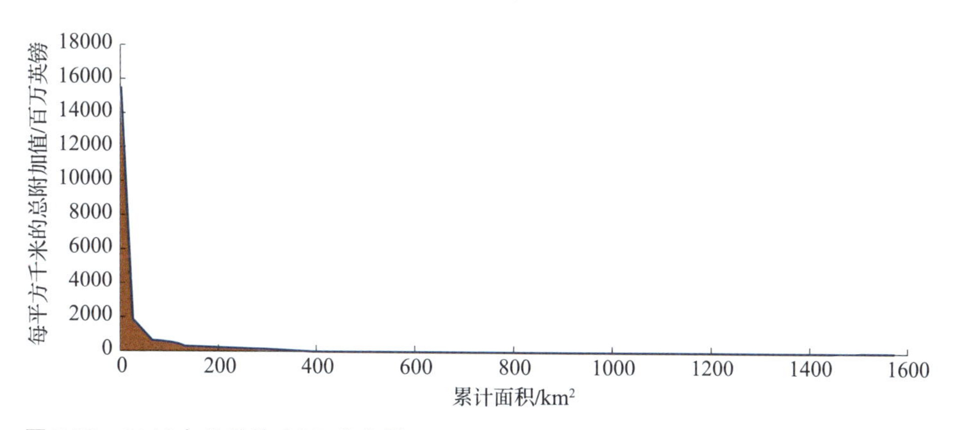

图 7.23　2014 年伦敦的 GDP 分布图

资料来源：Salat 和 Bourdic，2015。经 UMCSII 许可使用。重新使用需要进一步许可。数据来自大伦敦管理局的伦敦数据库。

注：图中显示区一级的颗粒度，从最有生产力到最没有生产力的排名，遵循指数为 –0.9 的帕累托分布（见附录 A）。

科林・布坎南及其合伙人的一份报告分析了 45min 内可到达的人口数量对伦敦特定地点就业密度的影响（GLA，2004）。报告的结论是，随着交通可达性的提高，就业密度也可提高。伦敦各区的就业密度与 45min 内可乘公共交通到达该区的人数相关。企业选址于能够接触到大量人员和其他企业的地方，人群则会选择能够接触到大量工作机会的地方。

在伦敦中心区财富和经济实力的高峰时期（欧洲最高水平），伦敦金融城脱颖而出。在仅占大伦敦地区 0.2% 的 3km^2 范围内，伦敦金融城在 2014 年经济产出中创造了 450 亿英镑的收入，相当于伦敦 GDP 的 14% 和英国产出的 3%。

伦敦的高密度专业集群得益于集聚优势：知识共享的外溢效应、共享的专业劳动力市场，以及客户、顾客和中介咨询市场的规模经济效益。先进的服务经济高密度地集中在伦敦中心区。金融和商业、信息和通信技术（ICT）、创意产业、科学和工程以及研发方面的岗位占大伦敦地区岗位的 25% 左右。不同的服务行业类型遵循不同的集中模式和不同的空间动态分布（图 7.24）。

金融和商业：66.7万个职位（占总数的13.4%）

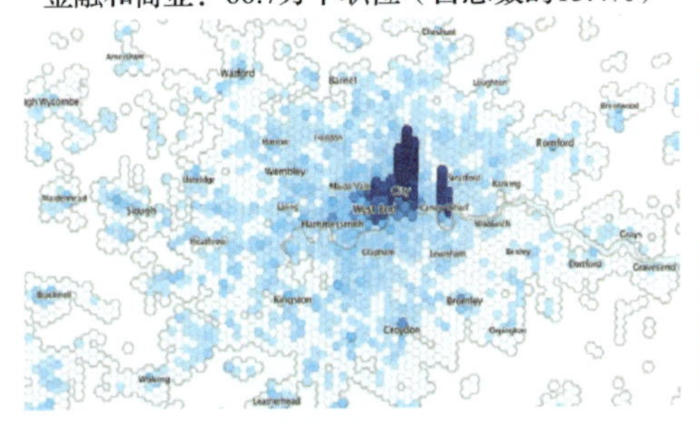

0~0.75 2 5 10 17.5

17.5~35 63 130 300 560

信息技术：20.8万个职位（占总数的4.2%）

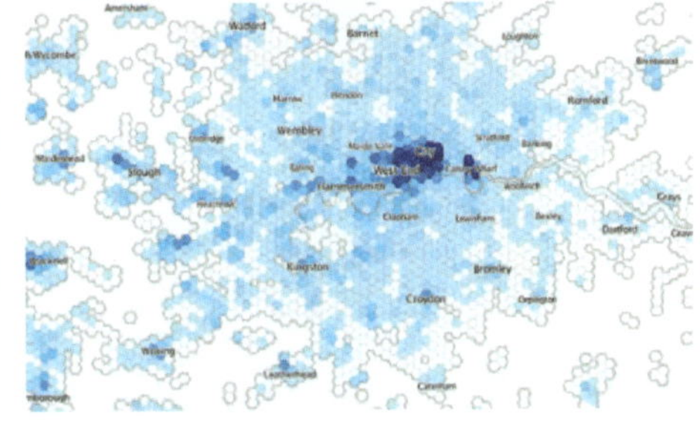

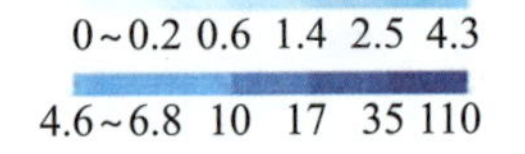

创意产业：24.8万个职位（占总数的5%）

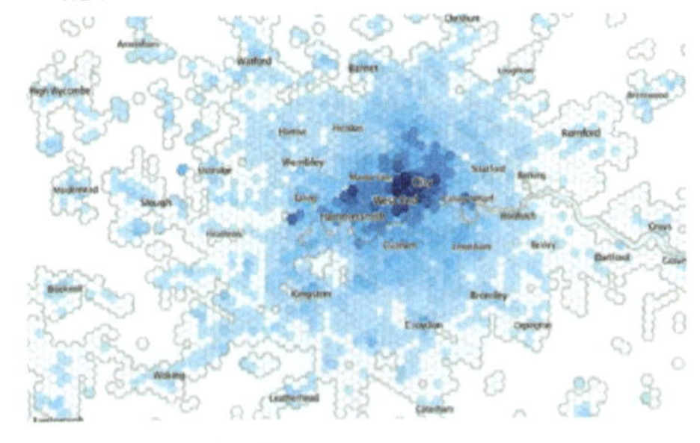

0~0.2 0.6 1.4 2.7 4.7

4.7~8.6 16 26 55 108

科技与研发（R&D）：11.4万个工作岗位（占总数的2.3%）

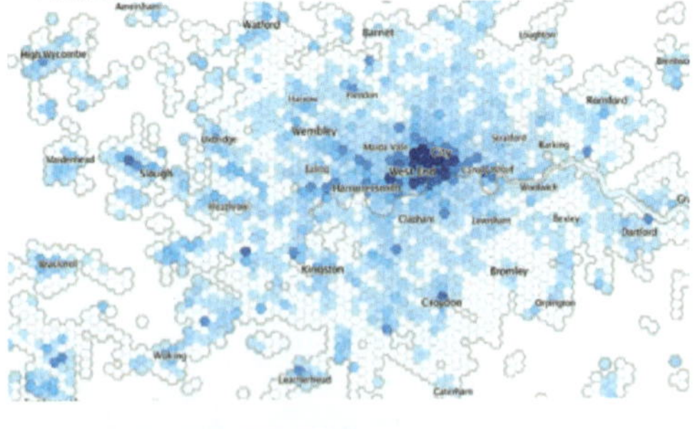

0~0.2 0.5 0.9 1.6 2.5

2.5~4 6.5 10 17 27

图 7.24　大伦敦地区各行业的就业密度

资料来源：Duncan A. Smith, CASA, Bartlett UCL, Luminocity, Urban Density 和 Dynamics explorer。经 Duncan A. Smith 许可使用。重新使用需要进一步许可。数据来源于 2011 年人口普查。

注：网格单元 =1km^2。行业分类是基于 2011 年人口普查的小职业组。

就业密度的变化对市场潜在价值有很大影响。2000 年至 2010 年期间，岗位的空间集中度持续增加（Smith，2012），促进了伦敦中心区的高市场潜力值。在现有密集的地区，密度进一步增加（图 7.25 和图 7.17）。未来 10 年，聚集趋势将继续推动伦敦金融城的经济增长，预计每年平均增长 2.8%。预计到 2025 年，就业人数（2014 年估计为 39.68 万人）将达到 43.57 万人，到 2025 年，生产力将每年上升 1.9%。

1. 大伦敦地区的住房价格

英国的住房价值约为 6 万亿英镑（Savills，2016）。住房资产的分布是非常不均衡的。内伦敦的住房价值比威尔士和苏格兰的所有住房加起来还要多 1/3

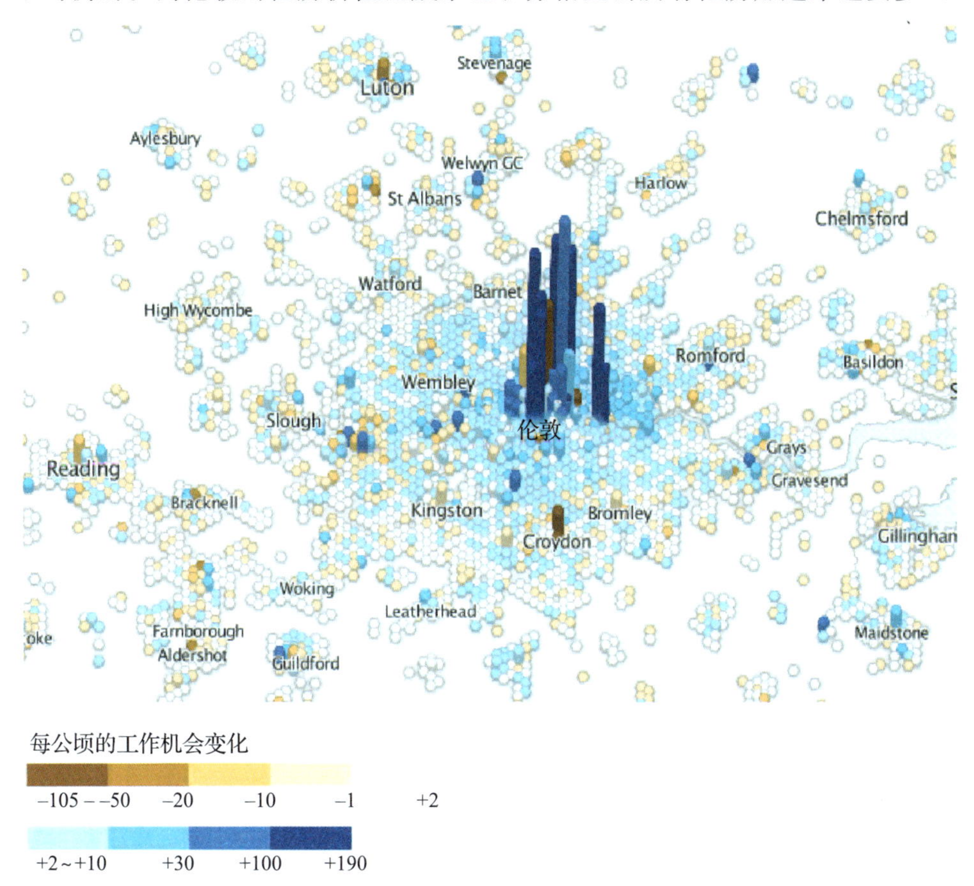

图 7.25　2001 年至 2011 年间大伦敦地区就业密度的变化

资料来源：Duncan A. Smith, CASA, Bartlett UCL, Luminocity, Urban Density 和 Dynamicsexplorer。经 Duncan A. Smith 许可使用。重新使用需要进一步许可。数据来源于 2001 年和 2011 年人口普查。

注：网格单元 =1km²。单元的高度显示 2011 年的就业密度。就业密度最大增长发生在最密集的单元。

（Stringer，2014）。住房财产价值的这种集中源自于伦敦中心区可达性的差异，那里是伦敦就业和 GDP 集中创造的地方（图 7.26）。Knight Frank 的一项研究表明，伦敦 91% 的租户希望居住在距离公共交通半径 1km 以内的地方（Knight Frank，2015）。

2. 伦敦的写字楼密度和租金

伦敦写字楼市场很复杂，由高度专业化的成熟中心和新兴的次中心组成。五个主要的商业区（伦敦金融城、威斯敏斯特、金丝雀码头、卡姆登和伊斯林

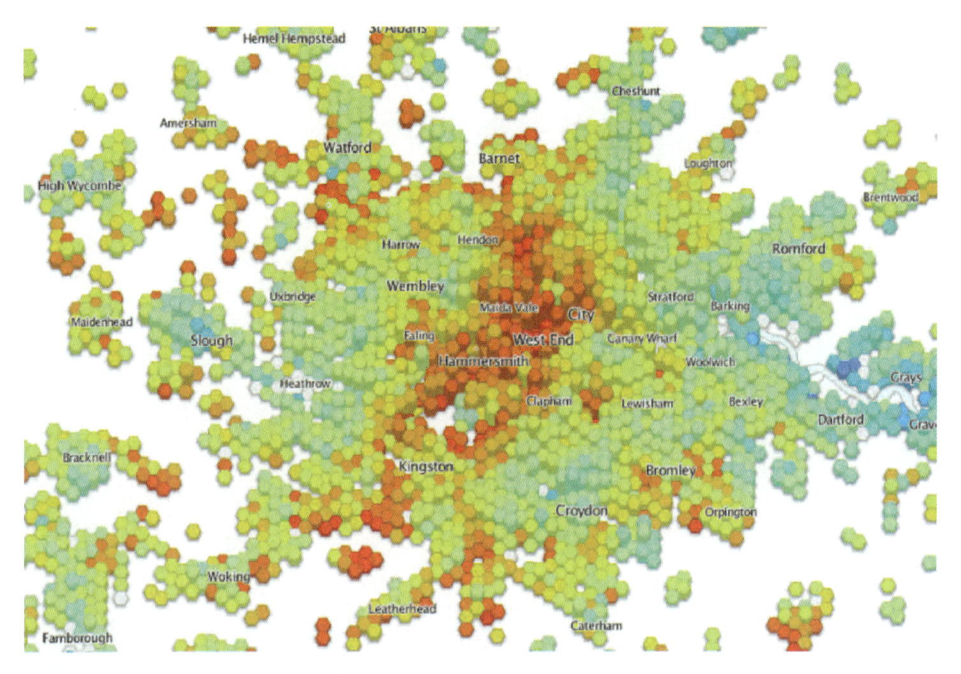

图 7.26　2013 年伦敦的住宅价格中位数

资料来源：Duncan A. Smith, CASA, Bartlett UCL, Luminocity, Urban Density 和 Dynamics explorer。经 Duncan A. Smith 许可使用。重新使用需要进一步许可。数据来源于英格兰和威尔士土地注册处 2014 年价格付费开放数据。

注：网格单元 =1km²。单元高度显示住宅人口密度。共用所有权和购买权交易不包括在内。

顿以及兰贝斯和南华克）占大伦敦地区不到 5% 的面积，却集中了 75% 的办公空间。

伦敦的写字楼价格与就业岗位公共交通可达性、居住人口公共交通可达性以及城市历史肌理品质（以被列入具有特殊建筑或历史意义建筑物的比例衡量）密切相关（Smith，2012）。可达性是影响最大的变量。西伦敦的价格比其他地方高，是因为它的连通性（特别是到希思罗机场）和历史声望，这源于它令人印象深刻的城市公共空间和高品质的历史建筑。

西伦敦地区的高价格也与城市发展的动态有关。2000—2010 年间，伦敦的城市发展经历了大规模的强化，新建了 800万m^2 的办公空间，使得 2010 年的办公空间总量达到 2640万m^2。由于政策和历史遗留原因，西伦敦地区的发展受到限制。伦敦金融城和金丝雀码头的快速扩张最初导致了价格的平缓（Smith，2012）。

不同的写字楼市场遵循不同的企业聚集和专业化模式。西伦敦地区的租金比伦敦金融城和金丝雀码头高，但并没有导致企业迁移。伦敦金融城的公司在金融方面高度专业化，在银行、保险、管理咨询、会计、法律服务和基金资产管理之间有密切联系。西伦敦地区的公司则更加多样化，有创意产业集群。因此，伦敦的写字楼市场是由当地高度专业化的次级市场组成的（Smith，2012）。这一发展趋势加强了公司的集群模式。东部和西部的分化正在扩大，开发对价格产生了不同的影响（图 7.27）。

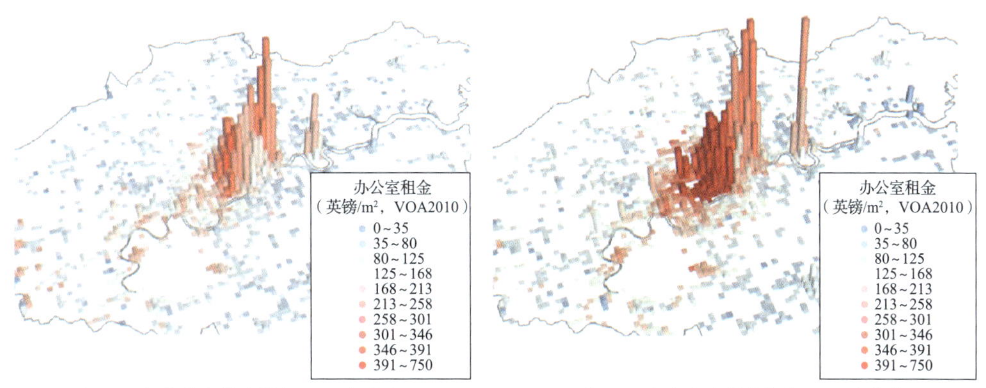

a）2000 年办公空间密度和 2003 年租金　　b）2010 年办公空间密度和 2008 年租金

图 7.27　伦敦的办公空间密度和租金

资料来源：Duncan A. Smith，CASA，Bartlett UCL。经 Duncan A. Smith 许可使用。重新使用需要进一步许可。

注：该可视化图是在 CASA UCL 使用 ArcGIS 创建的。数据来自估价局和大伦敦管理局。在 500m 的单元上进行计算。高度显示办公室密度（每个单元的办公室建筑面积的数量），颜色显示租金。

3. “穿心快线”对市场潜力的不同影响

车站周围的房地产价格不会均等地受益于连通性的增加[7]。伦敦房地产市场的复杂空间结构解释了“穿心快线”沿线不同的市场潜在价值。除了节点和场所价值提升的动态交互作用外，市场也有自己的逻辑（需求和供应，市场活力），在制定公共交通导向型发展（TOD）空间战略时必须考虑到这一点。本节分析了“穿心快线”的整体效应和对沿线市场潜力的不同影响。

“穿心快线”将使伦敦主要商业区（西区、金融城和金丝雀码头）的 45min 通勤范围内增加覆盖 150 万人（图 7.28）。它将为伦敦中部和东部创造与希思罗机场的直接联系，并增加法灵顿和斯特拉特福的中转作用。它将减少金丝雀码头和金融城之间的出行时间，加强利物浦站作为连接七条铁路线的主要换乘点作用，并有火车前往苏芬德和斯坦斯特德。“穿心快线”还将把内伦敦的新兴中心与主要的成熟中心连接起来。它将通过缩短出行时间以提高公共交通可达性，让沿途的企业更易进入更广阔、更高技能的劳动力市场以使沿线车站周围的地区得以复兴。它可能会吸引新的私营企业的发展，并提高“穿心快线”车站附近的就业密度。随着“穿心快线”直接服务于 Custom House、Woolwich 和 Abbey Wood，并改善与该地区其他网络的连接，整个泰晤士河门户将创造超过 10 万个额外的就业机会（Crossrail，2011）。

一项涵盖 2012—2021 年的财产影响研究得出以下结论（Crossrail 和 GVA，2012）。

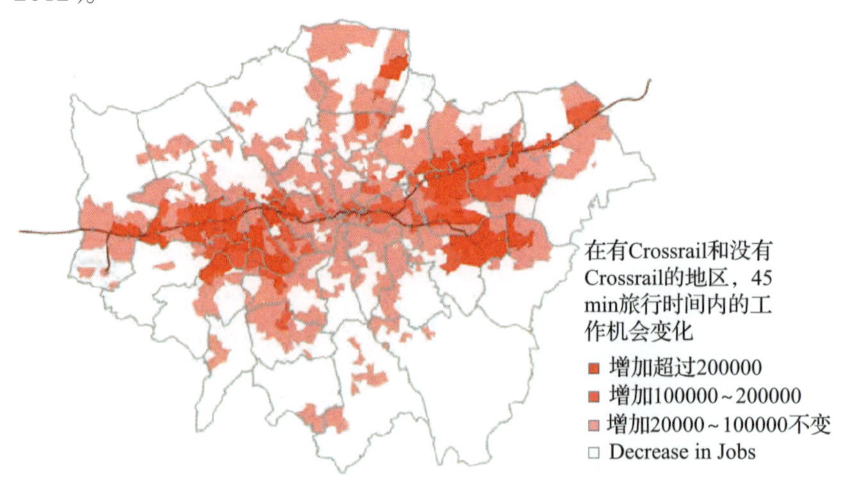

图 7.28 “穿心快线”对就业可达性的预估影响

资料来源：Crossrail 有限公司。经 Crossrail Ltd. 许可使用。重新使用需要进一步许可。

- “穿心快线”已经对投资决策产生了影响。在许多区域，它将对支持和加速新的开发产生影响。
- 在 2012 年至 2021 年期间“穿心快线”可以帮助沿线创造多达 55 亿英镑的额外住宅和商业价值。
- “穿心快线”将支持交付超过 57000 个新住宅和 320 万 m^2 的商业办公空间，这些都是在沿线车站 1km 半径范围内实施开发的。
- 未来十年，伦敦中心区的“穿心快线”车站周围的商业办公价值因“穿心快线”将比基线预测上升 10%。伦敦中心区车站周围的住宅资产价值将上升约 25%，而郊区的价值将比这一时期上升的基线预测再高出 20%。
- 城市景观的改善和“穿心快线”车站上方新规划的开发，将成为进一步开发和密集使用，以及显著改变一些地区（如法灵顿）提供显著且有益的驱动力。

随着时间的推移，“穿心快线”将对房地产市场和开发活动产生变革性影响。但这种总体增长并不是均质分布的。

沿着从梅登黑德到申菲尔德的整条线路，在 2008 年至 2014 年期间，车站附近的房价仅比当地市场多涨 5%，平均涨幅为 43%。然而，有些地区的房价却在飙升。在伦敦中心区，法灵顿和帕丁顿的价格比当地市场高出约 24%。根据伦敦房地产公司 KnightFrank 的分析，在伦敦中心区的车站附近，步行 10min 内的平均房价上涨了 57%，而靠近邦德街车站的房价上涨了 82%——是沿线最大的涨幅（Knight Frank，2015）。

在连通性的巨大变化与重大发展机会相吻合的情况下，预计会出现最显著的改善。在伦敦中心区，历史遗留问题将限制新增的交通容量对西区发展的影响。在伦敦金融城，一个更自由的规划制度应该允许在连通性得到改善的情况下实现密集化。

“穿心快线”和泰晤士连线将在法灵顿创造一个新的和非常重要的交通枢纽，由此提升的连通度将极大地提高开发和就业潜力（CB Richard Ellis，2009）。交通升级带来的影响将在边缘地区最为显著，那里有大量的开发机会。在犬之岛、斯特拉特福和帕丁顿等市场，交通将在房地产市场的转型中发挥主导作用。在“穿心快线”沿线的车站中，那些房产价格表现优于市场的车站都位于就业和连通性都高度集中的伦敦中心区。

房地产市场最大的变化预计在东伦敦。到 2020 年，犬之岛的办公空间存量可能会翻倍，而“穿心快线”是关键的驱动力。它将首次提供直连希思罗机场和西伦敦，并改善与伦敦中心区的通路。伦敦城市机场日益增长的重要性也将是一个刺激因素。“穿心快线”也将为斯特拉特福建立与金融城和西区的直接联系发挥关键作用（HS1 已经将斯特拉特福纳入了国际铁路网）。

到 2020 年，帕丁顿办公市场的规模也可能翻倍。随着开发商寻求利用现有的交通连接质量和对现有网络的改善，国王十字街、尤斯顿、维多利亚和南岸的天际线将被重塑。

4. 构建“穿心快线”沿线节点的类型划分

据 GVA 称，“穿心快线”将进一步加强中心区较高的节点和市场潜在价值峰值，类似这种现象在 1998 年首尔地铁二期工程竣工后也曾出现。鉴于伦敦中心区现有写字楼群的强劲实力，“穿心快线”本身不太可能创造新的市场或符合自身新需求的主要地区，但它将有助于加强和巩固既有写字楼群，并支持既有地区的需求。在高价值地区保持价值与在价格较低的地区提高价值同样重要。

根据 CB Richard/Ellis 2009 年的报告，“穿心快线”将为核心和边缘市场创造新的机会和风险（表 7.1）。目前的交通系统有利于伦敦的核心市场，因为这些市场因交通连接良好演化而来，交通的改善也是为了提高这些市场的可达性。鉴于这些地区已经有了很好的交通连接，交通改善的效果将是渐进的。

表7.1　核心和边缘市场的机会和风险

	机会	风险
边缘市场	• 加速了租户考虑替代地点的意愿 • 增加对非核心地点的办公空间需求，帮助建立新的和新兴市场	• 强化集聚效应，进一步加强核心市场 • 导致既有市场的强化
核心市场	• 增加就业并促进了对办公空间的需求 • 增加集聚效应，促进生产力的提高，并允许实 现更高的租金	• 削弱既有楼群的相对实力和连接优势 • 增加了企业向非核心领域转移的意愿

资料来源：Siebrits 2009。经世邦魏理仕许可使用。重新使用需要进一步许可。

相比之下，边缘地区（提供新的交通基础设施将创造较高的节点价值和相对较低的场所价值，引发不平衡）将受益于新连接和运力提升的变革效应。边缘市场的风险是核心区运力的提高会加强集聚效应，进一步强化其相对于边缘区的地位。这些风险被从潜在开发的利润率提升所带来的可能利差所抵消。

世邦魏理仕提出了一种基于连通性（节点价值增加）和发展潜力（场所和市场潜在价值增加）的类型划分（图 7.29）。最大的增长潜力在于高水平的写字楼开发与高增长的连通性相匹配。

建设进程已经过半，一些社区已经看到了车站带来的好处，而其他社区还没有这样做。尽管“穿心快线”将主要通过加强先进服务经济核心节点，如金丝雀码头，来刺激经济增长。但只要他们采取正确的发展战略，沿线的各类社区都有发展机会。

位于不太中心的车站的开发需要认真规划。特别是，地面交通换乘站必须以无缝方式充分整合不同的交通方式。例如，自行车和行人通道以及通往车站

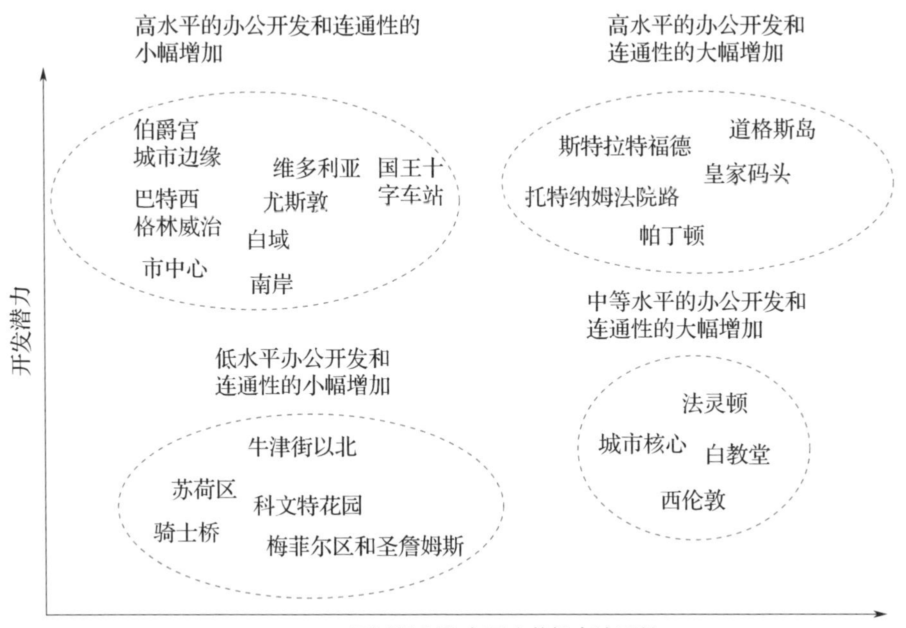

图 7.29　“穿心快线”沿线车站的连通性和开发潜力

资料来源：Siebrits 2009。经世邦魏理仕许可使用。重新使用需要进一步许可。

的道路对车站的使用和感知有重大影响。高品质的车站和公共空间的设计在吸引投资、改善观感和社区设施以及获得或保留零售商方面起着重要作用。特别是连接车站的新街道应与其他开发商的激励分阶段进行，以便工程可以合并实施。如果开发商的贡献不能与车站工程同步分阶段进行，则应探讨其他融资方式。

规划需要允许灵活性和适应需求的变化。一些地区将需要更长的时间才能受益。一些地方的特征将发生变化——从城镇中心到住宅，从工业到商业，从安静到繁忙，或任何可能的转变。这种转变要求所有参与方有一个长期的观点，建立在与交通机构和地方当局的合作关系上，以发展高水准的交通。同时，能够提供社会和财务回报的高品质规划。

“穿心快线”在边缘车站的经验表明，如果从一开始就考虑到基础设施项目的非铁路方面，TOD 可以在车站区域的复兴及其对当地经济和社会包容性的影响方面取得更多成果。一个建议是建立或增加技能和就业服务，特别是在连通性为创造就业提供新机遇的地区。

“穿心快线”已经为其伦敦中心区主要车站上方和周围的 12 个主要房地产开发项目准备了一体化规划设计（Crossrail，2015a）。开发计划涵盖超过 280000m^2 的高品质办公、零售和住宅空间。作为“穿心快线”核心资金战略的一部分，房地产开发的收益目标是产生约 5 亿英镑的收入。“穿心快线”及其合作伙伴已经获得了大部分的规划许可，最后几个规划申请也已经提交。

7.3 “穿心快线”的成本效益比和经济效益

7.3.1 收益与成本比率

交通项目的传统经济评估侧重于节省出行时间和出行质量效益等因素，并根据项目的总成本对其进行评估。这种模式长期以来一直被用来评估不同交通项目的相对吸引力，也作为“穿心快线”的效益和成本分配货币价值的评估方法。根据英国的时间价值，这种分析得出的效益与成本比率为 2.59，而伦敦具体的时间价值，比率为 3.64（表 7.2）。因此，该项目产生了大量的净运输经济效益。这些效益中的 40% 以上与伦敦拥挤的交通网络容量增加以满足伦敦现有和未来的交通需求有关。（Crossrail，2011）。

表7.2　“穿心快线”的估计收益和成本（单位：10亿英镑）

组成部分	伦敦交通局（伦敦的时间价值）	交通部（英国的时间价值）
为用户带来的好处		
节省时间	9.1	6.6
缓解拥堵	7.3	5.3
其他	0.5	0.5
间接税收入	-1.4	-1.4
用户收益总额	15.5	11.0
费用	—	—
资本支出	-8.0	-8.0
运营和维护	-3.6	-3.6
收入	7.4	7.4
其他	0.2	20.2
用户成本总额	-4.2	-4.2
净现值	11.2	6.7
传统的“效益成本比”	3.64	2.59

资料来源：Crossrail 2011。

注：数字是基于 2002 年第一季度价格的现值。

7.3.2　更广泛的经济效益

传统的评估方法只考虑直接的运输效益和成本。但像“穿心快线”这样的大型项目会产生经济效益，而这些效益并不包括在标准的成本效益分析中。交通部将这些更广泛的经济效益识别为四个组成部分：转移更多的生产性岗位、纯粹的集聚、增加劳动力市场，以及对不完全竞争的影响。

“穿心快线”将对英国经济产生重大影响。根据土地和财产总监 Ian Lindsay 的说法，在施工高峰期，“穿心快线”将直接雇用约 10000 人。英国的供应链效益预计将比实际投资高三倍。超过 1000 份合同已经招标，90% 的预算都用在英国。“穿心快线”的目标是通过重振英国的隧道和地下建筑技术来留下技术遗产（Lindsay，2012）。

“穿心快线”支持一个作为经济增长引擎的交通系统。改善公共交通是吸引更多就业和居民的主要先决条件之一，实现和促进《2016 年伦敦规划》（伦敦市，2016 年）中预测的增长。伦敦未来超过 35% 的就业增长将位于有“穿心快线”服务的地区（西区、金融城和金丝雀码头）。就像纽约的哈德逊广场

（见第 5 章）一样，“穿心快线”是战略规划政策的核心组成部分，旨在强化现有的工作高度集中在核心城市，以获得尽可能高的集聚经济。

注释

1 本章没有考虑英国脱欧可能对先进服务集中在伦敦的任何影响。

2 公共交通包括公共汽车、长途汽车、地铁、有轨电车、火车和河上巴士的出行。

3 铁路于 1836 年首次在伦敦出现。最初的发展大多是城际间的。1846 年铁路终点站皇家委员会阻止了火车线路进入伦敦中心区，导致了一圈断头的车站，该禁令刺激了市场的相互连通和地下铁的发展（Levinson、Giacomin 和 Bad-sey-Ellis，2016）。地面铁路和地铁网络一起扩展，这两种模式之间产生了竞争和协同作用。交通发展在郊区扩张中发挥了重要作用，铁路公司与房地产开发商建立了商务关系，在某些情况下，他们自己也是房地产开发商。

4 本节引用了“穿心快线”的材料。

5 虽然内伦敦是欧洲最富裕的地区，但并不是均衡富裕。西部和东部之间存在着巨大的鸿沟。内伦敦西区的总产值是东区的两倍，而面积还不到东区的 1/3。内伦敦西区的人均 GDP 比东区高 3.6 倍。东区和西区之间的这种分化正在加剧，这反映在办公空间的价格上。

6 大伦敦地区占地 1572km^2，人口 820 万；内伦敦地区占地 319km^2，人口 320 万；伦敦中心区（基于伦敦规划）占地 30km^2；伦敦金融城占地 2.9km^2，人口 8000 人。这反映了其主要作为一个经济中心的作用。人口数据以 2011 年人口普查为基础。

7 本章的这一部分借鉴了“穿心快线”和 GVA（2012）。

参考文献

CB Richard Ellis. 2009. *Making Tracks. Transport Change and the London Property Market*. Available at http://www.propertyweek.com/Journals/Builder_Group/Property_Week/18_December_2009/attachments/Making%20Tracks.pdf.

City of London. 2016. *The London Plan 2016*. London.

City of London Corporation. 2011. *London's Competitive Place in the UK and Global Economies*. Available at https://www.cityoflondon.gov.uk/business/economic-research-and-information/research-publications/Documents/research-2011/London%27s%20Competitive%20Place%20in%20the%20UK%20and%20Global%20Economies_2011.pdf.

Crossrail. n.d. http://www.crossrail.co.uk.

———. 2011. *Crossrail Business Case Update Summary Report*. Available at http://webarchive. nationalarchives.gov.uk/20111005174015/http:/assets.dft.gov.uk/publications/crossrail-business-case-update/crossrail-business-case-update-summary-reportjuly-2011.pdf.

———. 2015a. *Places & Spaces: Property Development on the Crossrail Route*. Available at http://74f85f59

f39b887b696f-ab656259048fb93837ecc0ecbcf0c557.r23.cf3. rackcdn.com/assets/library/document/e/original/ea042_property_development_book_2nd_rev_.pdf.

———. 2015b. *Places & Spaces: Urban Realm on the Crossrail Route.* Available at http://74f85f59f39b887b696f-ab656259048fb93837ecc0ecbcf0c557.r23.cf3.rackcdn. com/assets/library/document/e/original/ea044_urban_realm_book_2nd_rev_.pdf.

Crossrail, and GVA. 2012. *Crossrail Property Impact Study.*

Economist Intelligence Unit. 2013. *Hot Spots 2025. Benchmarking the Future Competitiveness of Cities.* Available at http://www.citigroup.com/citi/citiforcities/pdfs/hotspots2025.pdf.

GLA (Greater London Authority). 2004. *The Case for London.* Available at https://www. london.gov.uk/sites/default/files/gla_migrate_files_destination/archives/mayor-case_for_london-docs-cfl_submission.pdf.

GLA Economics. 2016. *Draft Economic Evidence Base 2016. The Spatial Characteristics of London.* Available at https://www.london.gov.uk/sites/default/files/draft-eeb-2016.pdf.

JLL Residential Research. 2015. *Crossrail Identifying Opportunities.* http://residential.jll. co.uk/new-residential-thinking-home/research/crossrail-identifying-opportunitiesjanuary-2015.

Knight Frank. 2015. *Crossrail. Analyzing Property Market Performance from Reading to Shenfield.* Available at http://content.knightfrank.com/research/520/documents/en/2015-2767.pdf.

Levinson, D. M., D. Giacomin, and A. Badsey-Ellis. 2016. “Accessibility and the Choice of Network Investments in the London Underground.” *Journal of Transport and Land Use* 9 (1): 131–50. Available at https://www.jtlu.org/index.php/jtlu/article/viewFile/797/757.

Lindsay, Y, 2012. *Crossrail & the Future of London Transport.* Available at https://issuu. com/futureoflondon/docs/future-london-april-12_il.

Parilla, Joseph, Jesus Leal Trujillo, and Alan Berube, with Tao Ran. 2015. *Global Metro Monitor.* Washington, DC: Brookings Institution. Available at https://www.brookings. edu/wp-content/uploads/2015/01/bmpp_gmm_final.pdf.

Salat, Serge, and Loeiz Bourdic. 2015. *L'économie spatiale du Grand Paris. Connectivité et création de valeur.* Caisse des Dépôts and Urban Morphology and Complex Systems Institute, Paris.

Savills. 2016. “Total Value of UK Homes Passes £6 Trillion Mark.” Available at http://www. savills.co.uk/_news/article/72418/198296-0/1/2016/total-value-of-uk-homes-passes-£6-trillion-mark.

Smith, D. A. 2012. “Agglomeration and Urban Development: The Evolving Business Geography of Greater London.” CASA Seminar. Available at http://www.slideshare.net/DuncanSmith/greater-london-business-centre-specialisation.

Stringer. 2014. “Mapping the UK's Housing Wealth.” *CityMetrics*, October 6. Available at http://www.citymetric.com/skylines/mapping-uk-s-housing-wealth-362.

第 8 章
整合空间经济与 TOD：提升中国郑州经济效率和社会包容度

本案例研究将 3V 框架的地理范围扩大至特大城市（郑州）[1]。本章分析了规划中的前六条地铁线路的影响（图 8.1），详细审视了 3 号线沿线 21 座车站的发展潜力。同时，介绍了 3V 框架是如何帮助制定一个长期可行的、更有效的空间形态愿景（人口、工作岗位和经济），以促进经济增长和提高生产力，同时将经济增长与基础设施成本和能源使用强度脱钩。案例强调了如何在考虑节点、场所和市场潜在价值的情况下，围绕特定的交通节点制定城市发展战略。案例还展示了在成熟发达城市中使用的公共交通导向型发展（TOD）战略同样适用于快速增长的城市，特别是在中国。

本章从以下三个层面提出建议。

- 在大都市层面，报告建议将郑州的空间经济和劳动力市场与公共交通整合起来，实现集聚促进经济增长，提高生产力、竞争力和包容性。
- 在网络层面上，建议通过将具有高可达性地铁网络的中心地区与经济、人口密度相匹配。
- 在地方层面，建议提高场所和市场的潜在价值，以获得土地价值捕获融资的收益。

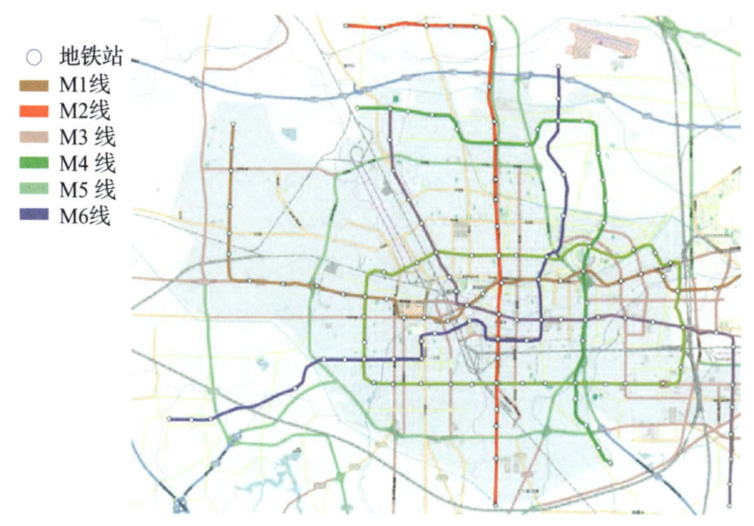

图 8.1　郑州首批六条地铁线路

资料来源：世界银行根据郑州市规划局的数据编制的文件。

8.1　郑州的重要性

郑州是中国中部河南省的省会，是中国八大古都之一，位于黄河南岸，是河南省（拥有 9400 多万人口）的政治、经济、科技和教育中心。

郑州是一个重要的交通枢纽，位于陇海铁路和京广铁路的交汇处。高速铁路网提供了郑州与北京、南京、西安、武汉和上海的连接服务。新高铁站（郑州东站）是亚洲最大的高铁站之一。由于其战略区位，郑州正越来越多地吸引着国内和国际的投资以及移民，加快成为中国的大型经济中心之一（EIU，2012）。2015 年，郑州的人均 GDP 为 77217 元。

郑州有 960 万人口，面积为 7446km^2，其中市区人口为 640 万，居住在 1010km^2 的土地上，建成区面积 438km^2。郑州是中国中部的第二大城市，仅次于武汉。

8.2　郑州大都市层面的 TOD

中国国家发展和改革委员会于 2009 年 2 月批复了郑州地铁 1 号线和 2 号线的建设规划。这个快速轨道交通网络将服务于郑州的市区和郊区。地铁的延伸将提高生产力、宜居性和城市对企业和投资者的吸引力。

为了将连通性和可达性的提高转化为 GDP 的增长，必须协调公共交通站点周边的土地使用强度和经济规划（联合国人居署，2015）。国际经验表明，土地使用强度不应该在整个城市均匀分布，而应该在就业岗位公共交通可达性最高的地方达到峰值。企业将选址在能够通过集聚和本地化效应提高其生产力的地方。区划政策应该允许并促进可达性高地区的集聚化。

在交通便利的基础上塑造集聚（人、岗），通过多种模式（飞机、高速铁路、区域铁路、地铁、公交车）和不同的地理尺度，以无缝、综合的方式将人们与就业岗位联系起来，对促进经济发展、最有效地利用资源和最大限度地降低基础设施成本至关重要。高效和紧凑的换乘枢纽应确保各种尺度和模式的无缝整合，如果社区是可渗透的、以人为本和有活力的，则将为城市发展提供良好机遇。

8.2.1 郑州的经济和人口密度

郑州经济呈现集聚的特征（图 8.2），GDP 的集中度与伦敦类似，并遵循帕

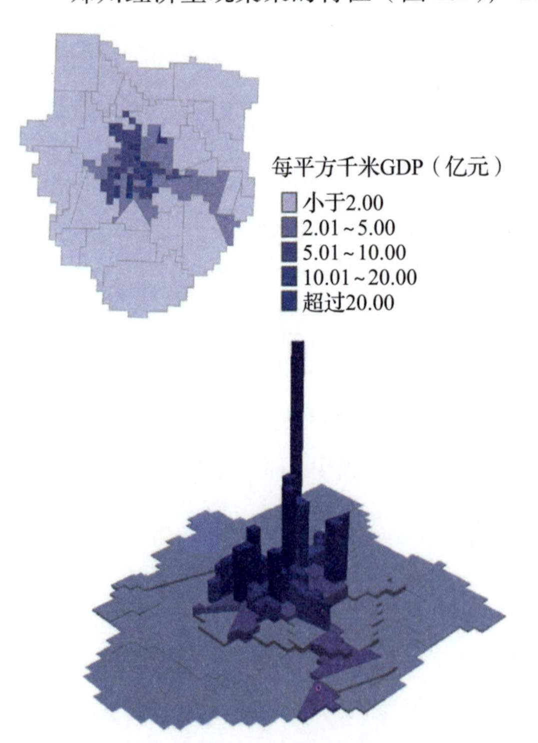

图 8.2 2009 年郑州 GDP 的地理分布情况

资料来源：城市形态学和复杂系统研究所，2016 年，基于郑州人口普查数据。

累托原则（20% 的城市土地带来城市 80% 的 GDP）（图 8.3）。这种模式是高效的，被认为是全球城市的宝贵财富，因为具有高生产力的集聚区域是整个城市的经济引擎，确保了一个城市的全球竞争力和吸引力。2009 年郑州的 GDP 密度遵循指数为 -0.89 的反幂律分布（关于幂律分布的解释，见附录 A）。

图 8.4 显示了城市核心区（蓝色标记的区域）的人员密度（人口和岗位）将会下降，而在没有连接的外围地区则增加。人口和岗位向外扩散的趋势，可能会降低城市的强大集聚效应。

现有规划并没有促进经济和住宅密度集中在地铁网络可达性高的最中心部

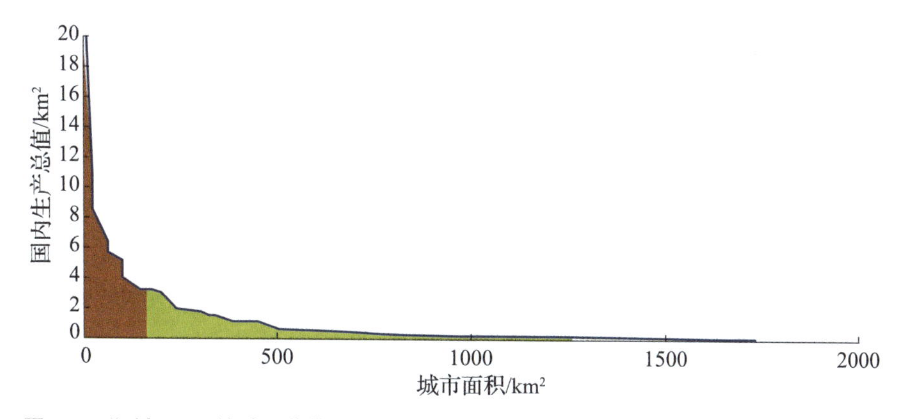

图 8.3　郑州 GDP 的地理集聚度，2009 年

资料来源：城市形态学和复杂系统研究所，2016 年，基于郑州人口普查数据。

注：郑州 80% 的 GDP 集中在 21% 的城市面积上（红色区域），20% 的 GDP 分散在 79% 的城市面积上（绿色区域）。

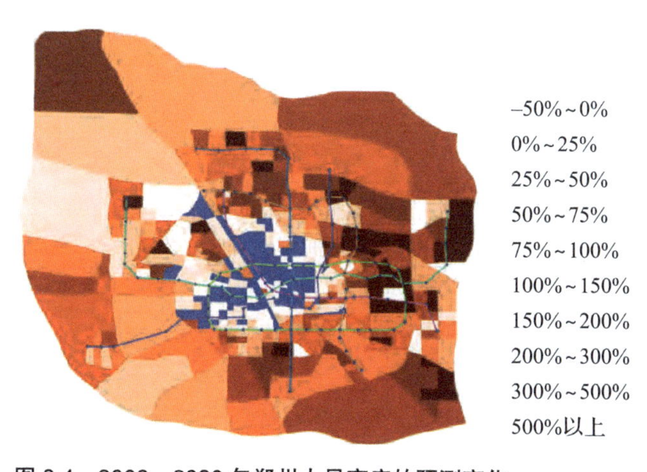

图 8.4　2009—2030 年郑州人员密度的预测变化

资料来源：城市形态学和复杂系统研究所，2016 年，基于交通研究的数据。

分（图 8.5）。事实上，该市的扩散政策预计将使城市核心区内最核心和最便利地区的密度降低，同时将人口和活动迁往交通不便的外围区域——这与纽约和伦敦的做法相反，将导致土地使用和公共交通一体化的效率降低。

随着大型单一功能的工业区在与地铁线路连接不紧密周边地区的增加，将呈现职住比日益失衡的状况。结果将导致郑州对企业的竞争力和吸引力下降，出行时间增加。劳动力市场可能会变得支离破碎，减少集聚经济和降低全球竞争力。

相反，从以前的案例研究中可知，规划可以将郑州的开发强度与公共交通 30min 可覆盖人口、就业岗位和商业空间相匹配，进一步加强现状密集和可达性高的地区的发展潜力（这些地区有更高的增长潜力），而不是通过扩散政策和新城镇分散发展。这需要制定规划，使人口综合密度的增加与新地铁线路投资所带来的可覆盖的工作岗位数量增长更加匹配。连通性和可达性的增加将导致房地产的增长和土地价值的增加，这些增值都可以部分地由公共部门捕获，以支付公共投资和促进当地的进一步发展。根据公共交通的可达性来区分容积率和土地用途的新的区划体系，可以支持郑州制定一个战略性的 TOD 规划，来整合经济、交通和土地使用规划[2]。就业岗位和公共交通之间的匹配将允许对空间规划采取更有力的综合举措。

郑州现状居住和就业密度分布与巴黎、伦敦和纽约等具有竞争力的全球城市相似。人口密度在中心地区较高，在外围地区较低（图 8.6 和图 8.7），遵循指数为 −0.945 的逆幂律（见附录 A）。

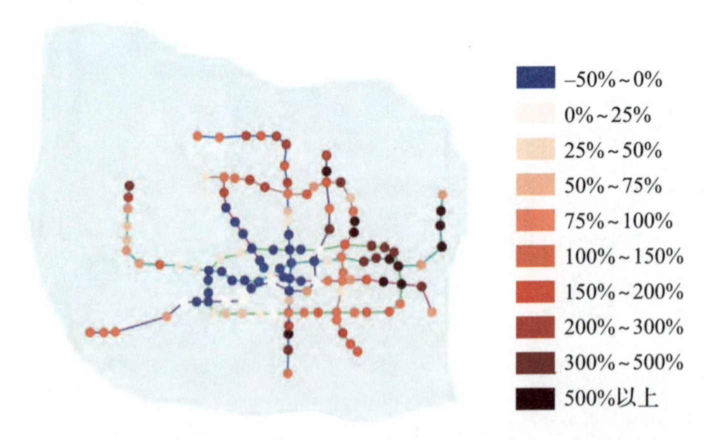

图 8.5　2009 年至 2030 年郑州地铁站点周边人员密度的预测变化

资料来源：城市形态学和复杂系统研究所，2016 年。

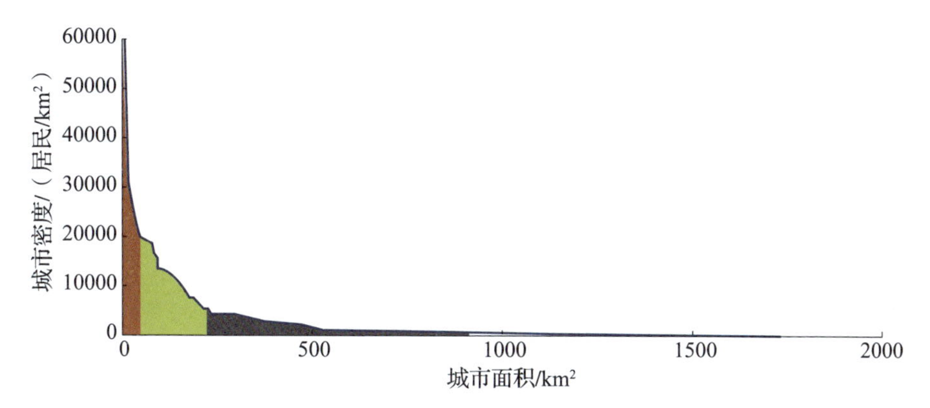

图 8.6　2012 年郑州市区人口分布图

注：红色区域表示 33% 的人口（180 万居民）生活在 2.5% 的大都市地区（44km²）。密度超过每平方千米 20000 人，超级核心区的平均密度为每平方千米 41000 人。绿色区域表示 30% 的人口（160 万）居住在 6.5% 的都市区（109km²）。密度为每平方千米 5000~20000 人，平均密度为每平方千米 14700 人。灰色区域表示 37% 的人口（190 万）居住在 91% 的都市区（1570km²）。密度低于每平方千米 5000 人，平均密度为每平方千米 3300 人。

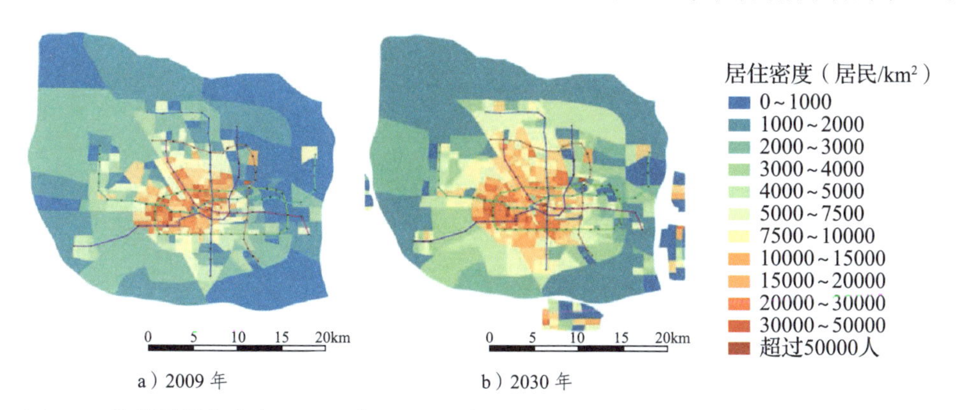

图 8.7　郑州的居住密度，2009 年和 2030 年

资料来源：城市形态学和复杂系统研究所，2016 年，基于交通研究的数据。

居住密度分布预测显示出一个逐步增加的过程，但仍有大片密集的地区几乎没有地铁网络（图 8.7）。2009 年，居住密度高度集中（逆幂律指数为 -0.92）。预计从 2020 年开始，它将变得更加平滑（逆幂律指数为 -0.66）——这种发展模式将降低城市效率（图 8.8）。

地铁站 500m 半径内的居住密度显示出城市西部和东部之间的强烈不平衡（图 8.9）。在环线的西部地区形成了高居住密度的车站群，这种不平衡将带来价值不平衡。

人均 GDP 和就业率在四个周边地区是最高的（图 8.10）。这种模式反映了

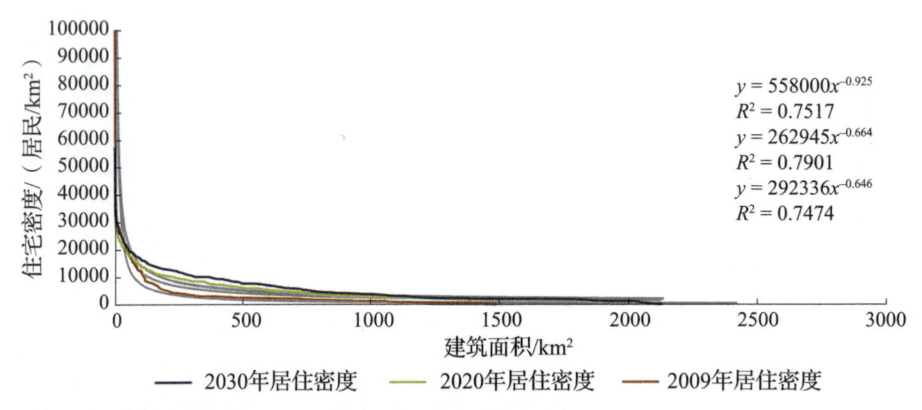

图 8.8　郑州的居住密度，2009 年、2020 年和 2030 年

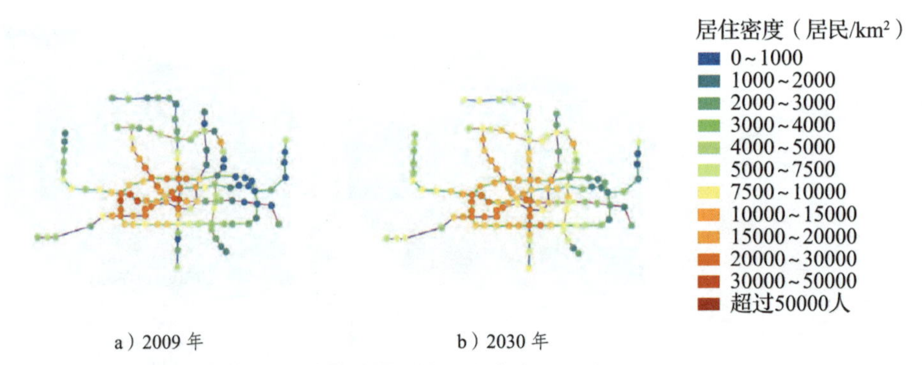

图 8.9　2009 年和 2030 年郑州地铁站周围的居住密度

资料来源：城市形态学和复杂系统研究所，2016 年，基于交通研究的数据。

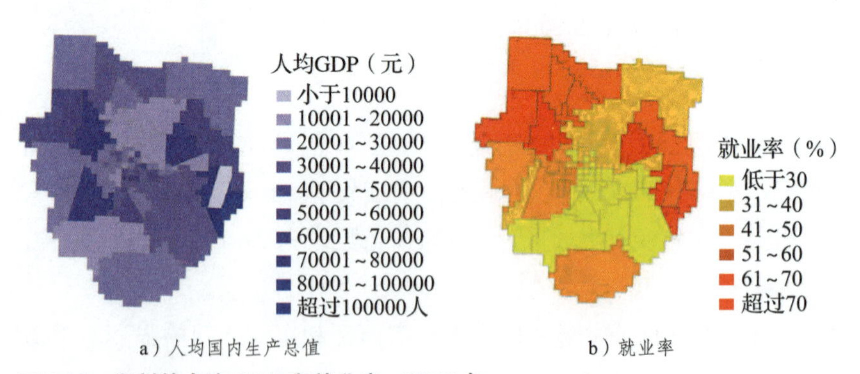

图 8.10　郑州的人均 GDP 和就业率，2009 年

资料来源：城市形态学和复杂系统研究所，2016 年，基于人口普查的数据。

将就业人员和工业区集中在居民分布少的地区的特征。

居住密度和经济密度之间的相关性表明了强烈的集聚经济效应（图 8.11）。这些效应可能会因为工作机会分散到广大地区而受到损害（图 8.12）。分析显示，在去中心化政策的影响下，工作岗位的集中度下降（图 8.13）（幂律的指数从 1.51 下降到 0.74）。

对地铁站 500m 半径内的工作岗位密度分析证实了城市西部和东部之间的结构不平衡。密度随着时间的推移而增加，但不平衡的现象仍然存在。工作岗位分散布局，而不是聚集在地铁站周围。预计城市中联系最紧密部分的密度下降将减少城市中心的市场潜在价值，也不会在外围创造强大的市场机会，因为规划扩张的区域与地铁网络的联系很差（图 8.14 和图 8.15）。预计工作岗位增

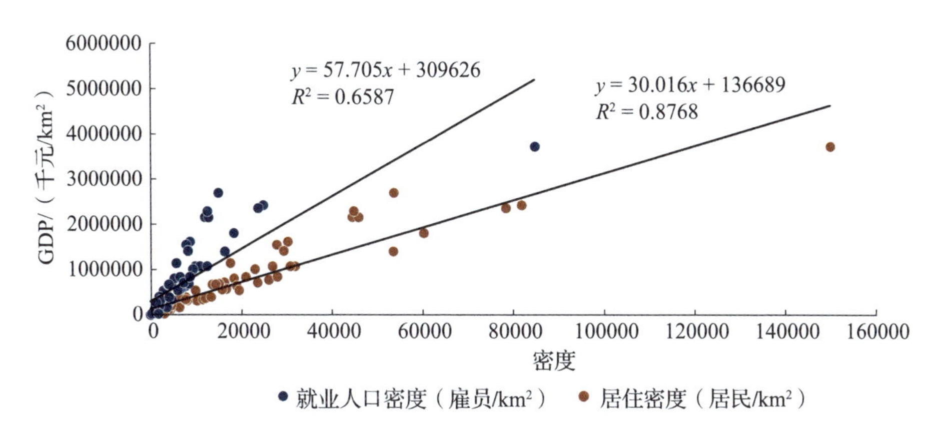

图 8.11　2012 年郑州居住密度和经济密度的相关性

资料来源：城市形态学和复杂系统研究所，2016 年。

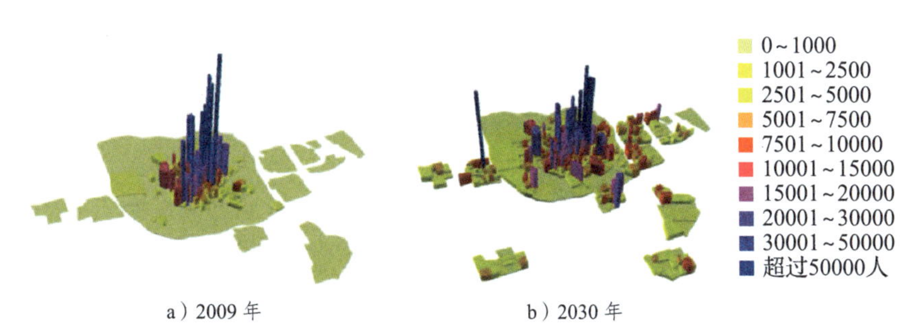

图 8.12　郑州的岗位密度，2009 年和 2030 年

资料来源：城市形态学和复杂系统研究所，2016 年。

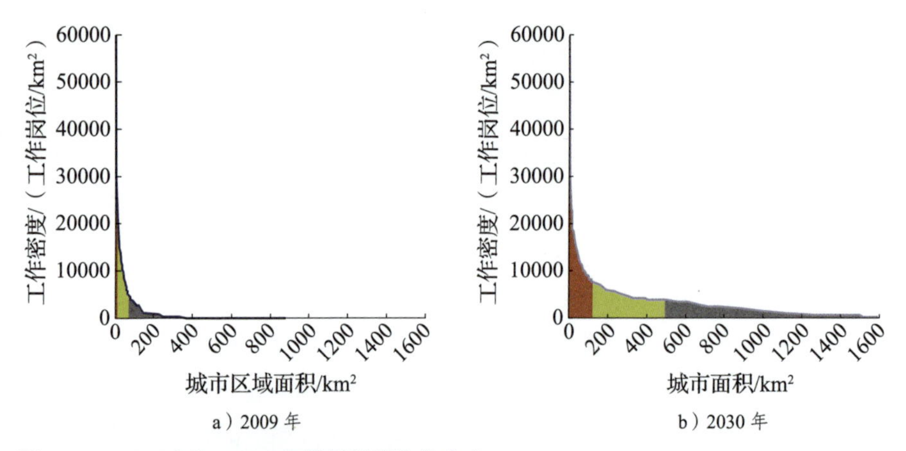

a）2009 年　　b）2030 年

图 8.13　2009 年和 2030 年郑州的岗位集中度

注：图 8.13a 中，红色区域表示 1/3 的工作岗位位于 1% 的建成区域（14km²），密度超过每平方千米 20000 个岗位。绿色区域表示 1/3 的工作岗位位于 6% 的建成区（44km²），密度为每平方千米 6500~20000 个工作。灰色区域表示 1/3 的工作岗位位于 93% 的建成区域（809km²），密度低于每平方千米 6500 个工作岗位。图 8.13b 中，红色区域表示 1/3 的工作岗位位于 6% 的建成区域（123km²），密度超过每平方千米 7700 个工作岗位。绿色区域表示 1/3 的工作岗位位于 19% 的建成区域（305km²），密度为每平方千米 3900~7700 个工作岗位。灰色区域表示 1/3 的工作岗位位于 75% 的建成区（1163km²），密度低于每平方千米 3900 个工作岗位。

长将主要发生在外围地区，在某些情况下是在大型的、不相连的地区。

大型工业区将越来越多地分散在外围地区，与地铁线路的连接也很薄弱（图 8.16 和图 8.17）。这种增长意味着交通需求的大量增加，主要是通过道路交通运输。城市东部地区职住比高的车站数量将增加，反映了单一功能的增加。

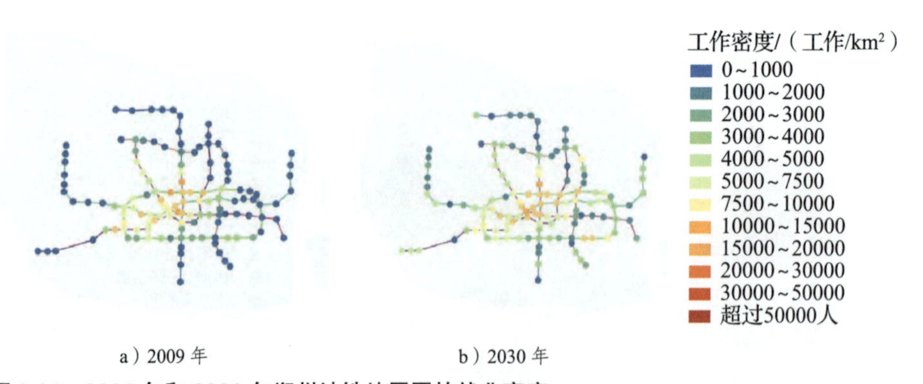

a）2009 年　　b）2030 年

图 8.14　2009 年和 2030 年郑州地铁站周围的就业密度

资料来源：城市形态学和复杂系统研究所，2016 年，来自交通研究的数据。

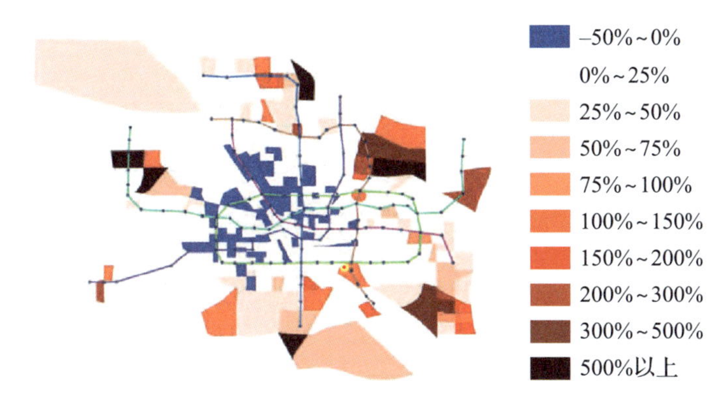

图 8.15　2009 年至 2030 年期间就业密度的预计增长与郑州地铁站点之间的联系

资料来源：城市形态学和复杂系统研究所，2016 年，基于交通研究的数据。

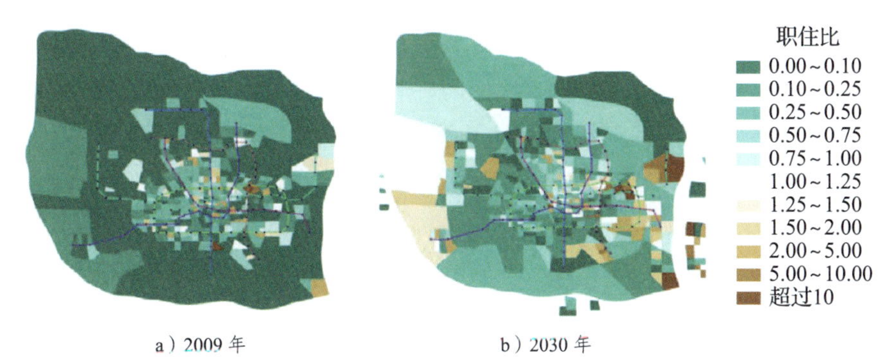

图 8.16　2009 年和 2030 年郑州的职住比

资料来源：城市形态学和复杂系统研究所，2016 年，基于交通研究的数据。

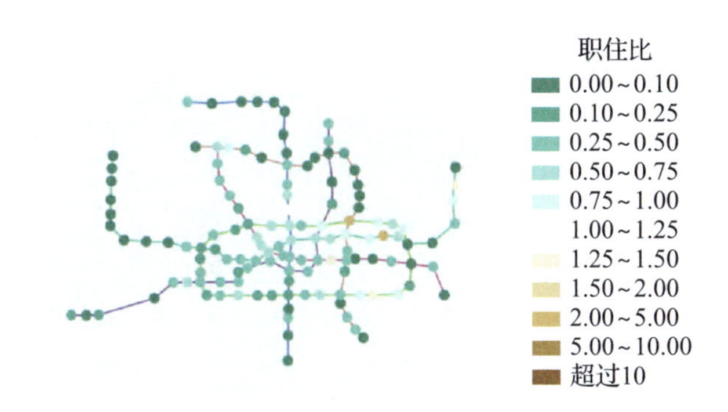

图 8.17　2030 年郑州地铁站周边 500m 范围内的职住比

资料来源：城市形态学和复杂系统研究所，2016 年，基于交通研究的数据。

8.2.2 TOD 对改善郑州就业岗位可达性的影响

Li 等人（2016）研究了在不同的土地使用和交通投资下，每个地方在 45min 出行时间内通过人口加权的公共交通、步行和骑行的平均就业岗位可达占比[3]。研究表明，当两个互补的政策结合在一起时，可以实现平均就业岗位可达性的大幅提高：

1）一个多式联运系统，包括一个发达的地铁网络，并辅以公交和地铁。

2）地铁站周围高水平集聚。在这种情况下，社会的包容性和劳动力市场的一体化都会增加。

图 8.18 显示了郑州市民在 45min 内可以通过公共交通、步行和骑行到达的就业岗位占比。在第一种情况下，只包括地铁 1、2、3 号线（图 8.18a），人们平均可以到达 12% 的工作岗位。加入公交网络后，这一比例增加到 28%（图 8.18b）。将工作岗位和居民集中在地铁站 800m 半径范围内（TOD 方案），比例增加一倍，增加到 39%（图 8.18c）。同时，确保良好的自行车接驳（例如，通过改进的自行车道和安全的停车设施）可将比例提高到 46%（图 8.18d）。

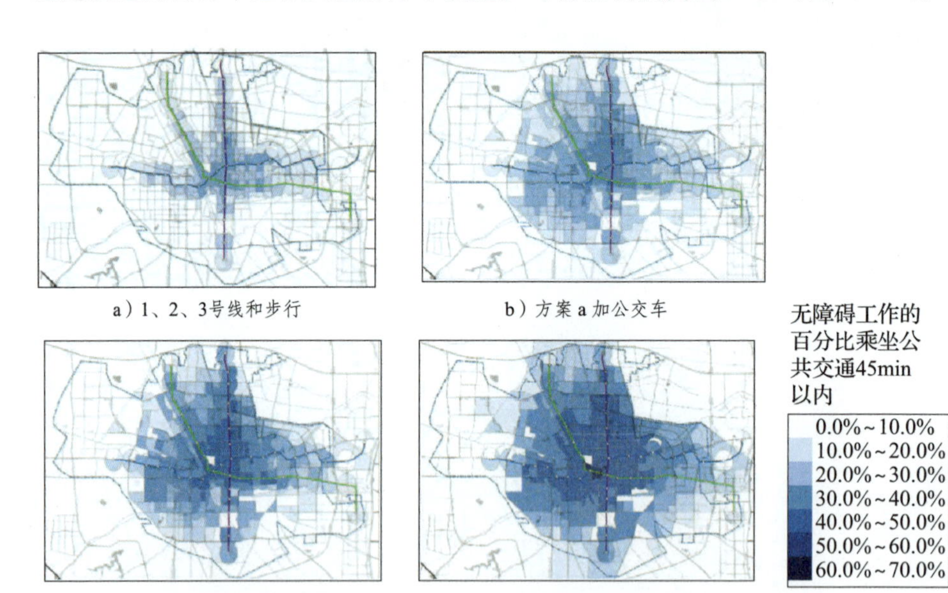

a）1、2、3号线和步行　　b）方案 a 加公交车

c）方案 b 加上面向交通的发展　　d）方案 c 加上自行车通道

图 8.18　不同情况下郑州的就业可达性

资料来源：Li 等人，2016 年。

8.3　3 号线沿线的节点价值

节点价值是一个车站通过其在网络中的区位条件获得的价值。不同的网络组织创造了不同的节点价值分布。公共交通和基础设施网络的形状对集聚和土地价值潜力的捕获有很大影响。连通性和可达性的提高会增加城市地区的增长潜力和市场潜在价值。

3 号线有 21 座车站（本书中车站名称为工程名称，与实际名称对应见表 8.1），穿过郑州中部西北的一些最密集的地区，并将其与郑州东部连接起来（图 8.19）。

表8.1　郑州3号线车站实际名称与工程名称对应表

实际名称	工程名称	实际名称	工程名称
省体育中心站	长兴路	郑州文庙站	城东路
王砦站	沙门路	博览中心站	未来大道
兴隆铺站	兴隆铺路	凤凰台站	凤台南路
同乐站	东风路	东十里铺站	中州大道
南阳新村站	农业路	通泰路站	通泰路
海滩寺站	黄河路（海滩寺）	西周站	黄河东路
大石桥站	金水路	东周站	农业南路
人民公园站	太康路	省骨科医院站	省骨科医院（中兴路）
二七广场站	二七广场	圃田西站	汉风路（博学路）
西大街站	顺城街	营岗站	航海东路
东大街站	东大街		

地铁网络中的中心性在构建节点价值方面发挥着重要作用。环线的北部，即 5 号线（在图 8.20 中为红色），以及各条线路之间的主要换乘点，在介数中心性方面非常突出（许多不同的路线通过该站）。与全球城市（东京、伦敦）或中国大型城市（上海）一样，郑州的环线具有较高的介数中心性，连接着核心和放射廊道。介数中心性高的车站能捕获大量的客流，因此具有很高的市场发展潜力。

中心性分析是基于 2020 年拥有六条线路的地铁网络。3 号线的中央部分（在图 8.20 中为粉红色）具有良好的接近中心性（车站与网络中的其他车站很接近），但介数中心性较弱，除与 5 号线的换乘站以外。

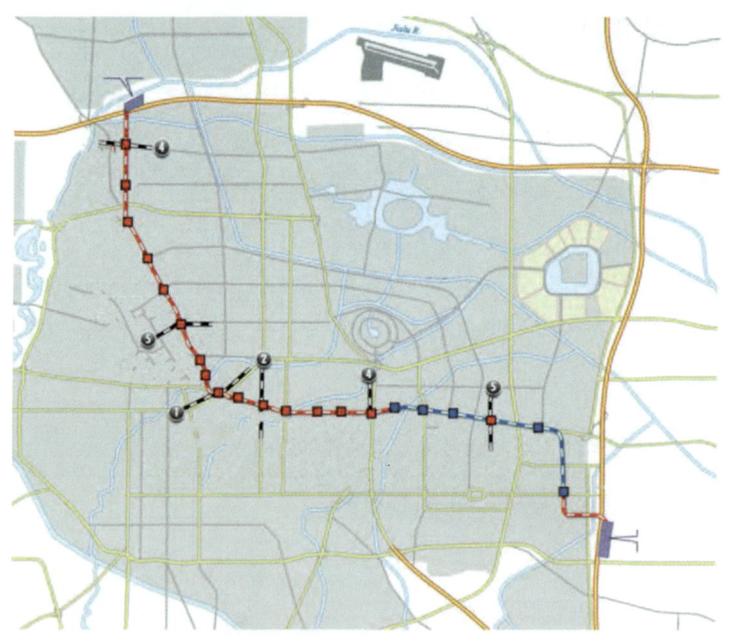

图 8.19　郑州 3 号线一期工程

资料来源：世界银行，2014 年。

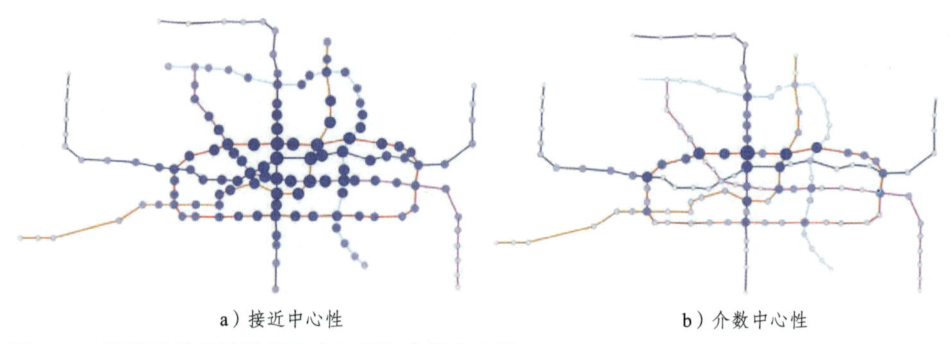

a）接近中心性　　b）介数中心性

图 8.20　郑州地铁系统的接近中心性和介数中心性

资料来源：城市形态学和复杂系统研究所，2016 年。

接近中心性没有显示出陡峭的梯度（图 8.21）。它的值不是遵循逆幂律而是线性下降的。与此相反，介数中心性的分布遵循逆幂律（指数在郑州为 -0.72），整个系统和 3 号线都是如此（图 8.22）。

8.3.1　节点价值指数

节点价值指数是由每日客运量、中心性和联运多样性这三个子指标衡量的。

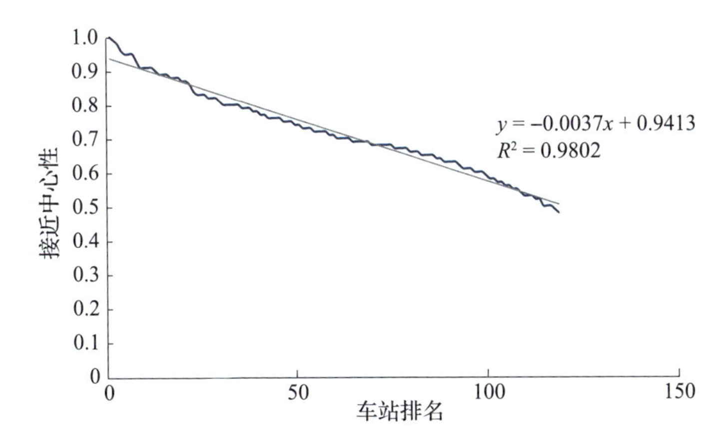

图 8.21　郑州地铁的接近中心性分布图

注：蓝线表示站点的接近中心性，灰色线为回归线。

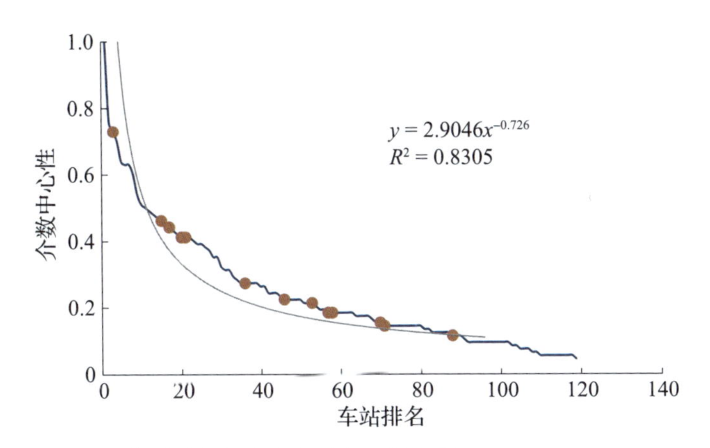

图 8.22　郑州地铁网络的介数中心性分布图

资料来源：城市形态学和复杂系统研究所，2016 年。

注：红点表示 3 号线的车站，灰线表示整个系统。

- 每日客运量（2021 年和 2028 年）是每个车站的基准年和预测年交通量。
- 中心性描述了网络中每个站点的可达性以及经过该站点的路线数量。它是以第 2 章中解释的三种中心性的综合指数来衡量的，在整个网络的范围内计算。
- 联运多样性描述了其他交通方式到车站的步行距离总和。

子指标中的每个指标都被归一化（以 1 为最高值）。综合指数是三个子指标的平均值。

1. 分指标 1：每日客运量

客运量的数据来自于对 3 号线 2021 年和 2028 年各站预测进站流量的研究。强大的、有吸引力的中心目的地，如二七广场和东大街，以及换乘站，特别是连接环线 5 号线的车站，客运量最大，这些车站具有较高的介数中心性（图 8.23）[4]。

每日客运量呈反幂低分布（系数为 −0.7）（图 8.24）。客运量的这种层次属性（在巴黎和伦敦也很明显）使该指标成为计算节点价值指数的最佳候选指标。

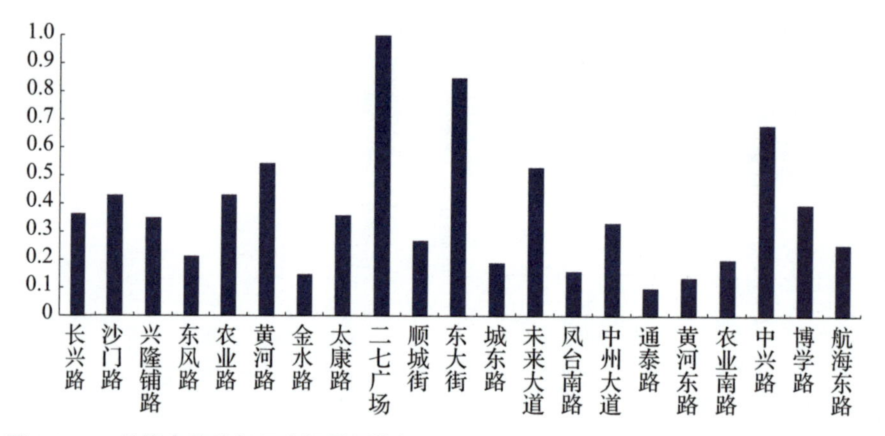

图 8.23　3 号线车站的每日客运量子指标

资料来源：城市形态学和复杂系统研究所，2016 年。

注：为了给每个地铁站的长期未来潜力更多的权重，在计算子指标时，2028 年的权重是 2021 年乘客量的两倍。车站从西到东排序。

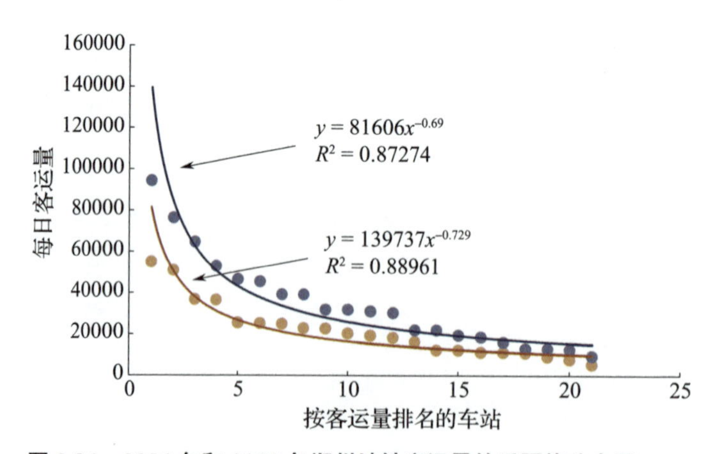

图 8.24　2021 年和 2028 年郑州地铁客运量的反幂律分布图

资料来源：城市形态学和复杂系统研究所，2016 年。

注：蓝色箭头代表 2021 年的客运量，红色箭头代表 2028 年的客运量。

2. 分指标2：中心性

郑州地铁 3 号线的中心性是针对整个郑州地铁网络计算的。该子指标是度中心性、接近中心性和介数中心性的加权平均值。

图 8.25 显示了 3 号线车站归一化的接近中心性指标。它显示了核心车站和边缘车站之间的差异。

介数中心性有一个陡峭的梯度，在整个网络和 3 号线上都是按照逆幂律分布的（图 8.26）。

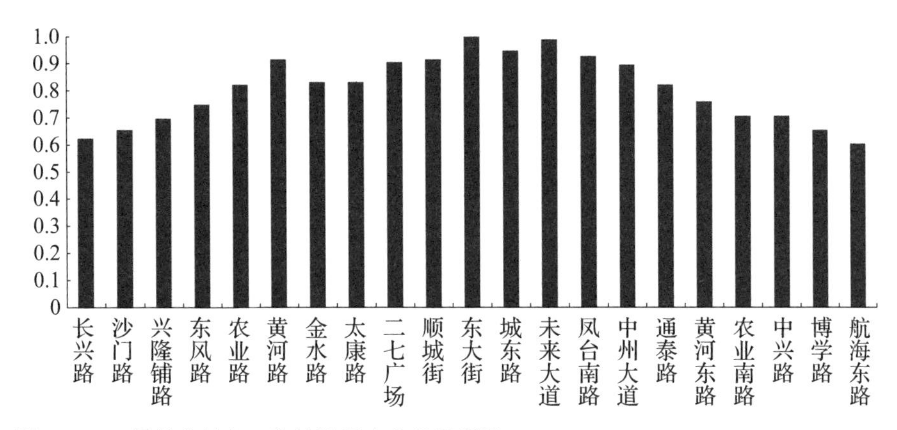

图 8.25　3 号线车站归一化的接近中心性子指标

资料来源：城市形态学和复杂系统研究所，2016 年。

注：各站的顺序是由西向东。

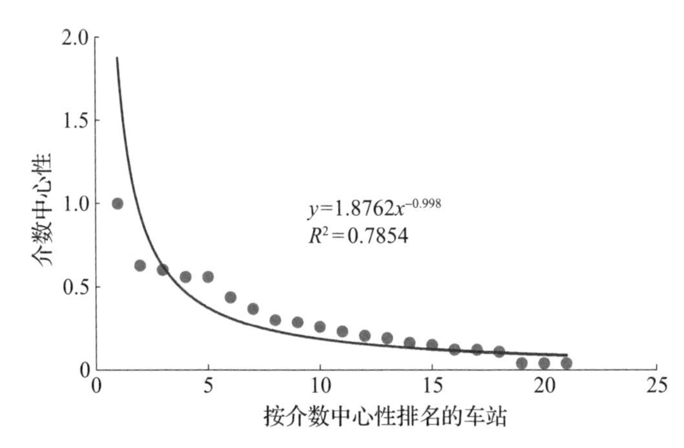

图 8.26　3 号线车站介数中心性的排名

资料来源：城市形态学和复杂系统研究所，2016 年。

注：3 号线的介数中心性分布遵循逆幂律，系数为 –1。

图 8.27 显示了 3 号线各站之间归一化的介数中心性指标，3 号线与 5 号线连接的车站数值较高。

图 8.28 给出了综合中心性指数，是度中心性（0.2）、接近中心性（0.2）和介数中心性（0.6）的加权平均[5]。图 8.29 显示了各站的排名情况。

中心性的综合子指数遵循一个逆幂律（图 8.29）。陡峭的介数中心性被更为线性的接近中心性所削弱。

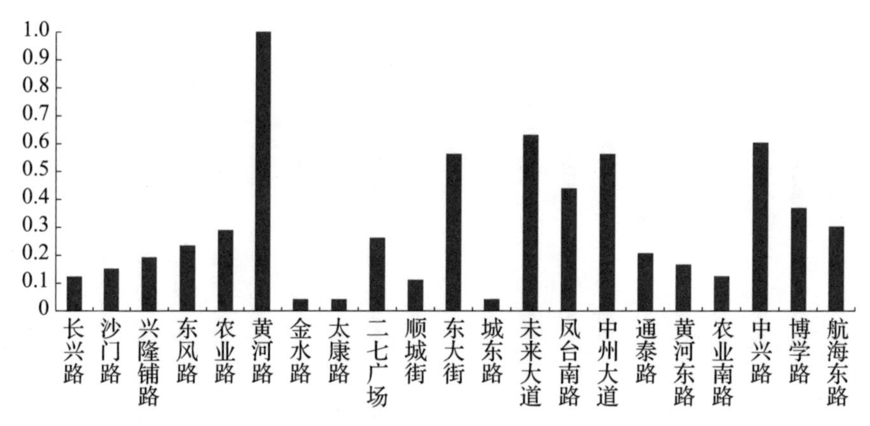

图 8.27　3 号线站点的归一化介数子指标

资料来源：城市形态学和复杂系统研究所，2016 年。

注：各站的顺序是由西向东。

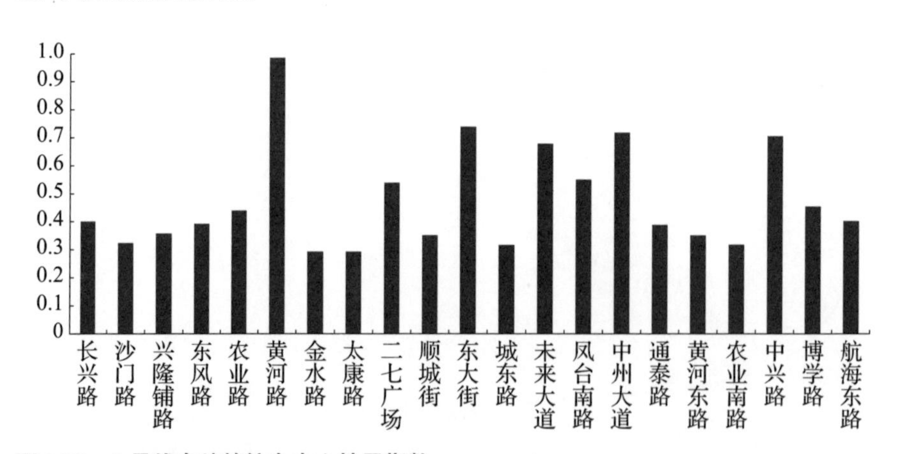

图 8.28　3 号线车站的综合中心性子指数

资料来源：城市形态学和复杂系统研究所，2016 年。

注：各站的顺序是由西向东。

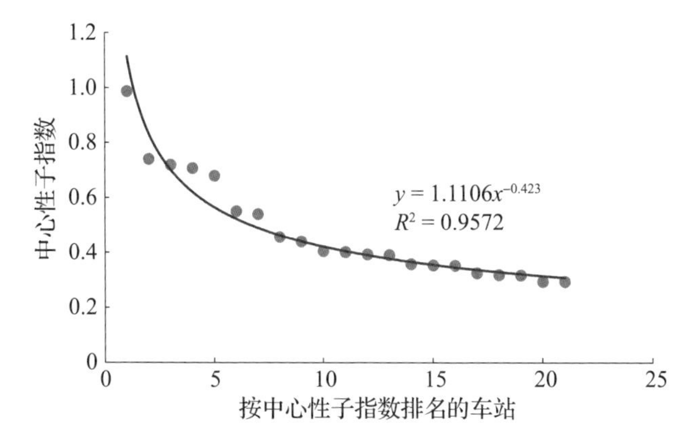

图 8.29　3 号线车站按中心性子指数的排名

资料来源：城市形态学和复杂系统研究所，2016 年。
注：各站的顺序是由西向东。

3.分指标 3：联运多样性

联运的多样性反映了一个车站步行范围内的互补模式（公交和快速公交线路）的数量。图 8.30 显示，市中心的联运方式比周边地区更加多样化。

节点价值子指标的比较显示了连接性的不平衡（图 8.31）。客运量最高的车站（二七广场）的联运方式多样性相对一般，而像中兴路这样具有高中心性和高客流的车站，联运方式的多样性几乎没有（反映了它位于欠发达地区）。边缘车站的联运多样性比中心车站要少。三个中心性不同结构属性的相互作用，构成了分析动态节点价值的一个子框架。

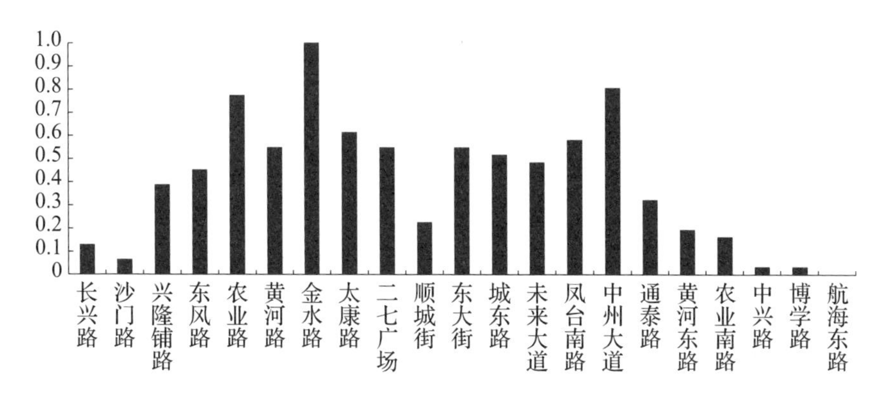

图 8.30　3 号线车站归一化联运子指标

资料来源：城市形态学和复杂系统研究所，2016 年。
注：各站的顺序是由西向东。

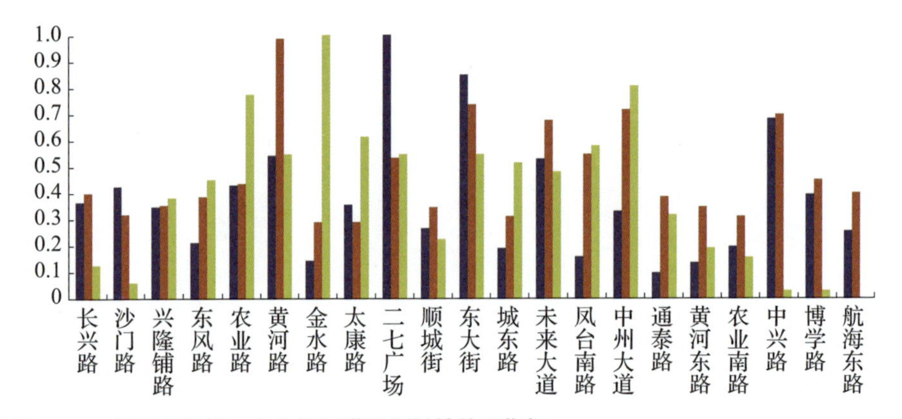

图 8.31　每日客运量、中心性和联运多样性的子指标

资料来源：城市形态学和复杂系统研究所，2016 年。

注：各站的顺序是由西向东。

按等级顺序排列的聚合节点价值指数显示，等级体系得以保持，但由于交通和联运方式与中心性的错位而受到了限制（图 8.32）。

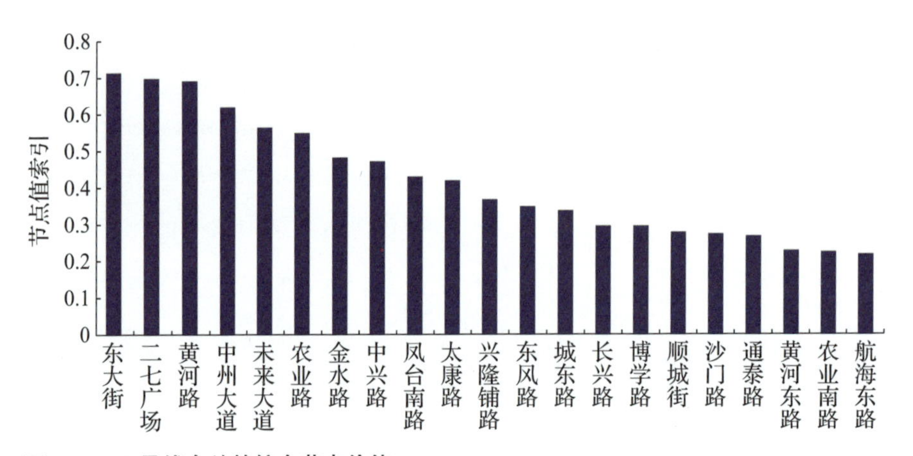

图 8.32　3 号线车站的综合节点价值

资料来源：城市形态学和复杂系统研究所，2016 年。

8.3.2　增加节点价值

在全球拥有高效公共交通网络的城市中，中心性指数在城市的中心部分是最高的。郑州可以通过提高中心枢纽的重要性以及所连接的线路和多式联运的数量，并将相邻的车站相互连接成群，来增加 3 号线沿线车站的层次结构。

有三种规划方法可以提高节点价值，从而提高站区的发展潜力。

- 在一个密集的网络核心中，增加枢纽的数量以及连接线路和多式联运的数量。不同的网络组织对土地使用和土地价值的影响是不同的。将线路集中在中心点，将许多线路和交通方式连接起来的网络，以一种“尖峰”的方式塑造土地价格和经济集中度，其价值集中度的峰值很高。相反，一个“扁平”的网络——没有主要的枢纽，也没有密集的线路集中在一个核心区，并不能为车站周边高土地价值的捕获提供强有力的机遇。
- 将相邻的站点相互连接成群。促进网络连通性和节点价值的一个重要属性是集群（在相邻车站之间建立密集的链接）。这种密集的链接可以在相邻的车站之间形成许多三角形，并将网络紧密地连接起来，为乘客提供了各种换乘的可能性。
- 提高网络内的可达性。成功的地铁扩展（例如在首尔增加的四条线路）是将大量高可达性的车站集中在网络的核心部分，由此带来密度和经济活动的高度集中。

8.3.3　协调节点价值与土地使用强度

预测人口和工作岗位的分散可能会降低地铁站的中心地位与车站集聚区的居住和岗位密度之间的匹配性。为了获得地铁网络扩展带来的机会，规划师可以通过以下三种方式协调土地使用和经济政策的关联度。

- 鼓励在主要的换乘点（最高的度中心性）、网络中最容易到达的车站（最高的接近中心性）以及作为网络主要衔接点的车站（最高介数中心性）进行开发。
- 在网络内较低可达性的车站地区适度发展。
- 不鼓励在距离地铁站超过 1km 的地区进行开发。

区划政策可以进行优化调整，以协调公共交通基础设施供给和土地使用开发。FAR 是实现最佳土地使用强度的一个有效方法。应根据不同的用途和交通便利程度来设定不同的层级。首尔将连接最紧密的中心交通站周围的商业用途的 FAR 设定为 10，将住宅和商业混合区的 FAR 设定为 2~4，而将住宅用途的 FAR 设定为 1~2。用途的定义很细，取决于与公共交通车站的距离和重要性

（见示例 1.8）。FAR 应该包括根据市场变化在不同用途之间转移的灵活性，允许私人部门根据市场需求调整开发强度。

8.4 3 号线沿线的场所和市场潜在价值

郑州的规划是以超大街区为基础的。许多地铁线路上的道路宽度达到 60m，有些干道宽度达 100m（有额外的退让距离）。和大多数中国城市一样，地铁站周围的街道交叉口密度（每平方千米的交叉口数量）在新区很低。大多数超大街区每平方千米的交叉口少于 10 个，与联合国人居署（2013）建议的 80~100 个相比很低。

街道交叉口密度反映了车站局部的可达性、街区的渗透性和开放性，以及城市和社会肌理品质等重要属性。它与街区尺度高度相关。3 号线站区的街道长度也远远低于联合国人居署建议的每平方千米 18km 的街道长度。

对居民来说，场所价值来自于充满活力的、可持续的社区，他们可以步行或骑行去工作、购物和服务，并享受一系列的好处，如减少交通成本；更容易可达配套设施，包括高质量的教育以及公共健康的改善。与节点价值一样，场所价值的分布也是不均匀的。在一个典型的城市中，许多站区主要为住宅区，只有少数是以就业为导向或体现出混合使用的主导特征。

不同地区的步行能力也不尽相同。它取决于街道模式和作为人的活动场所的街道设计。街道模式不仅决定了居民和就业人口是否可以乘坐铁路和公交车，也决定了他们是否可以在附近购物、工作和获得服务。小街区（每边约 100m）和高连通性（没有死胡同）的街道格局可以提高当地的可达性。超大街区和门禁社区会降低可达性。

8.4.1 3 号线沿线的场所价值

场所价值指标由两个子指标构成：街道交叉口密度和土地使用的多样性。土地使用的多样性是对车站周围地区混合使用的一种衡量。每个子指标都被归一化（以 1 为最高值）。综合指数是这两个子指标的平均值。

交叉口密度子指标显示，沿线几乎所有地方的交叉口密度都很低，除市中心外，在顺城街的历史街区有一个高峰。交叉口密度几乎都低于 10，在东风路和航海东路低至 6。峰值是顺城街的 50 个，其次是二七广场的 40 个，但即使这些密度与联合国人居署（2013）建议的 80~100 个相比也是很低的。

在每个站点（图 8.33）周边的 1km 范围内，使用适用于控规颜色代码的颜色分析方法来估计多样性（见附录 B 的香农熵）。弱值反映了郑州东部地区大规模单一功能的住宅或仓库，它们的街道交叉口密度较低。高值是指城市中心地区更有活力的街区。城市的西部地区比新开发的东部地区更具多样性，后者有严格的区划。由于多样性的计算是基于控规，它倾向于反映预期的未来多样性，而不是目前的使用。

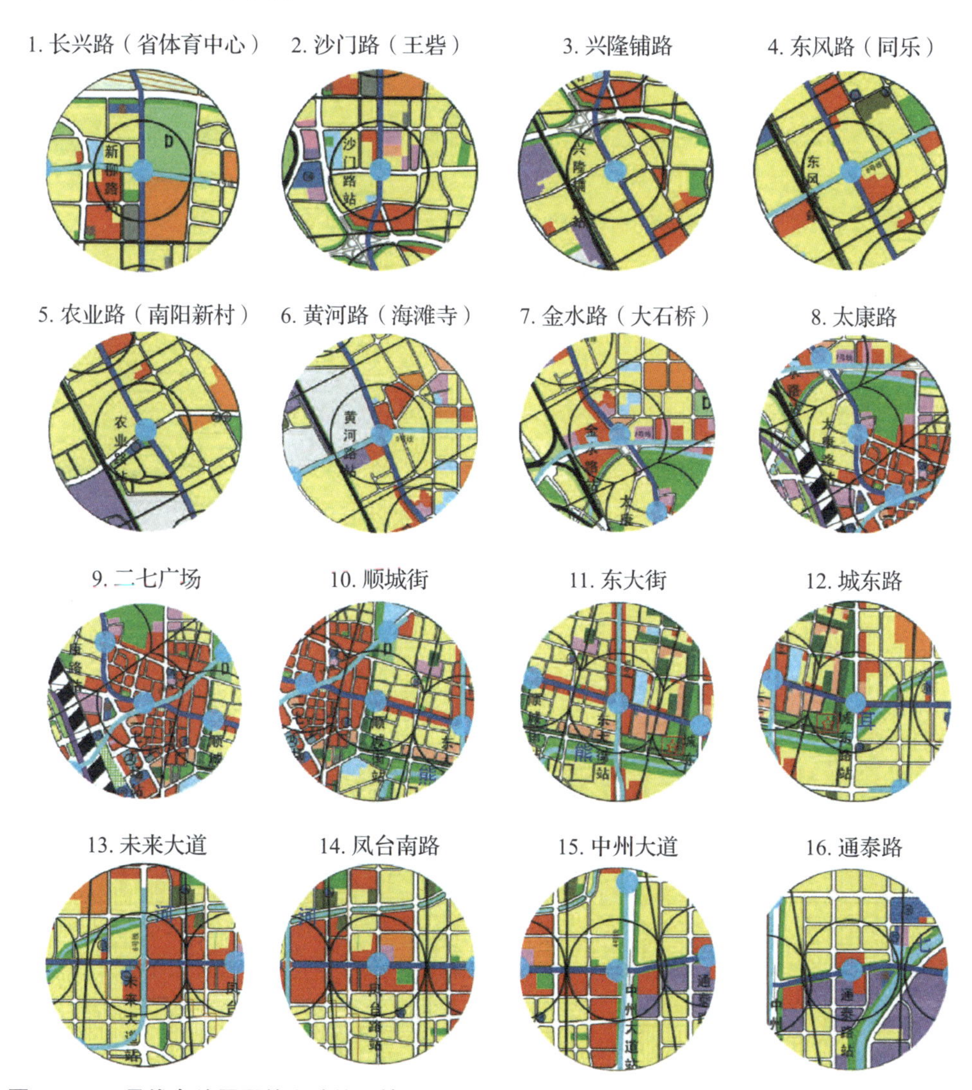

图 8.33　3 号线车站周围的土地使用情况

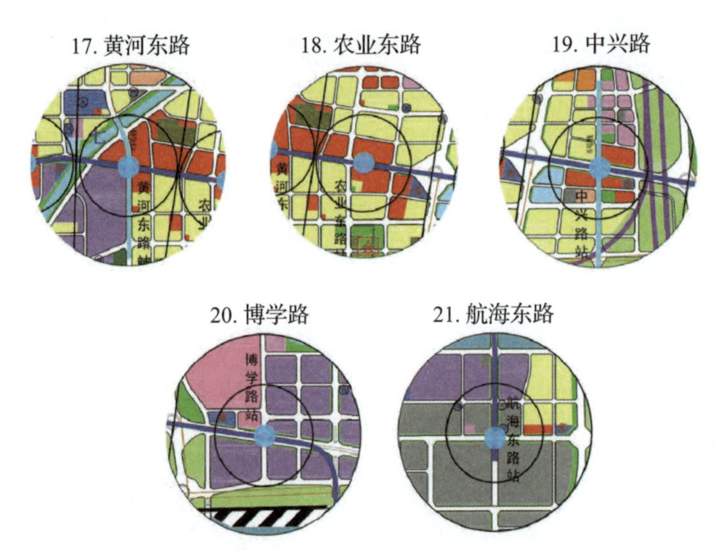

图 8.33　3 号线车站周围的土地使用情况（续）

资料来源：世界银行，根据郑州市规划局的数据。

注：控规颜色代码。黄色代表住宅。红色代表商业和办公。灰色代表经济开发区的工业和电子商务。蓝色代表市政设施。紫色代表仓储。粉红色代表行政办公。橙色代表学校和教育及研究机构。浅橙色代表图书馆或博物馆。浅鲑鱼色（11 和 12 站）代表学校。

土地使用多样性和交叉口密度的相互作用及其差异可以指导公共政策。增加东部土地使用的多样性应通过增加街道密度和地方连接性来实现（图 8.34）。

综合场所价值指数保持了城市历史中心区场所价值较高的模式，尽管这种效应被规划的土地使用所抑制（图 8.35）。

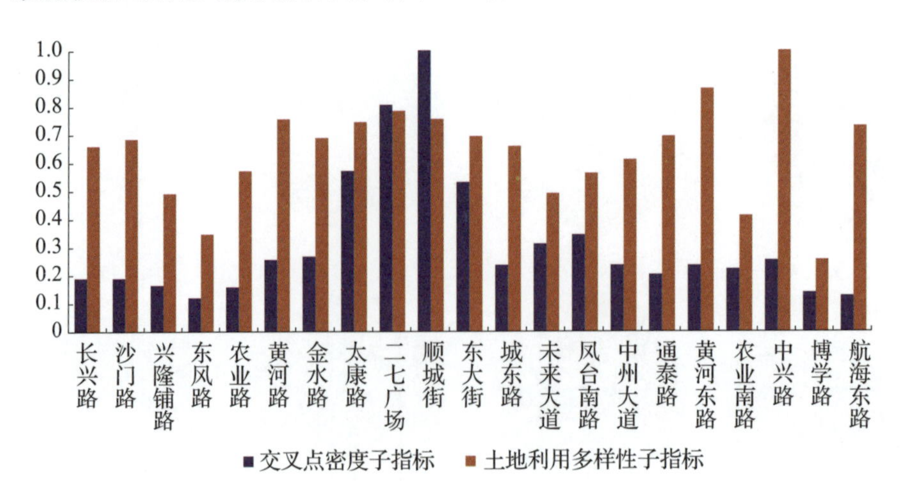

图 8.34　3 号线车站的交叉口和土地利用多样性子指标

资料来源：城市形态学和复杂系统研究所，2016 年。

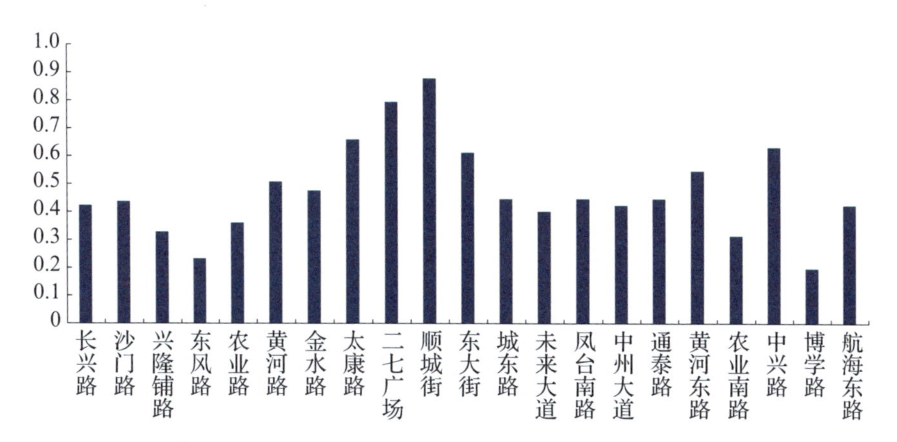

图 8.35　3 号线车站的综合场所价值指标

资料来源：城市形态学和复杂系统研究所，2016 年。

8.4.2　增加场所价值的建议

混合使用开发促进了多种土地使用和功能的兼容，并在社区尺度实现住宅、商业和社区服务设施的混合，可以减少通勤出行需求。将超大街区转变为具有更好的混合用途的社区，提供更多样化的建筑尺度和类型，创造一个具有更好连接性的、精致的街道网络，并建立一个定义更清晰、更有活力的公共空间，将提高郑州的场所价值。

8.4.3　3 号线沿线的市场潜在价值

市场潜在价值指标是由反映市场潜在价值需求方面的三个子指标建立的：人口综合密度、职住比和增长潜力。

- 人口综合密度（每平方千米的居民和工作岗位数量）是表征经济潜力与活动集中度在沿线变化的一个指标。
- 职住比提供了车站环境的经济单一功能水平[6]。
- 增长潜力是指 2009 年至 2030 年之间人员密度的增长速度，是市场增长和市场机会的一个表征[7]。

每个指标都被归一化（以 1 为最高值）。综合指数是各子指标的平均值。

2009 年，公共交通节点周围的人员密度显示出集中在中西部的特征（图 8.36）。该子指标在顺城街和东大街达到峰值（图 8.37）。

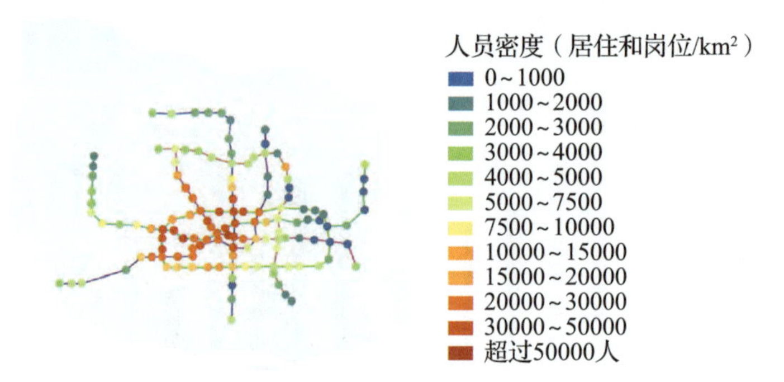

图 8.36　子指标 1：郑州公共交通站点周围的人员密度，2009 年

资料来源：城市形态学和复杂系统研究所，2016 年。

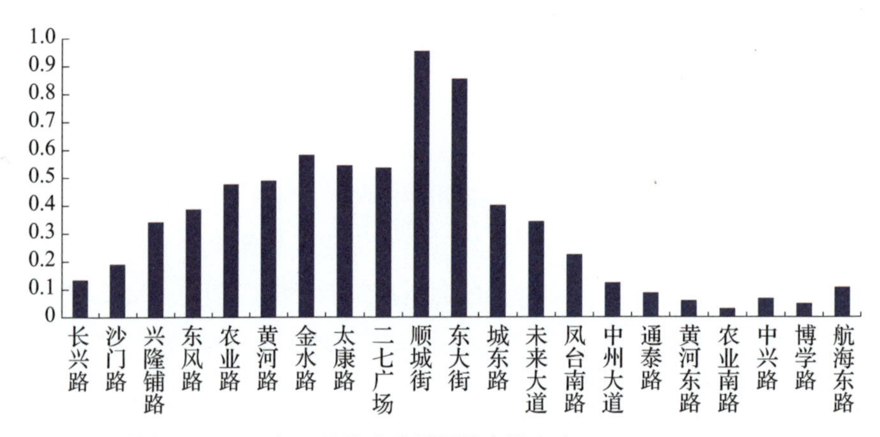

图 8.37　子指标 1：2009 年 3 号线车站周围的人员密度

资料来源：城市形态学和复杂系统研究所，2016 年。

注：各站的顺序是由西向东。

职住比表明，中西部的就业机会在公共交通站周围的排列比城市东部地区更好（图 8.38）。

增长潜力指数显示出向东转移，远离更中心和更多连接节点（图 8.39）。这种转变部分反映了郑州东部新高铁站周围的发展。

子指数的比较显示了 2009 年和 2030 年在人口综合密度和职住比方面的对比。这两个指标在 2009 年都有很好的吻合度，促进了高市场潜力值。到 2030 年，由于高铁郑州东站的发展，预计市场潜力将向东转移（图 8.40），各站的市场潜力更加分散（图 8.41）。这种转变在市中心没有达到强烈的峰值，也没有在城市的东部地区集聚。

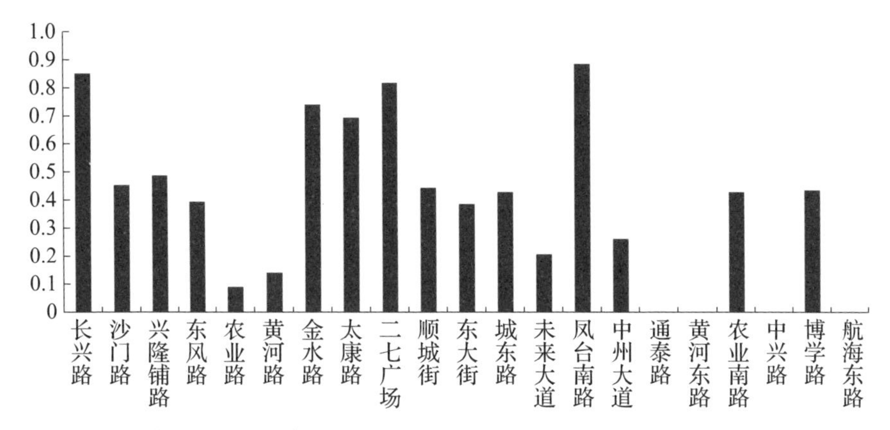

图 8.38　子指标 2：3 号线车站周围的职住比

资料来源：城市形态学和复杂系统研究所，2016 年。

注：各站的顺序是由西向东。

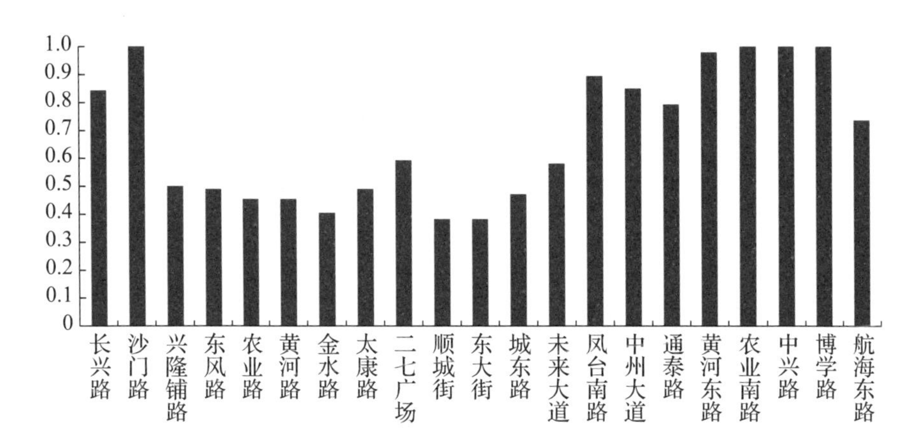

图 8.39　子指标 3：3 号线车站周围的增长潜力

资料来源：城市形态学和复杂系统研究所，2016 年。

注：各站的顺序是由西向东。

8.4.4　提高市场潜在价值的建议

以下策略将促进关键车站周围 800m 范围内的 TOD，可能会增加其市场潜在价值。

1）提高主要车站地区的人口和工作岗位密度。一个地区的居民和就业人口的数量以及工作岗位和适龄劳动力人口之间的平衡与该地区对居民和企业的吸引力相关，也与房地产市场的发展紧密相关。这种集聚化在具有高节点价值的

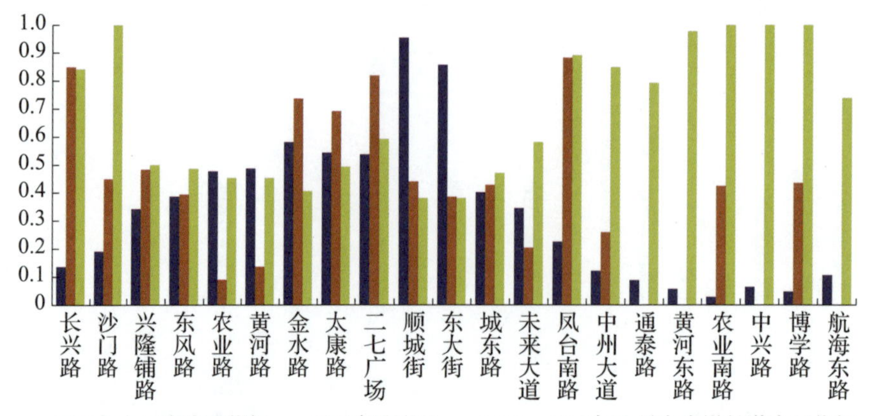

图 8.40　3 号线车站周围的人员密度、职住比和人口密度增长潜力的子指标

资料来源：城市形态学和复杂系统研究所，2016 年。

注：各站的顺序是由西向东。

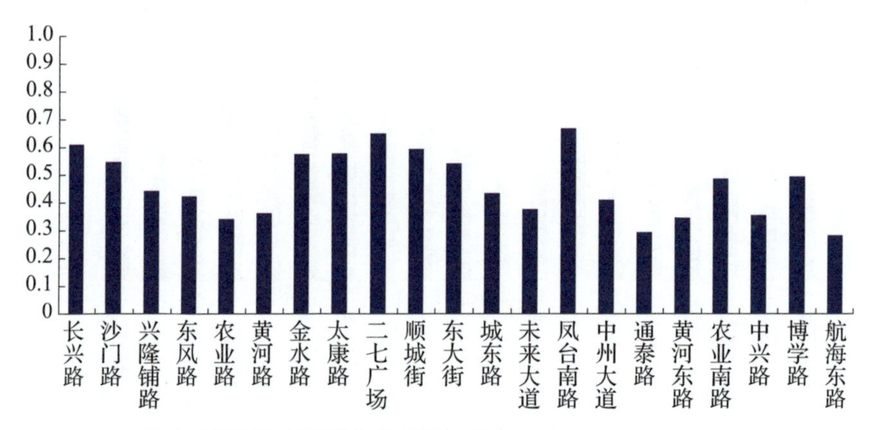

图 8.41　3 号线车站周围的市场潜在价值指标总和

资料来源：城市形态学和复杂系统研究所，2016 年。

注：各站的顺序是由西向东。

车站尤其重要。

2）提高关键车站周围的 FAR。在 TOD 项目中经常采用提高 FAR 的方法，以促进集聚，并产生收入流，用于资助基础设施（公共交通和公共空间）。车站周围的商业容积率应该提高。住宅的 FAR 也可以适度提高，但是应当比商业 FAR 低。

3）增加地块大小的多样性，创造一个充满活力的土地市场。地块大小的多样性可以满足未来的需求，创造一个适应性强的城市。中国的城市发展是以 400m × 400m 的超大街区为基础的，这是目前向开发商出售土地的单位。这与中国以外的其他大城市所采用的较小土地销售单位形成了鲜明的对比（见第 4 章）。较小的街区面积可以促进活跃的土地市场，并具有混合使用的潜力。

8.4.5 节点、场所和市场潜在价值的相互作用

通过改善可达性，提高一个地区的节点价值，为该地区的进一步发展创造有利的条件。同样，由于交通需求的增长，场所价值的提高为交通系统的进一步发展也创造了有利条件。

在 3 号线的 21 座车站中，只有 2 座具有“高”场所价值（图 8.42）。（这些数值是相对的。按照国际标准，中间值较少，因为大多数在低密度超大街区周边的站点，会使站点可达性降低）。在节点价值、连接性和多样性方面，二七广场作为一个具有高价值和高潜力的场所脱颖而出。中州大道、黄河路和东大

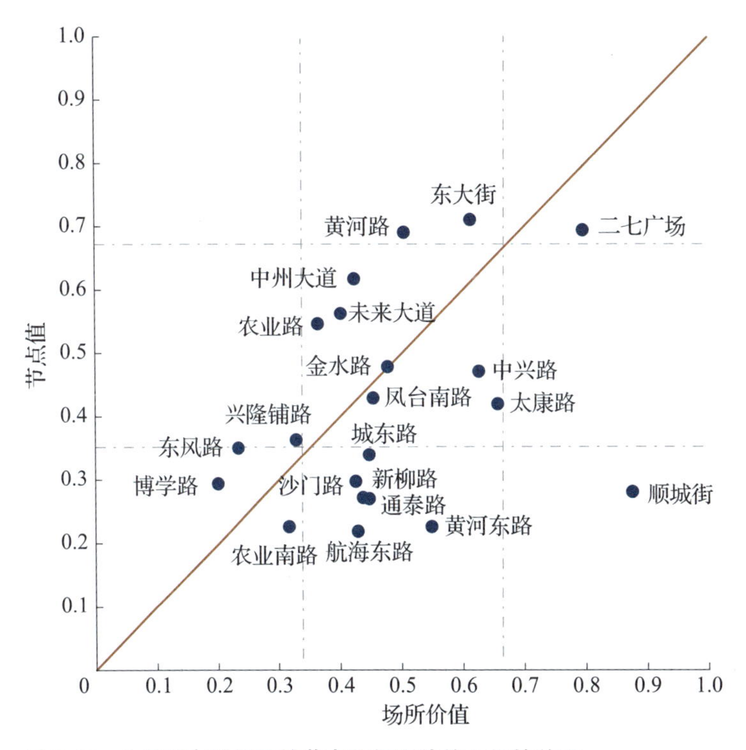

图 8.42 3 号线车站周围的节点和场所价值之间的关系

资料来源：城市形态学和复杂系统研究所，2016 年。

街在节点价值方面非常突出，这些中等的场所价值可以进一步提高。

图 8.43 揭示了市场潜力和节点价值之间的强烈不平衡。二七广场在这两个价值方面都很突出。大多数站点市场潜力值是居中的，与节点价值几乎不匹配。节点价值较高的车站，其市场潜力价值低于网络外围节点价值较低的车站。这种模式可能是去中心化政策的结果，这些政策没有将土地使用强度和公共交通联系起来，可能没有让市场形成基于可达性的密度分布。增长应该优先发生在连接较多的车站（45° 线以下），而不是连接较少的车站（45° 线以上），这需要规划师思考其他空间的增长方案。

市场潜力和场所价值之间的关系显示了同样类型的不平衡（图 8.44）。二七广场和顺城街在场所价值方面表现突出，但仍然低于其市场潜在价值对应的潜力，因为规划没有激励这些车站周围的发展。

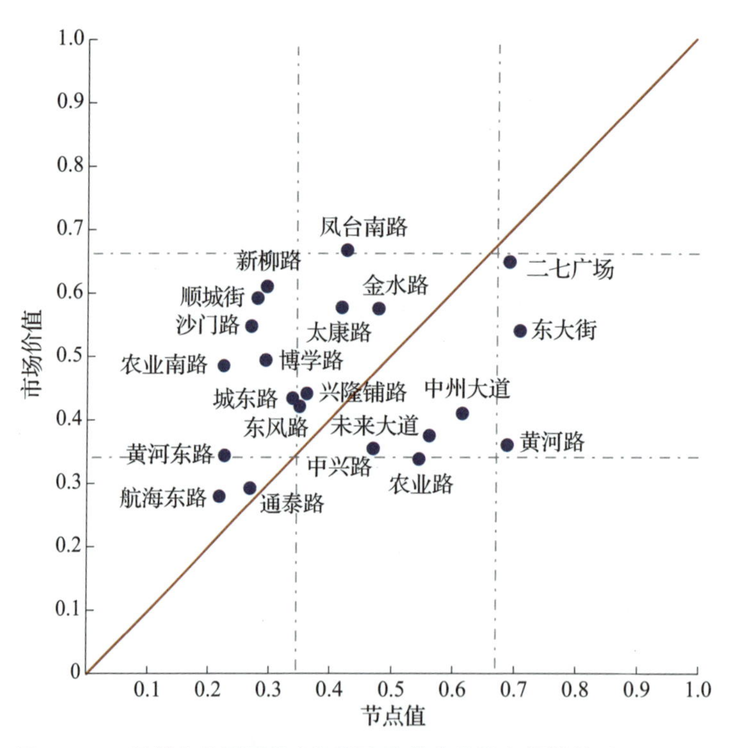

图 8.43　3 号线车站周围的市场潜力和节点价值之间的关系

资料来源：城市形态学和复杂系统研究所，2016 年。

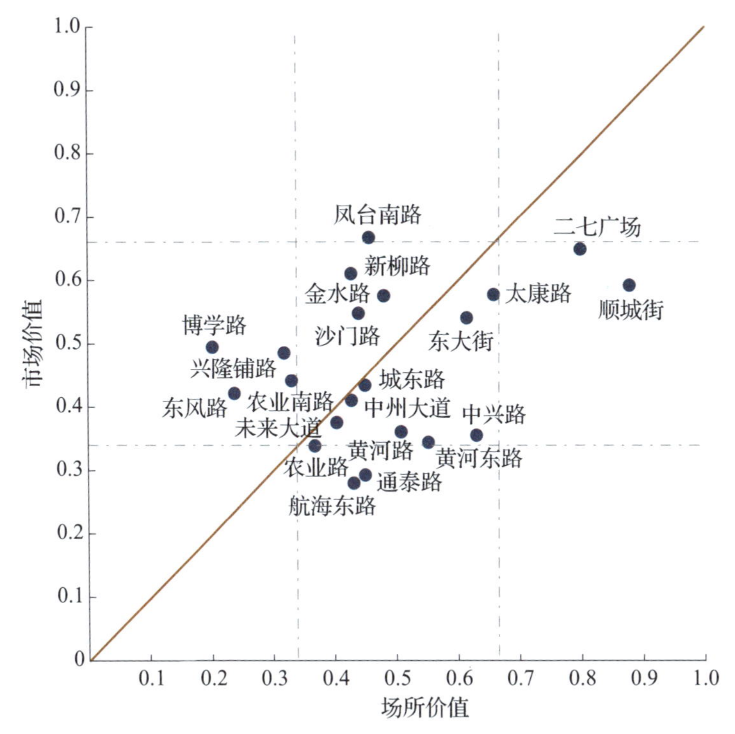

图 8.44　3 号线车站周围的市场潜在价值和场所价值之间的关系

资料来源：城市形态学和复杂系统研究所，2016 年。

8.5　建议

具有功能性和成本效益的公共交通基础设施能让通勤者更高效地出行，这是大城市商业环境繁荣的基本前提条件。另外，一套经济和住房政策可以使交通可达性、就业岗位和住房相匹配，并将公司聚集在大量人员可到达的地方，以扩大可负担住房的选择范围。

3V 框架帮助规划师满足这两个先决条件，使他们能够合理确定投资的优先次序，调整政策和控规，以着重在最高潜力车站周围发展，并针对不同的经济和城市情景确定战略。如果土地使用政策能够鼓励在公共交通可达性高的地区增加就业岗位和居住人口，那么 TOD 可以在郑州掀起新一轮的城市发展驱动力。综合规划将向更紧凑、连接和协调的城市增长模式转变，推动土地开发强度与交通网络的可达性相一致。

8.5.1 在中心区创建 TOD 区域

城市核心区是集中就业岗位的最有效场所，这样做可以促进集聚和本地化经济。将经济增长分散到外围会造成效率低下，因为外围的人均网络成本更高，当发展远离城市核心时，人均经济产出和网络服务都会减少（Salat，2016）。

促进中心区的发展需要对街区尺度、FAR 和覆盖率进行适当的规定。郑州总体规划层面的 TOD 分区可以为车站集聚区的就业岗位和居住人口制定一个最低密度阈值。控规可以通过以下方式支持 TOD 社区的重新设计。

- 创造一个更适合步行的街道网络，拥有更密集和更多连接的街道模式（每平方千米 80~100 个交叉口），更窄的街道，减少或取消退线，以及以人为本的街道景观。
- 建立小街区而不是超大街区的城市设计标准。
- 营造可步行和可骑行的混合用途区，拥有公共交通导向型街道和微循环系统以及高密度的居住人口和就业岗位。在这些地区，靠近主要公共交通站点的地区将有更高的密度和土地使用标准，使城市能够捕获交通基础设施的部分投资价值。

8.5.2 不同类型的车站采取差异化策略

3V 框架允许政策制定者以积极和动态的方式评估站区的发展潜力。网络中的所有节点都不是均匀分布的。节点和场所价值在郑州和地铁 3 号线沿线也不是均匀分布的，一些车站，如二七广场，在节点和场所价值方面得分很高。国际经验表明，这些车站可以在促进经济和就业集聚以及商业地产开发方面发挥重要作用。

价值之间的不平衡创造了发展机会。在许多车站，新的基础设施供应高于土地使用的活动，有可能通过提高场所价值，从目前连通的基础设施的过度供应中获得市场价值。在其他车站，更多的连接将鼓励经济活动，增加市场潜在价值。

3V 分析确定了哪种类型的开发更适合于车站区域，以及哪些车站具有最高的开发和价值捕获潜力。它有助于根据节点、场所和市场潜力值来定义车站类型。郑州的政策制定者可以利用该框架：

1）建立一个车站分类，将其划分为子组，以应用不同的开发策略。

2）确定车站的连通性、可达性、场所品质和市场潜在价值之间的不平衡。识别这种不平衡使相关的土地、经济发展和运输机构能够制定多家机构协同的解决方案。

8.5.3　捕获价值

连通性和可达性的增加将提高地铁集聚区的土地价值。这种可被捕获的价值可以用来创造一个积极的正向反馈循环，以资助基础设施，提升公共空间，并建立包容性的住房（见第 3 章）。

8.6　结语

有效整合交通和土地使用的城市可以减少交通拥堵，促进商业集聚，改善公共服务水平，并增加财政收入。这样的城市比其他城市更适合居住，在经济上更有竞争力，在环境和社会上更具有可持续性。

公共交通导向型发展（TOD）有助于塑造城市形态，增加利用公共交通并通过公共交通到达工作岗位的机会。如果管理得当，可以通过减少贫困、中低收入家庭的交通成本来释放土地资源，用于可负担住房的建造和更具包容性的城市增长。

围绕公共交通高效组织发展起来的城市，如东京、新加坡、香港、伦敦和纽约，都是在战略上对其空间结构的演变进行了长远规划。这种愿景考虑了长期的人口和经济增长，提出 15~20 年期限的总体规划，每 5 年评估一次。这些总体规划对土地使用进行了高度细化：在大约 1hm^2 的小街区范围内设定了不同的开发强度和用途类型，同时在区划指标和激励措施方面提供内在的灵活性，允许规划和设计可以优化调整。土地供应计划也可以与市场需求和周期进行时序上的协同。

3V 框架帮助政策制定者从大都市到地方的不同空间尺度范围内整合交通和土地使用规划。它有助于识别机遇地区，在这些区域，高连通性与城市（以及某些情况下的社会）肌理的再开发和更新的潜力组合，可以刺激来自于私营部门的市场反馈，以及能否启动当地城市开发和价值捕获资金的正向反馈循环。

它不仅适用于具有较高增长潜力的地区，也适用于潜力较小但土地机会较多的地区。正如案例研究表明的那样，通过在城市公共交通站点和走廊周围创造并获取更高的土地价值，城市可以收回建设、运营和维护大运量公共交通系统的部分成本，并支持 TOD 地区使其成为更具吸引力的生活、工作和商业场所。

该方法包括对公共交通网络的分析。它将市场供需分析与传统的节点 / 场所模型相结合。考虑市场响应对于实现向更可持续的城市增长过渡至关重要，特别是对快速增长的城市来说，空间经济的整合对于经济发展成功至关重要。

3V 框架是一种工具，可以根据不同的公共交通可达性水平和不同的地方背景，以较高的精细度来调整发展强度。它承认工作岗位和居住密度以及整个城市空间的可达性存在巨大差异。它既包括了对包容性经济增长最有效的都市圈城市形态的愿景，又包括了对公共交通站点周边发展具体的、可操作性强的差异化地方战略。因此，它特别适合于促进规划融合，统筹长期愿景和地方规划，并整合交通基础设施投资和土地使用规划。

最重要的是，3V 框架也是一个为快速增长的城市制定方案的工具。世界银行计划将其应用于各种情景，包括印度和拉丁美洲。该框架并不局限于地铁网络的投资，还可以应用于其他类型的大运量公共交通网络，如快速公交 BRT。

实施该框架涉及一个长期的战略愿景和一系列的行动与投资。这个过程应该能够适应城市动态的、演变的和复杂的本质，并且能够根据不断变化的条件和市场反馈的需要，不断地更新愿景。

这种共同的愿景以及多个利益相关者的参与，推动了空间、社会和经济转型。成功的关键是跨层次和多部门的协调，整合多种行动和倡议，使之相互促进，用里程碑和指标来实施愿景，并高度精细化和具体化。

注释

1 本章内容基于：郑州地铁 3 号线交通模型（世界银行为其提供了部分资金）的预测；郑州总体规划；包含土地使用、建筑面积、覆盖率的控制性详细规划，城市肌理的三维效果图，车站设计的技术规范；按人口普查区和交通小区的人口和就业数据以及 2020 年和 2030 年的预测；按分区的 GDP 数据。数据得益于与郑州规划局和交通局的讨论，以及对规划中的 21 座站点的实地考察。

2 FAR［又称建筑面积比（FSR）、建筑面积指数（FSI）］是指建筑物的总建筑面积（总楼面面积）与它所处的土地面积的比率。

3　计算方法为：

$$\frac{\sum_{\text{地点}}\left(\frac{\text{每个地点可获得的工作机会的数量}}{\text{全市岗位总数}}\right)\times \text{每个地点的人口}}{\text{总人口}}\times 100\%$$

4　客运量与网络的结构属性是一致的，但并不直接相关（相关关系已被测试）。因此，在建立中心性指标时，将客运量和中心性作为独立的子指标是有效的。

5　在有高等级枢纽的更复杂的网络中，如伦敦和东京的网络，加权可以给度中心性更高的权重。

6　由于一些地区（工业区）每个居民有超过 1 个的工作岗位，而另一些地方（居民区）每个居民有远远少于 1 个的工作岗位，因此用对数正态函数将该子指标在 0 和 1 之间归一化，以便将低于 1 的值赋予单一功能的居民区（无论是过度的就业还是居民导向）。

7　该值在 0 和 1 之间归一化，用对数函数标定，0.5 表示零增长，低于 0.5 的值表示密度下降，1 表示增长 200%，超过 200% 则为截止。

参考文献

EIU (Economist Intelligence Unit). 2012. *Supersized Cities: China's 13 Megalopolises*.Available at http://www.eiu.com/public/topical_report.aspx?campaignid=Megalopolis2012.

Li, Qu, Gerald Ollivier, Holly Krambeck, and Tatiana Peralta. 2016. *Using Travel Time-Based Analysis to Evaluate the Potential Impact of Transit Oriented Development on Job Accessibility*. World Bank, Washington, DC.

Salat, S. 2016. "The Break-Even Point: Impact of Urban Densities on Value Creation, Infrastructure Costs and Embodied Energy." Urban Morphology and Complex Systems Institute, Paris. Available at http://sbe16torino.org/papers/SBE16TO_ID068.pdf.

UN-Habitat. 2013. "The Relevance of Street Patterns and Public Space in Urban Areas." UN-Habitat Working Paper. Available at http://mirror.unhabitat.org/downloads/docs/StreetPatterns.pdf.

———. 2015. "Urban and Spatial Planning and Design." Habitat Ⅲ Issue Paper 8. Available at http://unhabitat.org/wp-content/uploads/2015/04/Habitat-III-Issue-Paper-8_Urban-and-Spatial-Planning-and-Design-2.0.pdf.

附录 A
城市价值分布、网络中心性和通勤流量的幂律分布

网络科学发现，网络（神经网络、自然网络、公共交通网络、互联网）具有严谨的结构，可以通过一些简单的数学规律（逆幂律）描述。这些公式代表了一种新的视角，可以从中了解相互关联的城市世界，以及公共交通网络布局与人口、就业和经济集中度之间的关系。

城市价值，如 3V 框架中使用的价值，并不是在城市空间中均匀或随机分布，而是遵循着可识别的数学模式。3V 框架不仅是一种经验方法，也是从城市空间和城市连通性的基本秩序中衍生出的政策制定方法。

A.1 城市空间价值分配的幂律

逆幂律支配着城市的人口密度[1]。城市形态学和复杂系统研究所的研究（Salat，2016，2017）发现了城市内部尺度幂律的存在，可以对大多数城市价值的模式和城市空间的分布进行排序。逆幂律分布没有统计学中常见的钟形曲线那样的中心峰值，而是一条连续递减的曲线，表明许多小的观测值与少数大的观测值以一种高度结构化的数学方式共存，可将大值、中值、小值三者联系起来（图 A.1）。这种关系表征了诸如密度、中心性、连通性和可达性等变量。

例如，在一个城市中，岗位密度在少数几个地方

对面页：
由于其宜居和高密度的可达性，巴黎成为继伦敦之后第二大的全球房地产市场。
资料来源：Francoise Labbé。经 Francoise Labbé 许可使用。重新使用需要进一步授权。

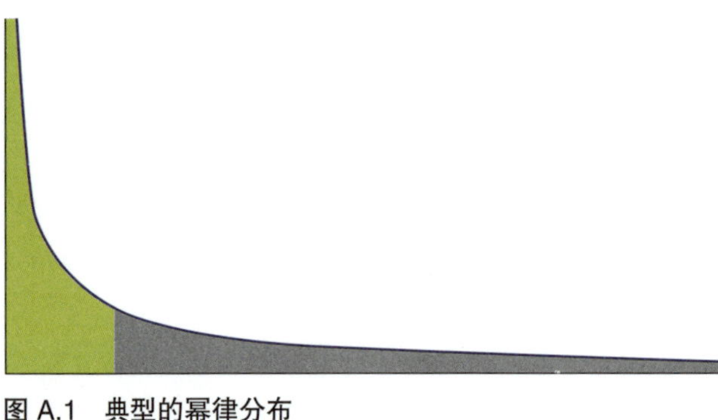

图 A.1　典型的幂律分布

高，在中等数量的地方居中，而在很多地方低。一个大小为 x 的分量频率与其在系统指数特征 m 处的值的倒数成正比。每种类型的相对频率由规模分布排名的数学原理决定：任何城市空间中普遍存在的幂律源于网络中的幂律。城市可以被描述为区位网络。

A.2　网络中心性和通勤流量的幂律

本节从图论的角度来研究地铁网络和通勤流量的特性，这些特性是基于节点价值的车站聚类基础（Barabasi 和 Albert，1999；Barabasi，2005）。

A.2.1　地铁网络“中心 + 外围”结构中的幂律

全球城市中的高效地铁布局似乎都在趋同（Roth 等，2012）。世界上最大的地铁网络结构，包括北京、上海、东京、首尔、伦敦、巴黎和纽约，尽管这些城市在地理和经济上存在差异，但都有相似的共性特征。这种形态由一个核心和它放射出来的分支组成。通过纵横交错的线路密集连接，核心区的空间范围约为 5km，因为在这个半径之外维持高密度的车站布局成本太高。超出此半径的是分支（低密度）。距离市中心较远的站点密度急剧下降，并服从 $R^{-1.6}$ 形式的逆幂律，其中 R 代表半径。对于大多数网络来说，核心区内每个车站的平均链路数约为 2.5，并且核心站点中至少有 60% 的车站至少为两条线路服务。在所有研究的地铁中，站点数量在核心区以 R^2 系数增长。在核心区以外，站点密度随着与核心区的距离的增加而迅速下降，站点数量的增长仅以 $R^{0.5}$ 的速度增长。

A.2.2　中心性值分布中的幂律

在图论和网络分析中，中心性指标识别一个系统中最重要的节点。其应用包括识别社交网络中最有影响力的人、互联网或城市网络中的关键基础设施节点，以及疾病的超级传播者[3]。

中心性指数是对“重要节点的特征是什么”这一问题的回应。对于大运量公共交通网络来说，度中心性、接近中心性和介数中心性最能体现车站的中心性。

1. 度中心性

历史上第一个和概念上最简单的是度中心性，定义是一个节点上的链接数。枢纽在它们存在的所有网络结构中占主导地位。它们在系统中的任意两个节点之间创建短路径。

在大多数网络中，大多数节点只有很少的链接，而少数大的枢纽有非常多的链接。连接较小节点的链路不足以确保网络的完全连接。正是这些大型枢纽使网络得以运行。组成部分（密度、可达性、连接性）的规模与其在分布中的排名有关。m 值越高，少数高值和多数低值之间的梯度就越陡。

逆幂律是衡量系统中不平等或等级的一种方法（Pumain，2005）。由维尔弗雷多·帕累托（1906）首次引入经济学领域。帕累托分布是一种幂律概率分布，用于描述社会、科学、地球物理、精算和许多其他类型的现象。帕累托最初用来描述社会中的财富分配，即一小部分人拥有大部分财富。还用它来描述收入分配。

帕累托分布可以在整个城市空间的 GDP 密度中观察到：尽管伦敦和郑州的社会经济结构存在巨大差异，但 GDP 的空间分布具有相同的特点。指数为 −0.90 的逆幂律是两者的特征，表明 GDP 高度集中在少数地区。巴黎、伦敦和纽约的就业分布情况类似（指数为 −1.0）。相比之下，郑州的指数为 −0.89，上海为 −0.94，反映了去中心化政策。

这个想法有时被更简单地表述为帕累托原理或二八法则，即 20% 的人口控制 80% 的财富[2]。就城市空间而言，这意味着 20% 的城市土地产生 80% 的城市 GDP。这种模式解释了无序扩张的经济分裂点：当一个城市以低密度扩张时，为土地服务的人均基础设施成本仍然很高，而对城市 GDP 的贡献则微不足道（Salat，2016；Salat，Bourdic，Kamiya，2017）。

最近的研究表明，逆幂律支配着公共交通网络中的度中心性和接近中心性分布，GDP，就业、人口和设施的密度，能源强度（每单位城市土地使用的能源）和生产力（每单位能源使用创造的总附加值），以及许多其他城市特征（Salat，2017 年）。

一旦大巴黎快线建成，巴黎地铁将在网络的最核心区内拥有几座连接众多站点的枢纽，包括四座拥有六个或更多连接的车站（图 A.2）。这些车站将位于城市中 1/3 工作岗位聚集的地区。该系统还将有一个长尾单线车站（度中心性为 2）。

2. 接近中心性

节点 x 的远度被定义为它与所有其他节点的距离之和；其接近性被定义为其远度的倒数。一个节点越是中心，它与所有其他节点的总距离就越短。

巴黎网络核心区的站点比核心区以外的站点更接近其他站点（图 A.3）。接近中心性是线性下降，而不是按照逆幂律下降。

3.介数中心性

介数中心性量化了一个节点作为两个其他节点之间最短路径上充当桥梁的次数。它被引入作为量化一个人对社交网络中其他人之间交流的掌控作用。在随机选择的两个顶点之间最短路径上出现概率较高的顶点，其介数中心性较高。

介数中心性高的地铁站对乘客在网络中换乘有很大影响（假设乘客遵循最

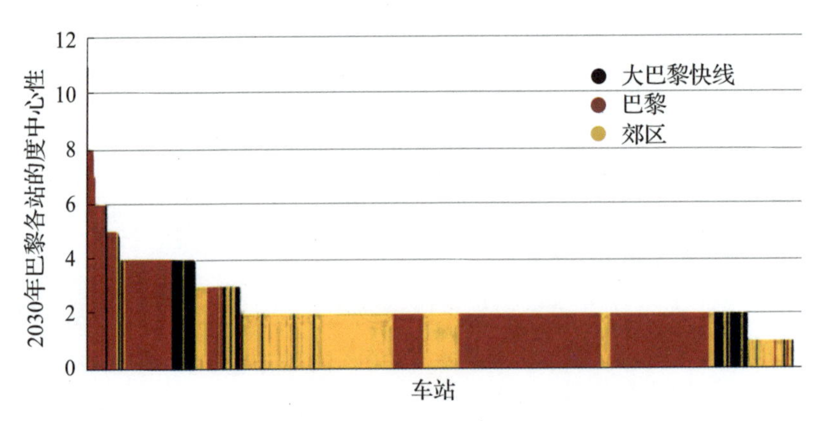

图 A.2　2030 年巴黎各站的度中心性

资料来源：Salat 和 Bourdic，2015。经 UMCSII 许可使用。重新使用需要进一步许可。

注：数字反映了大巴黎快线 67 座新站和 200km 新线开通后的中心性。

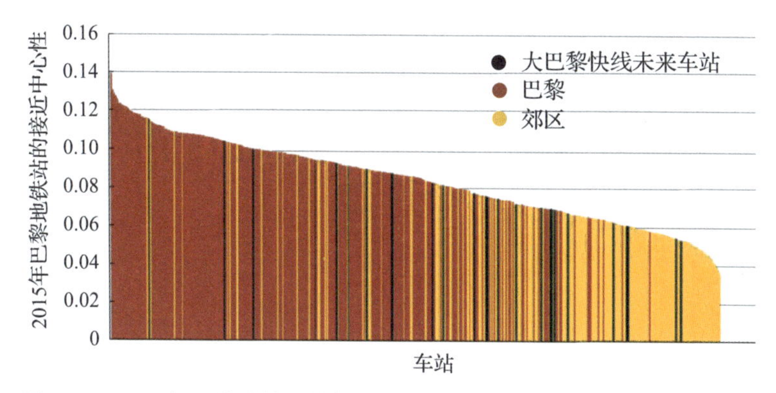

图 A.3 2015 年巴黎地铁站的接近中心性

资料来源：Salat 和 Bourdic，2015。经 UMCSII 许可使用。重新使用需要进一步许可。

注：数字反映了大巴黎快线 67 座新站和 200km 新线开通后的中心性。

短路径)。这些车站区域有很高的发展潜力，东京山手线沿线的车站就证明了这一点。

与伦敦、纽约和东京一样，巴黎的介数中心性分布服从指数为 -1 的逆幂律(图 A.4)分布，表明存在一个普适类(共享一个单一尺度不变极限的数学模型集合)。尽管城市在小尺度上可能有很大的差异，但随着极限尺度的临近，它们的行为变得越来越相似。特别是，诸如临界指数等渐变现象对于该类中的所有城市来说(特别是对于岗位密度分布及其地铁网络的介数中心性)都是一样的。

示例 A.1 说明了城市轨道网络介数中心性与伦敦地区增长之间的关系。

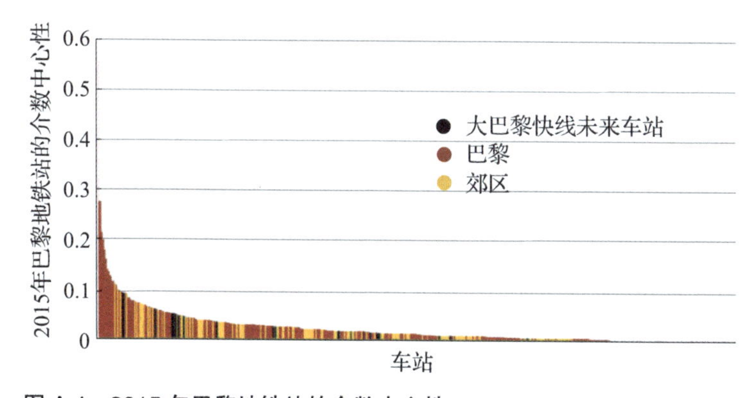

图 A.4 2015 年巴黎地铁站的介数中心性

资料来源：Salat 和 Bourdic，2015。经 UMCSII 许可使用。重新使用需要进一步许可。

注：数字反映了大巴黎快线 67 座新站和 200km 新线开通后的中心性。

示例 A.1 通过公共交通促进城市发展：伦敦环线

1846 年皇家铁路总站委员会阻止火车进入伦敦市中心（面积约 32km²）。其结果是形成了一圈互不相连的断点车站，这激发了互联互通的市场和地铁的发展。地面铁路和地下铁路网络一起扩展，两种模式之间既有竞争，又有高度的互补性。

1884 年，火车站之间的联络环线诞生。在 2009 年 12 月 13 日之前，环线列车围绕一个简单的环路双向行驶，共有 27 座车站，全长 20.75km。

图 A.5 显示了自 2009 年 12 月 13 日以来环线的路线及其服务的伦敦各区。该线路服务于欧洲最高的财富集中度地区。27km 设置了 36 座车站，包括伦敦的大部分干线铁路终点站。大部分线路和所有的车站都与区域线、汉默史密斯及城市线和大都会线共享。环线和汉默史密斯及城市线每年的客运量超过 1.14 亿人次。

伦敦的介数中心性层次结构服从指数为 -1.15 的逆幂律。环线在伦敦具有最高的介数中心性峰值（图 A.6）。这种网络布局创造了强大的枢纽，形成经济密度、就业集中度以及土地和财产价值的高峰。伦敦公共交通网络的演变塑造了城市区域的空间和经济增长：沿着一圈高度连通的换乘枢纽，并且中心高度集聚。

图 A.7 显示了环线沿线的连通性。环线的指数 (0.58) 高于伦敦系统整体的指数 (0.31)，这表明在地铁系统的核心地区，枢纽之间的不平等更为严重，因为那里集中了高连接性。

环线连接性非常好。Crossrail 1 于 2018/2019 年开通后，连接性会更强。从长远来看，High-Speed 2 (HS2) 有望将尤斯顿和国王十字街 - 圣潘克拉斯转变为英国最大的大型铁路枢纽，因为乘客将能够在尤斯顿的 HS2 和 Crossrail 2（正在规划中）之间换乘。这种连接强度为火车站周围的城市发展提供了极好的机会。

图 A.5 伦敦的环线

资料来源：http://www.wikiwand.com/en/Circle_line_(London_Underground)。

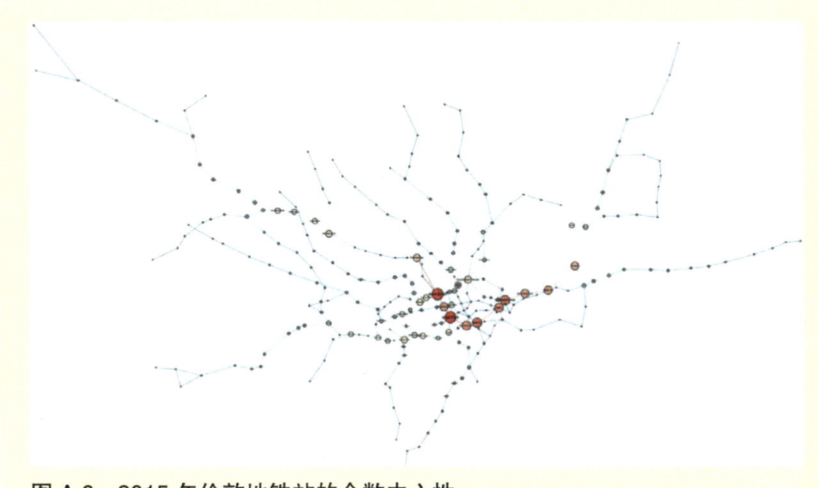

图 A.6 2015 年伦敦地铁站的介数中心性

资料来源：城市形态学和复杂系统研究所。经 UMCSII 许可使用。重新使用需要进一步许可。

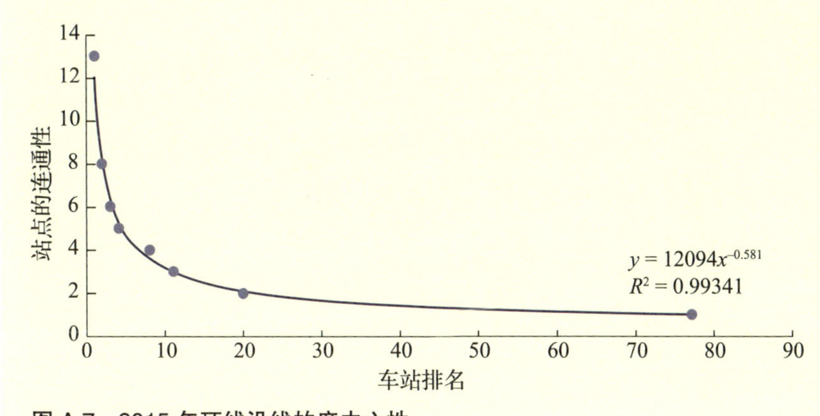

图 A.7 2015 年环线沿线的度中心性

资料来源：Salat 和 Bourdic，2015。经 UMCSII 许可使用。重新使用需要更进一步许可。

注：图中仅包括环线和换乘火车站。

A.2.3 通勤流量分布中的幂律

城市形态学和复杂系统研究所的研究（Salat 和 Bourdic，2015）表明，巴黎和伦敦每个车站的乘客量和通勤流量的结构服从相同的数学分布。幂律也描述了客流和通勤路线的强度。2010 年伦敦地铁站的客流服从指数为 -1 的逆幂律分布，客流集中在与火车站对应的高度连接枢纽（图 A.8）。

在巴黎，每条通勤线（考虑到所有方式）在家庭和工作之间的通勤次数分布（图 A.9）显示出指数为 -0.65 的逆幂律分布（图 A.10）。

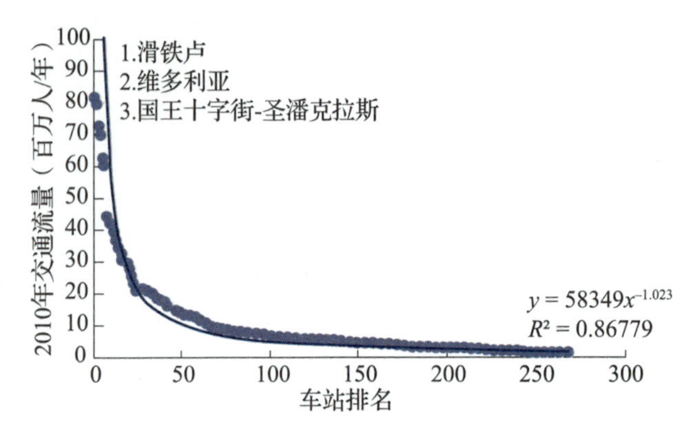

图 A.8 伦敦地铁站的交通量分布图

资料来源：Salat，Bourdic，2015。经 UMCSII 许可使用。重新使用需要进一步许可。基于大伦敦管理局的伦敦数据库的数据。

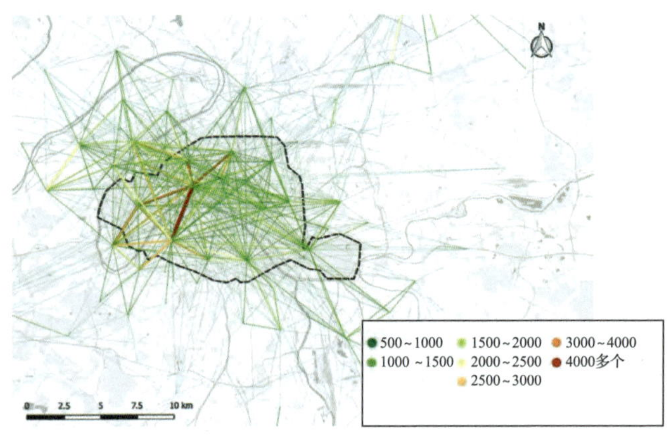

图 A.9 巴黎每条通勤线的通勤人数

资料来源：Salat 和 Bourdic，2015。经 UMCSII 许可使用。重新使用需要进一步许可。

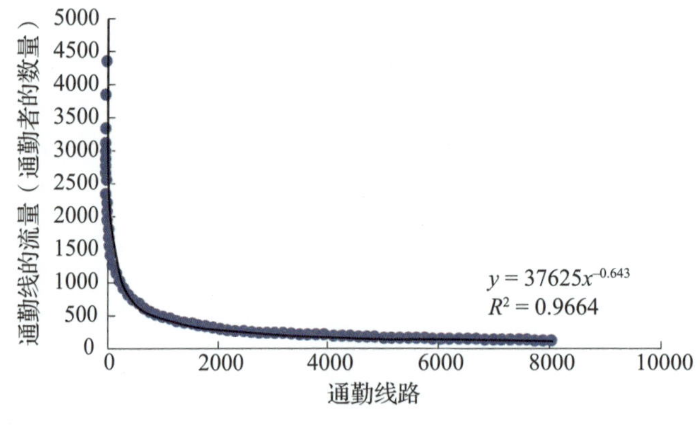

图 A.10 巴黎通勤线上的交通量分布

资料来源：Salat，Bourdic，2015。经 UMCSII 许可使用。重新使用需要进一步许可。

注释

1 关于逆幂律的讨论，见 Cheshire（1999）、Rose 和 Resnick（1980）、Xavier（1999）、Blank 和 Solomon（2000）、Eeckhout（2005）、Soo（2005）、Rose（2006），以及 Salat 和 Bourdic（2011）。

2　经验数据显示，伦敦 67% 的 GDP 是在伦敦 20% 的面积上产生的。相比之下，郑州 80% 的 GDP 是在郑州 20% 的面积上产生的。这种差异不是来自于分布，而是来自于城市规模。城市边缘地区每平方千米 GDP 低值的长尾，对 GDP 的贡献很弱。因此，如果城市扩张，这部分对 GDP 贡献不大的土地比例也会相应扩大，GDP 在帕累托原理的简化版中会显得更加集中。只有完整的帕累托描述，加上幂律的指数，才能捕捉到分布。它揭示了不同城市惊人的结构相似性。

3　中心性概念最早是在社交网络分析中发展起来的，许多用于衡量中心性的术语反映了它们的社会学起源。

参考文献

Barabasi, A.-L. 2005. "The Origin of Bursts and Heavy Tails in Human Dynamics." *Nature* 435: 207–11.

Barabasi, A.-L., and R. Albert. 1999. "Emergence of Scaling in Random Networks." *Science* 286: 509–12.

Blank, A., and S. Solomon. 2000. "Power Laws in Cities Population, Financial Markets and Internet Sites: Scaling and Systems with a Variable Number of Components." *Physica A* 287: 279–88.

Cheshire, P. 1999. "Trends in Sizes and Structure of Urban Areas." *Handbook of Regional and Urban Economics* 3: 1339–73.

Eeckhout, J. 2005. "Gibrat's Law for (All) Cities." *American Economic Review* 94: 1429–51.

Pareto, V. 1906 (1971). *Manual of Political Economy*. New York: Augustus M. Kelley Publishers.

Pumain, Denise, ed. 2005. *Hierarchy in Natural and Social Sciences*. Amsterdam: Springer. Doi:10.1007/1-4020-4127-6.

Rose, A. K. 2006. "Cities and Countries" *Journal of Money, Credit and Banking* 38: 2225–45.

Roth, C., S. M. Kang, M. Batty, and M. Barthelemy. 2012. "A Long-Time Limit for World Subway Networks." *Journal of the Royal Society*. doi:10.1098/rsif.2012.0259,

Salat, S. 2016. "The Break-Even Point. Impact of Urban Densities on Value Creation, Infrastructure Costs and Embodied Energy." SBE 16 Turin Conference Proceedings. Available at http://sbe16torino.org/papers/SBE16TO_ID068.pdf.

———. 2017. "A Systemic Approach of Urban Resilience. Power Laws and Urban Growth Patterns." *International Journal of Urban Sustainable Development*, Special Issue *Linking Urban Resilience and Resource Efficiency*. http://dx.doi.org/10.1080/19463138.2016.1277227.

Salat, S., and L. Bourdic. 2011. "Power Laws for Energy Efficient and Resilient Cities." *Procedia Engineering* 21: 1193–98.

———. 2015. *L'économie spatiale du Grand Paris: Connectivité et création de valeur*. Urban Morphology Institute and Complex Systems Institute and Caisse des Dépôts, Paris.

Salat, S., L. Bourdic, and M. Kamiya. 2017. *Economic Foundations for Sustainable Urbanization: A Study on Three-Pronged Approach: Planned City Extensions, Legal Framework, and Municipal Finance.* UN-HABITAT and Urban Morphology Institute and Complex Systems, Nairobi.

Soo, K. T. 2005. "Zipf's Law for Cities: A Cross Country Investigation." *Regional Science and Urban Economics* 35: 239–63.

Xavier, G. 1999. "Zipf's Law for Cities: An Explanation." *Quarterly Journal of Economics* 114 (3): 739–67.

附录 B
用于估算车站的节点、场所和市场潜在价值的子指标

表 B.1 总结了可用于估算车站节点、场所和市场潜在价值的关键子指标。子指标的选取，特别是市场潜在价值子指标的选取，部分取决于数据的可用性。所有的子指标都被归一化为 0~1 范围，如郑州案例所示（见第 8 章）。

表B.1　用于估算车站的潜在节点、场所和市场潜在价值的子指标

数值 / 子指标的类型测量		如何计算	示例
节点			
子指标1.1：度中心性	一个车站的公共交通线路数量	使用图形分析软件在网络层面进行计算。每个方向都算作一个链接	伦敦（见图2.3）
子指标1.2：接近中心性	从一个站到网络中其他每个站的平均距离	使用图形分析软件在网络层面上进行计算。计算方法为用1除以从一个站到网络中所有其他站的平均最短路径	伦敦（见图2.5） 郑州（见图8.25）
子指标1.3：介数中心性	公交节点位于公共交通网络十字路口的程度	使用图形分析软件在网络级别计算。公式为 $\text{betweenness}_{\text{nodei}}=\sum_{i\neq j\neq k}\frac{\sigma_{ij}(k)}{\sigma_{ij}}$ 式中，σ_{ij}是从节点i到j的最短路径总数；$\sigma_{ij}(k)$是通过站点k的那些路径的数量	伦敦（见图2.7） 郑州（见图8.27）
子指标1.1~1.3被合并为一个单一的（加权平均）中心性指数			
子指标1.4：每日乘车人数	节点内流量强度	每天进入车站的乘客数量，不包括未停靠的乘客	郑州（见图8.23）

（续）

数值 / 子指标的类型测量		如何计算	示例
子指标1.5：联运的多样性	连接到车站的互补性交通方式的数量	在一个车站的步行距离内可到达的不同交通方式的线路数量	郑州（见图8.30）
中心性子指标，子指标 1.4 和 1.5，被合并为一个单一的（加权平均）节点值			
场所			
子指标2.1：街道交叉口的密度	每个中转站800m半径内每平方千米的交叉口数量	通过街道GIS shapefiles/软件，如ArcGIS 或QGIS，在以车站为中心的800m半径的区域或以车站为中心的800m × 800m的正方形上计算	郑州（见图8.34）；下文示例1
子指标2.2：当地行人的可达性	在一个车站周围800m半径的区域内，步行10min内实际可到达的比例	使用开源软件 Open Trip Planner Analyst 和 OpenStreetMap 计算，以确定车站周围 800m范围内 10min内可步行到达的比例	下文示例2
子指标 2.3：用途的多样性	数据集中的土地使用类型的数量	使用香农熵公式计算。 $$\text{Entropy}=-\frac{\sum_{i=1}^{N}\frac{p_i}{p_N}\log(\frac{p_i}{p_N})}{\log N}$$ 式中i是使用类型（商业、社区、住宅、工业）；N是使用数量；p_i是面积，专门用于I；而p_N是专门用于任何用途的单元格区域。当类型的数量增加和均匀性增加时，多样性指数的值会增加。对于一个给定的类型数量，当所有类型都同样丰富时，多样性指数的值是最大的	郑州（见图8.34）
子指标2.4：车站周围800m内的公共服务设施密度	距离车站800m半径内的文化、教育和卫生服务机构的数量	计算方法是除以车站周围800m内的公共服务设施数量。在城市中收集到越来越多的地理坐标兴趣点，可以作为此类计算的基础	
四个位置子指标被合并为一个单一的（加权平均）场所值			
市场潜力			
需求			

（续）

数值 / 子指标的类型测量		如何计算	示例
子指标3.1：人口综合密度	中转站周围800m半径范围内每平方千米的人口和工作数量	根据人口普查或为地铁线路开发的交通模型获得的人口和就业数据计算	郑州（见图8.37）；巴黎（见下文示例3）
子指标3.2：工作/居民比率	每个车站800m半径内的工作/居民比例	根据人口普查或为地铁线路开发的交通模型获得的人口和就业数据计算	伦敦；郑州（见图8.38）
子指标3.3：人口密度增长潜力	每个站点800m半径内10~20年的人口和就业增长率预测	根据人口普查或为地铁线路开发的交通模型获得的人口和就业数据计算	郑州（见图8.39）
如果没有其他子指标，三个需求子指标被合并为一个（加权平均）市场潜力值			
子指标3.4.1：邻里社区的社会结构	平均或中位数收入	根据人口普查或为地铁线路开发的交通模型获得的人口数据计算	巴黎（见下文示例4）
子指标3.4.2：邻里社区的社会结构	劳动力中管理人员的百分比	根据人口普查获得的人口数据计算	巴黎（见下文示例4）
子指标3.5：公共交通可达工作岗位数量	公共交通和步行30min内可到达的工作岗位数量	使用开源软件 Open Trip Planner Analyst 根据人口普查或为地铁线路开发的交通模型获得的人口数据计算	
供应			
子指标3.6：房地产机会	每个地铁站周围500m范围内的可开发土地和可开发面积，最高市场溢价，500m~1km范围内，较低市场溢价	通过将建筑密度的GIS地图与容积率（FAR）地图进行比较，并通过从FAR可建造的最大建筑面积中减去现有建筑面积来计算	新加坡（见下文示例6）
市场活力			
子指标3.7：房地产开发动态	过去十年在车站周围增建的平方米	从当地公共规划机构或监测房地产活动的机构获得	巴黎（见下文示例7）

示例 1：街道交叉口的密度

连通的街道模式和高密度的街道交叉口促进了可达性和步行能力。联合国人居署建议每平方千米至少有 80~100 个交叉口的密度。高密度的交叉口也是街区大小的一个良好代表。小街区（边长约 100m）和充满活力的边缘（周边有商业的立面）可以促进更紧凑的发展和步行环境。交叉口的密度越高，街区就越小。这个指标反映了街区的大小、城市结构的“颗粒度”、公交站周围道路的多样性以及当地的可达性。图 B.1 显示了面积为 800m × 800m 的街道交叉口密度。

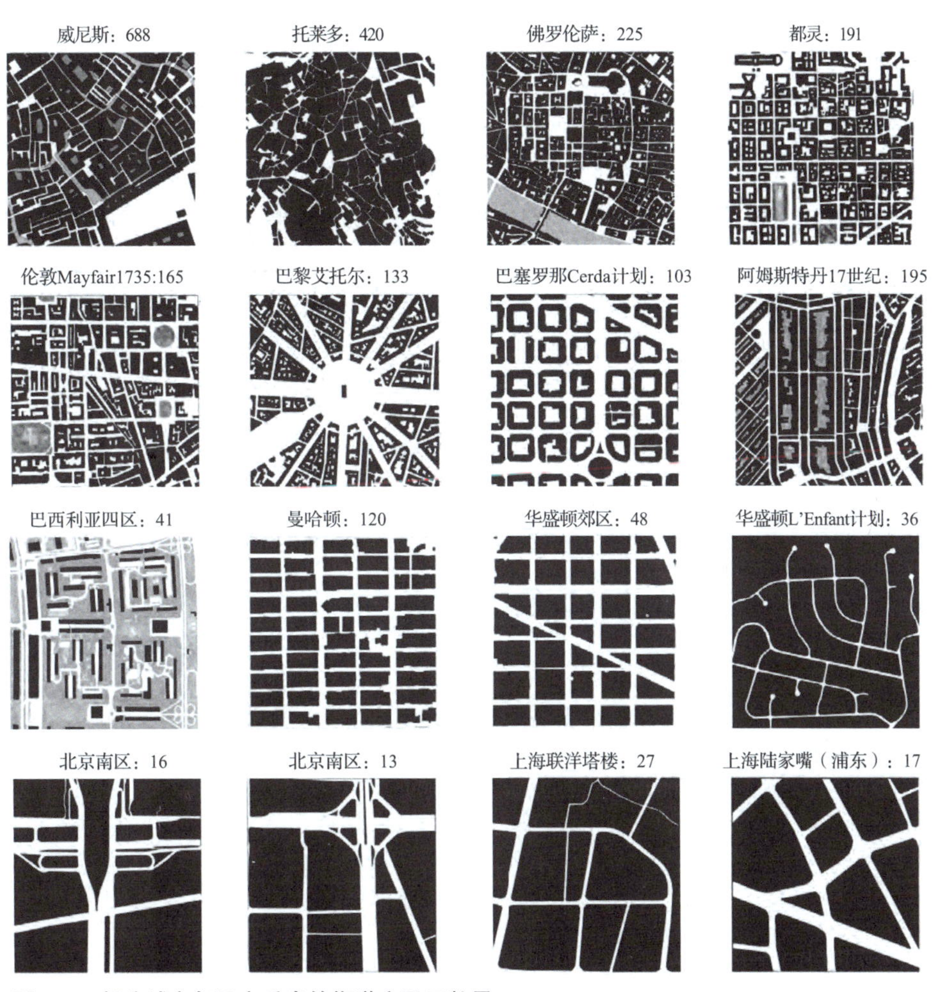

图 B.1　部分城市每平方千米的街道交叉口数量

资料来源：Salat、Labbé 和 Nowacki，2011。经 Serge Salat 许可使用。重新使用需要进一步许可。

示例 2：当地行人的可达性

等时线是一条显示相等出行时间的曲线。等时线非常关键，因为到达某地所需的时间比距离有多远更重要。等时线已经在科学和交通规划中使用了 130 多年，以了解运动和时间之间的关系。等时线图可以包括各种交通方式的组合，也可以只关注一种方式。

步行等值线绘制了可步行的集聚区或“行人集聚区”。它们提供了对社区渗透性的洞察，以及对公共交通、工作和服务的可达性的理解。

图 B.2 显示了在中国东北部的一个主要港口城市天津，超大街区是如何减少地铁站点周围可达性的。绿色圆圈显示的是 800m 半径内理论上的最大可达性。由于地铁站的存在，800m 半径范围内只有 50%~65% 的区域可以通过步行到达。柳园站地区每平方千米有 4.4km 的街道，远远低于联合国人居署建议的 18km 的最小长度；在 800m 半径的范围内，平均街区面积为 10.33万m^2，交叉口的密度为 7。金三角站区是天津市交通最便利、渗透性最强的车站，其街道密度为每平方千米 11.2 条；在 800m 半径的范围内，平均街区面积为 22400m^2，交叉口密度为 48 个。土城站地区的街道密度为每平方千米 5.8 条，在 800m 半径圈内，平均街区面积为 74250m^2，交叉口密度为 9 个。

该子指标衡量的是在 10min 步行范围内可以到达的 800m 半径区域（绿色的区域）的百分比。

a）柳园站

b）土城站

c）金三角站

图 B.2　中国天津三个地铁站 800m 半径内的 10min 步行等值线

资料来源：世界银行城市形态学和复杂系统研究所，2016 年。

注：红色表示 200m 处无障碍。黄色表示 400m 处无障碍。绿色表示 800m 处的可达性，绿色区域用于衡量子指标。

示例 3：人员综合密度

作为大巴黎快线的一部分，地铁沿线的人员综合密度相差 10 倍以上，从不到 5000 人到超过 50000 人（图 B.3）。

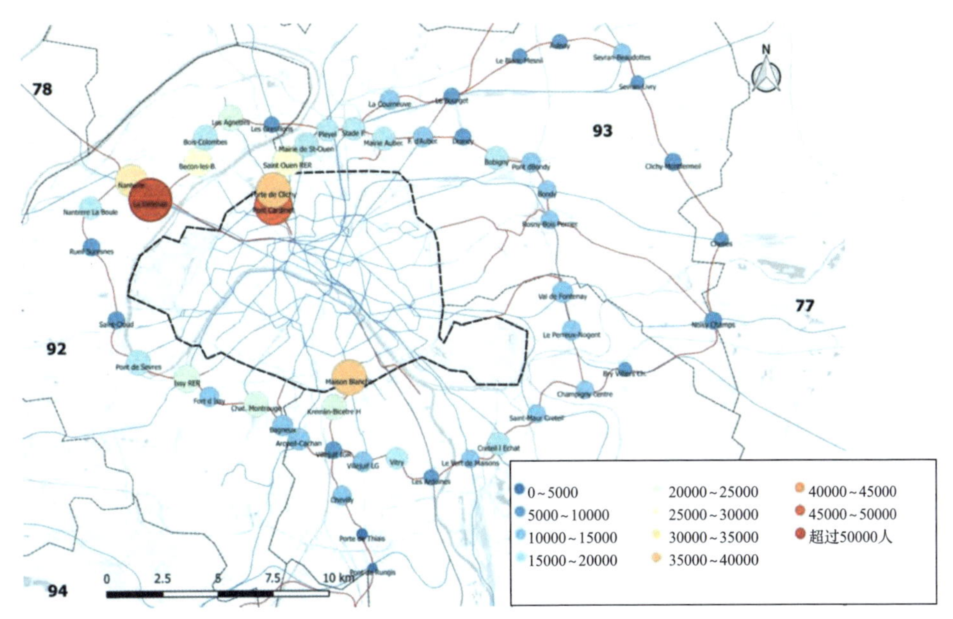

图 B.3 规划中的大巴黎快线沿线的估计人员综合密度（人口 + 岗位）

资料来源：Salat，Bourdic，2015。经 UMCSII 许可使用。重新使用需要进一步许可。数据来自 INSEE。

示例 4：收入中位数

图 B.4 显示了作为大巴黎快线一部分的新地铁线路沿线的每单位消费收入中位数［经济合作与发展组织（OECD）用来反映家庭组成的一种衡量标准］。它显示东北部分的数值较低。

示例 5：白领百分比

图 B.5 显示了作为大巴黎快线一部分正在建设的地铁沿线白领的百分比。图中显示，白领主要集中在西部，靠近历史名城的核心区域（巴黎市内）。Salat 和 Bourdic（2015）的多重标准分析表明，这些地区具有最大的市场潜力。

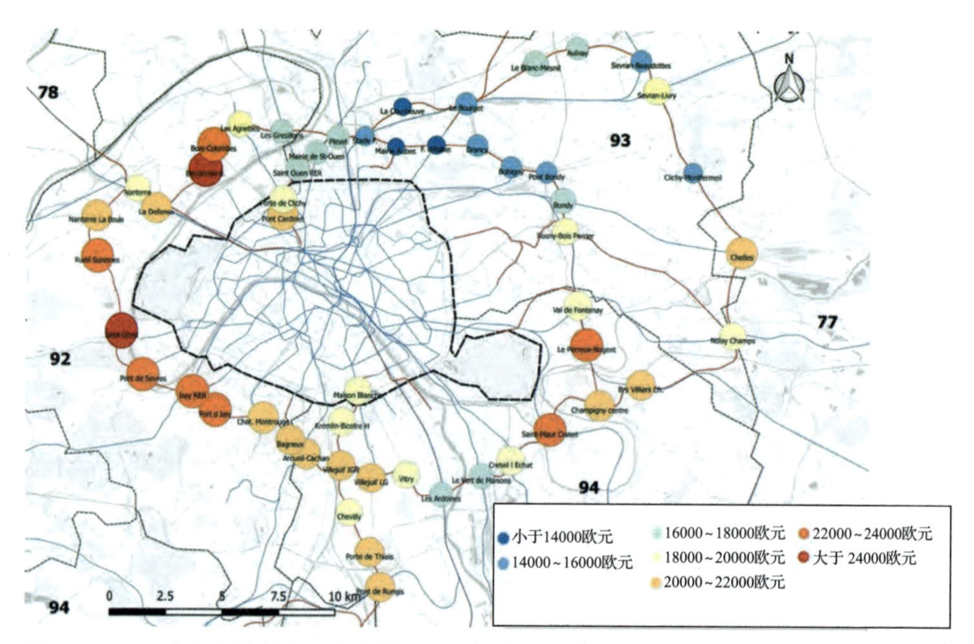

图 B.4　2011 年规划中的大巴黎地铁站沿线每单位消费的估计收入中位数

资料来源：Salat and Bourdic 2015.© 城市形态学和复杂系统研究所。经 UMCSII 许可使用。再使用需要进一步许可。数据来自 INSEE。

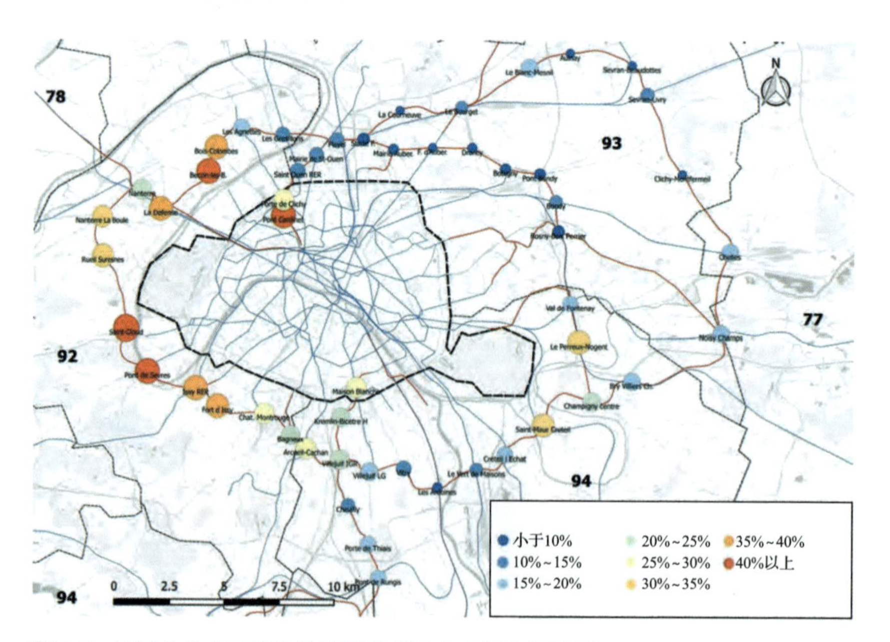

图 B.5　规划中的大巴黎地铁站沿线劳动力中的白领比例

资料来源：Salat 和 Bourdic，2015。经 UMCSII 授权使用。重新使用需要进一步许可。数据来自 INSEE。

示例 6：容积率

表 B.2 列出了不同城市适用的 FAR 范围。根据这些比率可以估计出发展的潜力。

图 B.6 显示了新加坡乌节路沿线的 FAR。新加坡乌节路是新加坡主要的商业道路之一，在靠近地铁站的地方，FAR 设置得比较高（4.2~5.6），并且在小街区中被划分为商业用途（深蓝色）和办公室（紫色）；在距离交通线 100m 以外，FAR 比较低（1.4~2.8）。图中浅蓝色的街区为住宅和商业，FAR 为 4.2~5.6。

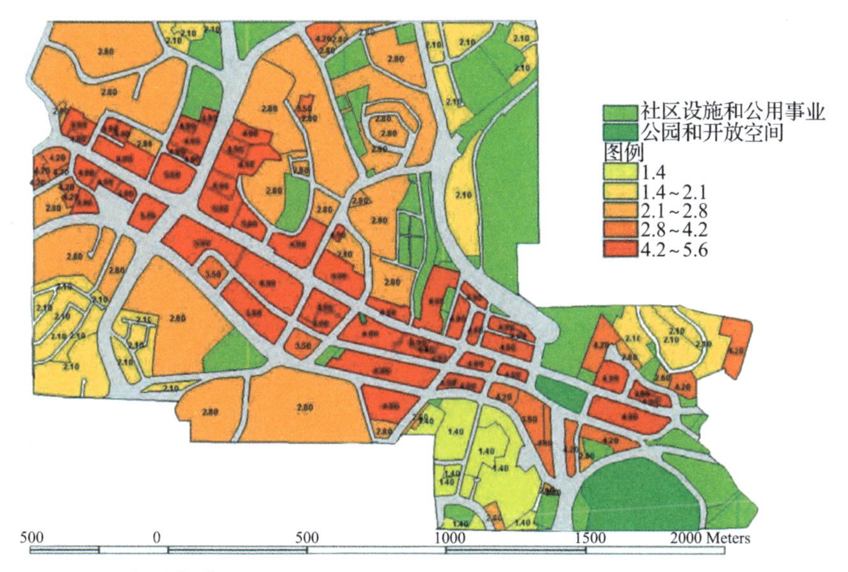

图 B.6　新加坡乌节路沿线的楼面面积比率

资料来源：Bertaud 2008。经 Alain Bertaud 许可使用。重新使用需要进一步许可。

表B.2　部分城市按土地使用类型划分的容积率

	东京		香港		新加坡		纽约		釜山		最大平均值	最小平均值
	最小	最大	最小	最大	最小	最大	最小	最大	最小	最大		
所有住宅					1.4	11.2			1.0	7.0		
低密度住宅	0.5	2.0	0.2	3.0			0.5	1.65	1.0	7.0	0.72	4.97
中密度住宅	1.0	5.0	0.67	5.0	1.4	11.2	0.78	7.2	1.0	7.0	1.0	7.1
高密度住宅	1.0	5.0	6.5	10.0	1.4	11.2	0.99	12.0	1.0	7.0	2.0	9.0
商业（办公室+零售）	2.0	13.0	3.5	12.0	1.4	12.6	0.78	15.0		15.0	1.9	13.5
工业	1.0	4.0	1.0	12.0	1.0	3.5	1.0	10.0		4.0	1.0	6.7
混合用途	1.0	5.0			1.4	25.0	0.78	10.0		7.0	1.1	11.8

资料来源：世界银行和 Chreod Ltd，2015。

示例 7：房地产开发的动力

图 B.7 显示了巴黎西北部的市场活力。它与落后的东部地区形成了鲜明的对比。

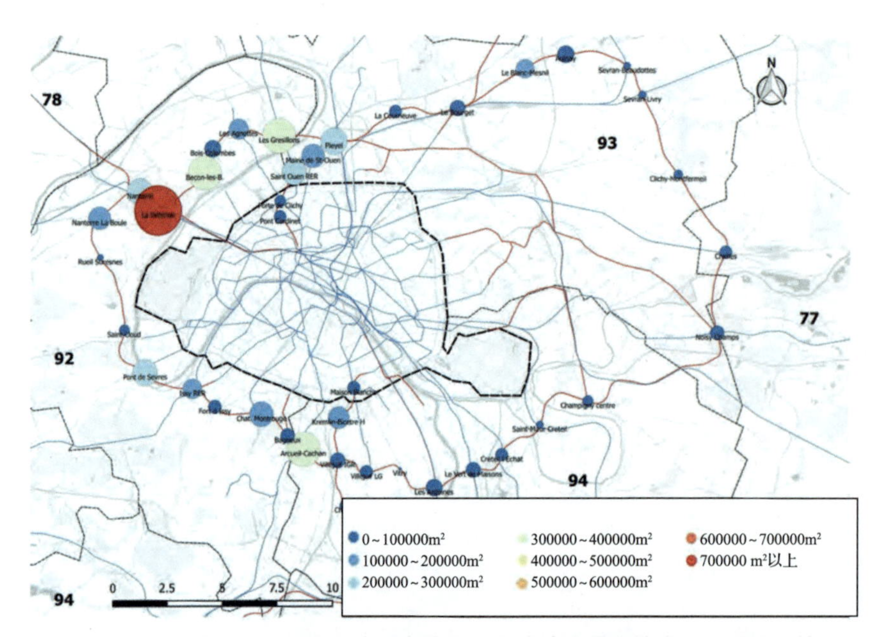

图 B.7　2000 年至 2012 年期间计划中的大巴黎地铁站周围的施工项目增加情况

资料来源：Salat 和 Bourdic，2015 年。经 UMCSII 许可使用。重新使用需要进一步许可。数据来自 Atelier Parisiend'Urbanis me（APUR）和 Direction Régionale et Interdépartementale de l'Equipment et de l'Aménagement d'Ile deFrance（DRIEA）。

参考文献

Bertaud, A. 2008. *Options for New Alternatives for Development Control Regulation and Justification for Increasing FSI.* Mumbai. Available at http://alain-bertaud.com/AB_Files/AB_FSI_Presentation_4_compr_200dpi.ppt.

Salat, S., and L. Bourdic. 2015. *L'Économie spatiale du Grand Paris: Connectivité et création de valeur*. Urban Morphology Institute and Complex Systems Institute and Caisse des Dépôts, Paris.

Salat, S., with F. Labbé and C. Nowacki. 2011. *Cities and Forms: On Sustainable Urbanism*. Paris: Hermann.

World Bank, and Chreod Ltd. 2015. *Spatial Transformation of Shanghai to 2050.* Final Report to the World Bank. Toronto.